中国社会科学院创新工程学术出版资助项目

日本研究文库

日美金融危机比较研究

『日美金融危机比较研究』课题组 著

中国社会科学出版社

图书在版编目(CIP)数据

日美金融危机比较研究/"日美金融危机比较研究"课题组著.
—北京:中国社会科学出版社,2012.9
ISBN 978-7-5161-1290-8

Ⅰ.①日… Ⅱ.①日… Ⅲ.①金融危机—对比研究—日本、美国
Ⅳ.①F833.135.9②F837.125.9

中国版本图书馆CIP数据核字(2012)第199639号

出版人 赵剑英
责任编辑 田 文
特约编辑 陈 琳
责任校对 刘 俊
责任印制 李 建

出 版 中国社会科学出版社
社 址 北京鼓楼西大街甲158号(邮编100720)
网 址 http://www.csspw.cn
中文域名:中国社科网 010-64070619
发行部 010-84083685
门市部 010-84029450
经 销 新华书店及其他书店

印 刷 北京市大兴区新魏印刷厂
装 订 廊坊市广阳区广增装订厂
版 次 2012年9月第1版
印 次 2012年9月第1次印刷

开 本 710×1000 1/16
印 张 19.25
插 页 2
字 数 321千字
定 价 55.00元

目　　录

序　　言

一　研究意义

2007年夏季，美国爆发次贷危机。2008年秋季，次贷危机急剧恶化，最终演变为一场席卷全球的国际金融危机，并导致美、欧、日三大经济体陷入经济衰退。为应对危机，以美国为代表的多国政府和中央银行力图通过扩张性财政政策和超宽松货币政策实施救助。但时至今日，美国经济复苏缓慢，欧洲主权债务危机日益加重，国际经济环境依然处于严峻且复杂的局面。

在此次应对国际金融危机的过程中，日本20世纪90年代应对泡沫经济崩溃后金融危机的经验备受关注。20世纪90年代初期，以股票和房地产为代表的资产价格泡沫的破裂引发了日本国内金融危机。为了遏制金融机构不良债权与实体经济之间的恶性循环，日本采取了扩张性财政政策（一系列经济刺激政策）和超宽松货币政策（零利率政策和数量宽松货币政策），同时实施全力救助措施，如处理不良债权、保护存款人利益、注入公共资金、完善金融机构破产机制、购买金融机构持有股票等。但从日本应对金融危机的过程中可以看出，政策当局是在不断“试错”中学习和成长的，日本政府拖延处理金融危机的代价最终导致经济陷入“失去的10年”甚至“失去的20年”。

从美国应对金融危机的政策可以看出，政策当局充分研究了日本经验，尽最大可能避免重蹈日本覆辙。在救市措施方面，其实质是由美国政府接管所有问题债权。在货币政策方面，美国房地产泡沫崩溃后，美联储立即采取零利率和数量宽松政策，以刺激经济增长。但是在金融危机重创下，美国居民高负债率抑制了消费需求这一经济增长的主要动力，因此，在短期内美国的货币政策难以对经济增长发挥刺激作用。在财政政策方面，美国扩张性财政政策对经济增长的刺激作用明显，但财政前景堪忧。

在尚未结束的此次世界金融危机中，关于危机的形成、影响和对策等方面的相关成果很多，其中也涉及了一些日美金融危机比较的文章，但主要集中在治理对策等一般性论述上。本书以日美两次金融危机所处的不同的国际和国内经济环境为背景，深入分析危机发生的原因、传导机制、救治措施及其效果，总结、探索日本的经验教训并寻找出更深层的经济因素。通过比较美国与日本的异同，明晰美国金融危机治理政策的效果及存在的问题，预见美国经济和金融走势及前景，旨在评估国际金融危机对我国的影响，明确我国在此次危机中面临的挑战，为我国金融安全与经济的可持续发展提供参考。

在中国社会科学院院领导和科研局的支持下，本书以院交办方式和跨所合作研究的形式，于 2009 年 1 月进行了课题立项。在结合中国现实国情的基础上，课题组着眼于国际视角，其研究团队由中长期研究世界经济、美国经济和日本经济的研究人员组成。其中，中国社会科学院日本研究所课题成员长期以来关注日本金融危机，对其起因、经过以及日本政策当局在应对金融危机过程中各个时期的宏观经济政策都有详细、准确的把握，并形成客观、独特的观点。中国社会科学院世界经济与政治研究所参加成员熟悉中国国情和国际规范，在国际金融危机爆发后及时进行深度追踪调研，提出卓有见地的政策建议。通过两所的合作研究，强化了本项课题的系统功能，提升了研究成果的理论性和实践性，也使其针对性、前瞻性大为增强。

二　主要内容及分工

本书除序言外共分为七章，其中第一章至第四章作为侧重日本的专题性研究，具体分析了日本金融危机发展历程及应对政策，第五章、第六章研究美国金融危机的演变、对策及经济调整方向，第七章为课题的总报告。具体内容如下：

第一章总结了泡沫经济崩溃后的日本经济、金融危机与应对措施。主要思路为资产价格泡沫形成、破裂—不良债权不断增加—资产负债表调整—扩张性财政政策—不断累积的国债与金融政策—金融政策在稳定金融体系中的作用，梳理了20世纪90年代以来日本经济周期与金融危机的发展演变过程，并对日本政策当局采取的多项具体救助措施进行了分析和评价，总结金融政策在应对金融危机中发挥的作用。

第二章对非传统货币政策进行了专题性研究。由于各国金融市场结构即遭受危机程度不同，对非传统货币政策的称谓也不尽相同。日本银行称为数量宽松政策，美联储称为信用宽松政策。本章首先介绍了非传统货币政策的定义与特征，其次回顾了20世纪90年代日本应对危机中采取的非传统货币政策，并结合日本、美国的货币政策实际操作手段，论述非传统货币政策的作用和局限性，最后介绍了非传统货币政策的退出战略以及美联储非传统货币政策的退出困境。

第三章重点分析了泡沫经济前后日本的财政政策。首先论证了20世纪80年代中后期不适当的财政政策转向成为助推日本泡沫膨胀的一个因素。其次梳理了经济泡沫破裂后日本政府实施的高频度、大力度的财政刺激政策，并根据GDP增长率、居民消费、企业设备投资、失业率等指标论证政策效果，分析效果退化的原因。最后对泡沫经济崩溃后日本由金融危机演化为财政危机并在财政危机的泥淖中越陷越深进行了深层分析。

第四章从历史的视角对日本政府金融稳定措施进行深入考察和全面回顾，研究重点置于处置不良资产和救助问题金融机构的政策。首先梳理日本银行业监管制度背景，其次分析金融危机各个时期日本政府处理金融机构不良资产、救助问题金融机构的模式演变，总结日本政府应对金融危机的经验教训。在此基础上，对美国政府恢复金融稳定的有效性和可能后果作出评估。

第五章对美国金融危机的演变与进展进行了动态性研究，将美国金融危机分为四个阶段，即次贷危机阶段、全球金融危机阶段、金融危机与经济衰退恶性循环阶段以及全球主权债务危机阶段，分析每个阶段的危机表现形式与影响程度，并对金融危机和经济前景加以评估。本章附录中，还对欧洲主权债务危机的发展和进程进行了梳理。

第六章主要分析美国经济调整的主要措施及其效果，在刺激经济增长方面，着重介绍美联储的扭动操作及美国政府出台的“就业法案”，并通过总需求、杠杆率、重点产业、国际收支等方面的调整，具体分析金融危机以来美国经济的动态变化，同时对美国经济前景进行展望和预测。

第七章为总论部分，对日美金融危机进行深入的全景式比较。首先系统回顾了日本金融危机全过程，其次阐述了美国金融危机演变历程，并将次贷危机以来美国政府和美联储的经济政策分为两类，一类旨在稳定金融市场，另一类在于刺激经济增长。在上述比较分析基础上，梳理出日本陷入经济萧条与美国陷入经济危机的传导路径，归纳出二者的共同特点。并从日本当年应对危机的汇率政策、货币政策、财政政策和金融稳定政策方面的经验与教训出发，对美国宏观经济政策效果进行前瞻分析，提出中国在金融危机中可能遭遇的冲突、困境及政策选择。

本书自立项以来，课题组多次召开会议，就资料收集、问题意识、写作思路等深入交换意见。主要负责人余永定研究员对各章内容均提出中肯的意见并给予悉心指导。可以说，本书不仅是课题组成员各自对国际经济问题研究的成果，更是集体智慧和思想碰撞的结晶。本书具体分工如下：

李　薇（中国社会科学院日本研究所所长，研究员）：负责课题总体组织、协调，并撰写序言。

刘　瑞（中国社会科学院日本研究所副研究员）：撰写第一章。

陈　虹（中国社会科学院世界经济与政治研究所研究员）：撰写第二章。

张舒英（中国社会科学院日本研究所研究员）：撰写第三章。

王永中（中国社会科学院世界经济与政治研究所副研究员）：撰写第四章、第五章。

李众敏（中国社会科学院世界经济与政治研究所副研究员）：撰写第六章。

余永定（中国社会科学院世界经济与政治研究所研究员，学部委员）：负责课题整体规划、设计，并撰写第七章（总报告）。

目前，金融危机尚在进行之中，美国的金融危机以及由此引发的欧洲主权债务危机的救治措施及其效果还没有完全结束，本书希望形成的学术思考能为读者提供相对丰富的信息和学术观点。虽然我们的研究成果也许相对于今后几年对同一问题的回顾研究而言，可能只是个阶段性的比较研究成果，但是，大家从各章中可以发现，本书试图向读者展示问题的本质以及规律性的结果，希望这些成果能够站在金融危机的前沿并在金融危机的行进中得到印证。承请学界同仁及各界读者批评指正。

第一章　泡沫经济崩溃后日本应对危机的金融政策

20 世纪 90 年代初期日本泡沫经济崩溃，以股票和房地产为代表的资产价格泡沫破裂引发了日本国内金融危机，并使日本经济陷入长期萧条，出现资产负债表衰退特征。为遏制私人部门经济萎缩，日本政府出台多项大规模经济刺激政策，采取扩张性财政政策，日本银行也实施了零利率、数量宽松等超宽松货币政策。在一系列救助措施下，日本形成了由存款保险制度、中央银行最后贷款人和问题金融机构退出机制构筑的金融安全网。

泡沫经济崩溃后，在金融政策方面，日本应对危机的政策体现与执行过程为：资产价格泡沫形成、破裂—不良债权不断增加—资产负债表调整—日本政府实施扩张性财政政策—不断累积的国债与金融政策—金融政策在稳定金融体系中的作用。在应对金融危机过程中，日本政府和中央银行尝试了各种政策，并在“试错”中不断调整，但经济依然陷入长期萧条困境。本章力图通过分析日本金融政策的双重功能，审视金融政策在金融危机中的作用以及金融政策对经济发展的影响。

第一节　泡沫经济崩溃后日本金融危机与经济衰退概况

一　金融危机、金融政策与日本经济周期

中央银行的职责是什么？换言之，中央银行货币政策的目标是什么？这在西方国家是一个有争议的问题。某些西方国家中央银行坚持货币政策的唯一目标是物价稳定，另一些西方国家中央银行则认为货币政策的目标应该是多重的，不仅包括物价稳定而且包括就业等。在 2008—2009 年全球金融危机爆发前后，西方国家出现了关于物价稳定和金融稳定目标的激

烈争论。一派认为，中央银行的职责是维持物价稳定，对于资产泡沫，中央银行既无抑制的职责，也无抑制的能力。持这种主张的人认为，中央银行无法在事前判断到底是否存在资产泡沫，即便存在泡沫，货币政策也不是抑制泡沫的最好工具。① 在日本，中央银行货币政策被称为金融政策。事实上，日本中央银行不仅把稳定物价而且把维持金融稳定作为自己的职责。在应对金融危机和经济长期萧条的过程中，金融政策发挥了不可或缺的作用。日本的央行——日本银行的金融政策包括两项基本职能：一是维持物价稳定的货币政策运营；二是执行金融稳定政策，维护金融体系的稳定。《日本银行法》对日本银行目标规定如表 1—1 所示。

表 1—1　　**日本银行最终目标界定**

稳定物价	（第一条第一款） 作为日本的中央银行，日本银行在发行纸币的同时，进行货币及金融调控 （第二条） 日本银行在进行货币及金融调控时，以实现物价稳定、促进国民经济健康发展为根本目标
维持信用秩序 （维护金融体系稳定）	（第一条第二款） 除第一款规定外，日本银行还要确保银行与其他金融机构间资金结算畅通，维持信用秩序

资料来源：《日本银行法》，1998 年。

2007 年美国次贷危机爆发，并于 2008 年 9 月以雷曼兄弟破产为开端演变为一场全球性金融危机，各国政策当局全力应对，其中除降低利率、提供流动性支持等传统货币政策外，欧美国家从 2007 年起采用多项非传统货币政策，而这些举措则源于日本银行 20 世纪 90 年代应对国内金融危机所作的政策尝试。

如表 1—2 所示，泡沫经济崩溃后日本银行和政府实行了政策总动员，全力实施扩张性的货币政策、财政政策和维持信用秩序的举措。研究日本应对金融危机的金融政策及其成效，有助于我们判断为应对金融危机和主权债务危机，美欧货币当局将会采取什么金融政策，以及这些政策将会发

① *Committee on International Economic Policy and Reform*: *Rethinking Central Banking*, August 2011.

挥什么作用。

表 1—2　20 世纪 90 年代以来主要央行应对金融危机的非传统货币政策

		日本银行	美联储	欧洲中央银行	英格兰银行
超低利率		1999 年 2 月（零利率政策）	2008 年 12 月	2009 年 5 月	2009 年 3 月
维持超低利率的承诺		1999 年 4 月	2011 年 8 月	—	—
数量宽松/信用宽松政策		2001 年 3 月	2008 年 11 月	—	2009 年 3 月
购买风险资产	资产抵押证券（ABS）	2003 年 6 月	2008 年 11 月（TALF）	—	—
	资产支持商业票据（ABCP）	2003 年 6 月	2008 年 9 月（AMLF）	—	2009 年 6 月
	商业票据（CP）	2008 年 12 月	2008 年 10 月（CPFF）	—	2009 年 1 月
	公司债	2009 年 1 月	—	—	2009 年 1 月
	上市交易基金（ETF）	2010 年 10 月	—	—	—
	不动产投资信托基金（J—REIT）	2010 年 10 月	—	—	—
	金融机构保有股票	2002 年 10 月	—	—	—
	金融机构次级贷款	2009 年 3 月	—	—	—
	机构债，抵押支持证券（MBS）	—	2008 年 11 月	—	—
	有担保债券	—	—	2009 年 5 月	—

资料来源：［日］白川方明：《去杠杆化与经济增长》，日本银行总裁演讲，2012 年 1 月 10 日。

泡沫经济崩溃后的 20 年间，日本经历了金融危机、通货紧缩和经济长期萧条相互交织的周期性变化。根据内阁府公布的景气动向指数，第二次世界大战后日本经济共经历了 13 个完整的经济周期，并于 2002 年 1 月至 2007 年 10 月完成第 14 个经济周期的扩张期，受发端于美国的国际金融危机影响，2007 年 11 月起至今处于第 14 个周期的收缩期（见表 1—3）。

1991 年 2 月以来，日本经历了包含三次扩张期和三次收缩期的经济周期，其间两次受到金融危机的冲击，即泡沫经济崩溃后的日本国内金融危机以及 2008 年美国次贷危机引发的国际金融危机，日本的宏观经济变化与金融危机的发展与演变息息相关。

表 1—3　　战后日本的经济周期

周期	形势	名称	期间（高峰、谷底）	持续时间
第 1 次	扩张期	—	—	—
	收缩期	特需景气	1951 年 6 月—1951 年 10 月	4 个月
第 2 次	扩张期	投资景气	1951 年 10 月—1954 年 1 月	27 个月
	收缩期	—	1954 年 1 月—1954 年 11 月	10 个月
第 3 次	扩张期	神武景气	1954 年 11 月—1957 年 6 月	31 个月
	收缩期	锅底萧条	1957 年 6 月—1958 年 6 月	12 个月
第 4 次	扩张期	岩户景气	1958 年 6 月—1961 年 12 月	42 个月
	收缩期	—	1961 年 12 月—1962 年 10 月	10 个月
第 5 次	扩张期	奥林匹克景气	1962 年 10 月—1964 年 10 月	24 个月
	收缩期	证券萧条	1964 年 10 月—1965 年 10 月	12 个月
第 6 次	扩张期	伊奘诺景气	1965 年 10 月—1970 年 7 月	57 个月
	收缩期	尼克松萧条	1970 年 7 月—1971 年 12 月	17 个月
第 7 次	扩张期	列岛改造热潮	1971 年 12 月—1973 年 11 月	23 个月
	收缩期	第一次石油危机	1973 年 11 月—1975 年 3 月	16 个月
第 8 次	扩张期	—	1975 年 3 月—1977 年 1 月	22 个月
	收缩期	微型衰退（日元升值萧条）	1977 年 1 月—1977 年 10 月	9 个月
第 9 次	扩张期	—	1977 年 10 月—1980 年 2 月	28 个月
	收缩期	世界同时衰退（第二次石油危机）	1980 年 2 月—1983 年 2 月	36 个月
第 10 次	扩张期	高科技景气	1983 年 2 月—1985 年 6 月	28 个月
	收缩期	日元升值萧条	1985 年 6 月—1986 年 11 月	17 个月
第 11 次	扩张期	泡沫经济景气	1986 年 11 月—1991 年 2 月	51 个月
	收缩期	第一次平成萧条（复合萧条）	1991 年 2 月—1993 年 10 月	32 个月
第 12 次	扩张期	强心剂景气	1993 年 10 月—1997 年 5 月	43 个月
	收缩期	第二次平成萧条（日本列岛总萧条）	1997 年 5 月—1999 年 1 月	20 个月
第 13 次	扩张期	IT 景气	1999 年 1 月—2000 年 11 月	22 个月
	收缩期	第三次平成萧条（通货紧缩萧条）	2000 年 11 月—2002 年 1 月	14 个月
第 14 次	扩张期	伊奘弥景气（暂定）	2002 年 1 月—2007 年 10 月	69 个月
	收缩期	—	2007 年 11 月至今	—

资料来源：内阁府经济社会综合研究所。

二 日本泡沫经济、金融危机与金融政策演变历程

根据经济周期波动特点，按照金融危机时间、影响程度和金融政策应对力度，将日本从20世纪80年代中期至今分为六个阶段。

（一）泡沫形成与发展阶段（1986年11月—1991年2月）

1981年起日本持续保持经常项目收支顺差，并成为全球最大债权国。在国内经济实力不断提升过程中，为消除日美间贸易不平衡局面，日本在美国的压力下于1984年开始推行金融自由化和日元国际化进程。1985年9月，西方七国集团达成“广场协议”，日本银行与美联储联合干预外汇市场，迫使日元升值。为对冲日元升值对日本出口从而对经济增长造成的不利影响，日本银行于1986年1月至1989年5月多次下调再贴现率（官定贴现率）①（见表1—4），货币供应量（M2+CD）从1986年的8.7%增长率增加到1990年的11.7%。

地价方面，1984年日本决定设立东京离岸金融市场，东京首都圈地价开始上涨。加之日本国土狭窄，国民对土地价格存在只升不降的心理预期，在东京都中心地带商业用地价格攀升后，1986年起日本地价全面上升。股价方面，1989年末日经平均指数升至38915.87点的历史最高值，为1983年末的3.93倍。1989年末股票市场时价为611万亿日元，是当年日本GDP总值的1.48倍。但由于当时一般物价水平稳定，1986—1988年消费物价指数增长率均不到1%，日本银行并未注重资产价格信号，从1987年3月至1989年5月，将当时2.5%的创历史最低纪录的再贴现率维持了两年多，造成流动性过剩局面。

（二）泡沫经济崩溃，金融危机发生初期（1991年2月—1997年5月）

为抑制经济过热，1989年5月至1990年8月，日本银行连续五次上调再贴现率，实行紧缩货币政策。日本政府也推出土地融资总量控制、土

① 日本的传统政策利率为再贴现率（日语为“公定步合”），也称为“官定贴现率”、“官定利率”等。1994年10月日本银行利率完全自由化后，无担保隔夜拆借利率取代再贴现率，成为现行的政策利率。2001年2月，日本央行实行“伦巴德型补充贷款制度”，再贴现率作为其适用利率，成为日本银行诱导无担保隔夜拆借利率的上限。为了反映再贴现率从政策利率转为补充性贷款的适用利率这一变化，2006年8月，再贴现率的统计名称变更为“基准贴现率及基准贷款利率”。

地税制改革等措施。1990 年资产价格泡沫破裂，日经平均指数比 1989 年末下降 38.7%。1990 年秋季起房地产价格开始暴跌，一年间日本全国地价下跌 46%。实体经济也开始持续恶化，实际 GDP 年增长率从 1990 年的 5.6%一路下滑，1993 年降至 0.2%（见表 1—5）。

日本银行从 1991 年 7 月进入长期降息周期，再贴现率从 6%降至 1995 年 9 月的当时历史最低水平 0.50%。政府也多次出台经济刺激对策，力图通过总需求对策提振经济。在宽松的货币政策与积极财政政策作用下，1993 年 10 月至 1997 年 5 月日本经济出现“强心剂景气”时期，1996 年实际 GDP 增长 2.6%。但此次经济回升表现虚弱，失业率不断攀升，从 1991 年的 2.1%升至 1997 年的 3.5%。

泡沫经济崩溃后，1991 年 10 月三和信用金库的破产揭开了日本战后金融机构破产风潮序幕，1992 年东邦相互银行、东洋信用金库相继倒闭，金融机构破产数量增加，不良债权问题显现。1994 年 12 月，两家东京地区信用合作社——东京协和信用组合及安全信用组合倒闭，由于投向不动产领域而产生的不良债权数额巨大，政府决定由日本银行和民间金融机构共同出资成立东京共同银行对两家信用社进行破产处理。1995 年宇宙信用组合、COSMO 信用组合、木津信用组合及兵库银行等相继倒闭。1995 年 6 月，以提供个人住房贷款和不动产商企业融资为主的七家住宅金融专门公司（以下简称“住专”）破产，并导致日本政府最终动用 6850 亿日元公共资金进行处理。

（三）金融危机全面爆发时期（1997 年 5 月—2000 年 11 月）

1997 年 11 月，三洋证券、北海道拓殖银行、山一证券、德阳城市银行等大型金融机构因筹资困难相继宣布破产，金融系统性风险爆发，金融危机进入新阶段。1998 年 10 月和 12 月日本长期信用银行、日本债券信用银行相继破产，并暂时实行国有化管理，金融危机深化。1997 年 11 月以后，海外市场对日本金融体系健全性充满不安，日本的银行在海外金融市场筹资时需要支付比正常市场利率高 0.5%—1.0% 的风险溢价（被称为日本溢价，Japan Premium）。日本金融体系陷入全面危机。

在财政赤字压力不断增加的背景下，桥本内阁判断“1996 财年下半年经济在民间需求主导下实现自律性恢复”①，将经济政策从振兴经

① 日本《经济白皮书》（1997 年度）。

济转为财政重建，并于1996年11月提出金融体系改革和财政结构改革方案，实行“金融大爆炸”改革，并紧缩财政重建计划，其中在财政方面从民间回收近10万亿日元的资金，主要包括1997年4月将消费税从3%提高至5%（5万亿日元）、1997财年废除特别减税（2万亿日元）、提高社会保障金率（1.5万亿日元）、减少公共投资（1.5万亿日元）。此举重创了居民消费，最终消费支出从1996年的2.5%降至1997年的0.7%。加之1997年亚洲金融危机后出口减少，实体经济遭受打击，1998年名义GDP增长率出现负增长。这种在经济增长依然乏力之时通过紧缩财政以实现财政重建的做法，成为日本经济长期低迷、金融危机加深的重要原因。因此，此次衰退也被称为“政策衰退”，桥本内阁也因此黯然下台。

1998年11月，小渊内阁实施了当时历史最大规模的17万亿日元的“紧急经济对策”（若包含6万亿日元的永久减税，规模为23万亿日元），用于加强金融机构体制建设、减税、增加公共财政支出等。为了抵消扩张性财政政策引发的“挤出效应”，日本银行于1999年2月将银行同业间无担保隔夜拆借利率诱导目标设定为0.15%，实行零利率政策。

在美国IT泡沫背景下，日本经济于1999年1月至2000年11月短暂回升，GDP实际增长率从1999年的-0.1%升至2000年的2.9%。虽然消费物价指数仍为负数，但日本银行不顾政府反对，认为长期采用零利率政策有损货币政策的正常执行，于2000年8月作出解除零利率政策的决定，将无担保隔夜拆借利率从0.15%上调至0.25%。但美国IT泡沫的破灭停止了日本经济的复苏步伐。

（四）金融危机处理时期（2000年11月—2002年1月）

2001年日本GDP实际增长率从上年的2.9%大幅度降至0.2%，完全失业率从4.7%升至5.2%，物价继续下滑。为了克服通货紧缩，2001年3月日本银行再次恢复零利率政策，银行间同业无担保隔夜拆借利率降至0.15%，同时出台数量宽松货币政策。所谓数量宽松货币政策是指将货币政策操作中间目标由利率变更为商业银行在央行经常账户余额（相当于中国的商业银行在央行的存款准备金），通过大量购买金融机构持有的长期国债和外汇计价资产等方式增加商业银行在中央银行的存款准备金，以期充分满足金融市场的流动性需要。

另外，伴随股价、地价的进一步下跌，金融机构以不动产为担保提供的贷款难以回收，不良债权问题不断深化。1992—2000 年银行共处理不良债权 72 万亿日元，但新增不良债权达到 92 万亿日元。日本陷入不良债权增加—银行经营状况恶化—贷款减少—企业破产增加—经济更加低迷—不良债权更加严重的恶性循环当中，严重影响了宏观经济的正常运行，根本解决不良债权问题成为日本经济复苏的关键。这一期间日本政府开始着手处理不良债权，维护金融体系稳定。

（五）金融危机结束，“无实感”的经济复苏时期（2002 年 1 月—2007 年 10 月）

2002 年起日本经济开始回暖，并步入持续 69 个月的战后最长的经济扩张期即“伊奘弥景气”时期。但此次景气期平均实际 GDP 增长率不到 2%，远低于伊奘诺景气时期的平均 10% 和泡沫经济景气时期的平均 5% 的增长率，而且名义 GDP 远低于实际 GDP 的增长。此次增长主要由外需带动，而国内居民消费不振，物价低迷，通货紧缩未能完全消除，因此这一时期被称为“无实感”的经济复苏。

2002 年 10 月，在小泉内阁经济财政大臣竹中平藏主导下推出“金融再生计划”，设定不良债权处理时间表，以期一劳永逸解决不良债权问题。2003 年 4 月，日本政府成立产业再生机构，对银行不良债权的贷款对象——企业进行重组。2003 年 5 月，理索纳银行陷入经营困境，政府注资 1.96 万亿公共资金通过购买股份对其增资，实施暂时国有化。2005 年 3 月末，不良债权问题基本处理完毕，出口和设备投资增加，经济步入复苏。2006 年 3 月，日本银行结束数量宽松政策，利率再次恢复为货币政策操作目标。7 月零利率政策解除，无担保隔夜拆借利率的诱导目标升至 0.25%。

（六）全球金融危机发生，日本全力应对经济衰退时期（2007 年 11 月至今）

2007 年美国次贷危机爆发，与次级贷款相关的金融商品信用风险扩散。2008 年 9 月，雷曼兄弟破产导致世界范围信用紧缩，全球性金融危机爆发。受外部经济影响，2007 年 10 月日本经济达到高峰后步入衰退期，2008 年、2009 年实际 GDP 降为 -1.2% 和 -6.3%。在新兴国家出口带动下，2010 年日本经济实现正增长。但随着欧洲部分国家主权债务危机问题深化，美国经济复苏缓慢，新兴经济体增速放缓。在美元、欧元等主要货币贬值预期下日元在资产安全性选择下大幅度升值，出口减少，日本经济从 2010 年第四季度起再次进入负增长。2011 年 3 月日本遭受东日本大地震，下半年泰国大洪水又冲击了日本海外产业供应基地，加之海外经济需求弱化等国际因素，2012 年 1 月，日本内阁府预计 2011 财年名义和实际 GDP 分别为 -1.9% 和 -0.1%。伴随灾后重建的真正展开，公共投资增加，企业生产逐步恢复，日本内阁府预计 2012 财年 GDP 实现 2.2% 的正增长。

为应对此次全球金融危机对日本经济和金融体系的影响，日本政府出台多项大规模紧急对策，导致财政状况急剧恶化。根据 2012 财年国债发行计划，国债发行余额为 822 万亿日元的历史最高值，国债依存度（新发国债占财政支出比重）攀升为 49%，即经常性财政支出中近一半靠发行国债来实现。从 2009 财年起，新发国债连续三年超过税收收入，财政状况严峻。为维持稳定的金融环境，日本银行也采取了一系列措施，主要包括形成超低利率环境、维护金融市场稳定、促进企业融资和确保金融体系稳健等内容。

表 1—4　　20 世纪 80 年代以来日本银行利率调整过程

时期	再贴现率	无担保隔夜拆借利率诱导目标	存款准备金率		政策调整方向
			大额定期存款	CDs	
1980 年 2 月	6.25%→7.25%				紧缩
3 月	7.25%→9.00%		1.625%→1.75%	1.625%→1.75%	
4 月			1.75%→2.00%	1.75%→2.00%	
8 月	9.00%→8.25%				宽松
11 月	8.25%→7.25%		2.00%→1.75%	2.00%→1.75%	
1981 年 3 月	7.25%→6.25%				
4 月			1.75%→1.625%	1.75%→1.625%	
12 月	6.25%→5.50%				
1983 年 10 月	5.50%→5.00%				
1986 年 1 月	5.00%→4.50%				
3 月	4.50%→4.00%				
4 月	4.00%→3.50%				
7 月			1.625%→1.75%	1.625%→1.375%	
11 月	3.50%→3.00%				
1987 年 2 月	3.00%→2.50%				

续表

时期	再贴现率	无担保隔夜拆借利率诱导目标	存款准备金率		政策调整方向
			大额定期存款	CDs	
1989 年 5 月	2. 50% →3. 25%				紧缩
10 月	3. 25% →3. 75%				
12 月	3. 75% →4. 25%				
1990 年 3 月	4. 25% →5. 25%				
8 月	5. 25% →6. 00%				
1991 年 7 月	6. 00% →5. 50%				宽松
10 月			1. 75% →1. 20%	1. 375% →0. 9%	
11 月	5. 50% →5. 00%				
12 月	5. 00% →4. 50%				
1992 年 4 月	4. 50% →3. 75%				
7 月	3. 75% →3. 25%				
1993 年 2 月	3. 25% →2. 50%				
9 月	2. 50% →1. 75%				
1995 年 3 月		1. 75%			
4 月	1. 75% →1. 00%	1. 75% →1. 00%			
8 月	1. 00% →0. 50%				
9 月		1. 00% →0. 50%			
1998 年 9 月		0. 50% →0. 25%			
1999 年 2 月		0. 25% →0. 15%			
2000 年 8 月		0. 15% →0. 25%			
2001 年 2 月	0. 50% →0. 35%				
3 月	0. 35% →0. 25%	0. 25% →0. 15%			
9 月	0. 25% →0. 10%				
2006 年 7 月	0. 10% →0. 40%	0. 15% →0. 25%			紧缩
2007 年 2 月	0. 40% →0. 75%	0. 25% →0. 5%			
2008 年 10 月	0. 75% →0. 50%	0. 50% →0. 30%			宽松
12 月	0. 50% →0. 30%	0. 30% →0. 10%			
2010 年 10 月		0. 10% →0—0. 10%			

资料来源：根据日本银行《经济统计年报》相关资料整理。

表 1—5　　1980 年以来日本主要宏观经济指标年增长率变化表　　单位：%

年份	GDP		民间最终消费支出	民间住宅投资	民间企业设备	政府最终消费支出	公共固定资本形成	出口	消费物价指数	完全失业率
	名义	实际								
1980	8.4	2.8	1.1	-9.2	7.9	3.1	-4.8	17.0	7.7	2.0
1981	7.5	4.2	1.8	-2.7	4.5	5.5	3.9	13.3	4.9	2.2
1982	5.0	3.4	4.6	-1.2	2.0	4.5	-2.9	1.4	2.8	2.4
1983	4.0	3.1	3.3	-4.8	-0.2	5.7	-1.2	5.0	1.9	2.6
1984	6.3	4.5	2.9	-2.6	9.6	3.4	-0.9	15.3	2.3	2.7
1985	7.4	6.3	4.1	2.8	17.9	1.4	-7.0	5.3	2.0	2.6
1986	4.7	2.8	3.7	6.9	5.9	3.4	3.9	-5.1	0.6	2.8
1987	4.0	3.1	4.4	20.5	5.6	3.9	5.1	-0.1	0.1	2.8
1988	4.5	7.1	5.1	13.0	16.6	3.9	5.5	6.7	0.7	2.5
1989	7.7	5.4	4.8	-1.2	16.2	2.9	-0.4	9.5	2.3	2.3
1990	8.0	5.6	5.2	4.1	9.5	3.3	6.2	7.2	3.1	2.1
1991	6.0	3.3	2.2	-5.3	4.7	4.1	2.6	5.2	3.3	2.1
1992	2.4	0.8	2.1	-5.7	-7.4	2.7	16.3	4.4	1.6	2.2
1993	0.6	0.2	1.0	1.5	-9.6	3.2	11.6	0.4	1.3	2.6
1994	1.0	0.9	2.3	7.6	-5.8	3.5	1.5	3.9	0.7	2.9
1995	1.4	1.9	1.9	-4.8	3.0	4.0	0.7	4.2	-0.1	3.2
1996	2.0	2.6	2.5	11.8	1.6	2.3	5.7	5.9	0.1	3.3
1997	2.1	1.6	0.7	-12.1	8.4	0.8	-7.7	11.1	1.8	3.5
1998	-2.1	-2.0	-0.9	-14.3	-6.5	1.8	-4.2	-2.7	0.6	4.3
1999	-1.4	-0.1	1.0	0.2	-4.3	4.2	5.7	1.9	-0.3	4.7
2000	1.1	2.9	0.7	0.9	7.5	4.3	-10	12.7	-0.7	4.7
2001	-1.0	0.2	1.6	-5.3	1.3	3.0	-3.0	-6.9	-0.7	5.2
2002	-1.3	0.3	1.1	-4.0	-5.2	2.4	-4.8	7.5	-0.9	5.4
2003	-0.2	1.4	0.4	-1.0	4.4	2.3	-10.8	9.2	-0.3	5.1
2004	1.6	2.7	1.6	1.9	5.6	1.9	-9.0	13.9	0.0	4.7
2005	0.7	1.9	1.3	-1.5	9.2	1.6	-10.1	7.0	-0.3	4.4
2006	1.1	2.0	1.5	0.5	2.3	0.4	-5.7	9.7	0.3	4.1
2007	1.6	2.4	1.6	-9.6	2.6	1.5	-7.4	8.4	0.0	3.9
2008	-2.2	-1.2	-0.7	-8.0	-1.4	0.5	-8.6	1.6	1.4	4.0
2009	-6.6	-6.3	-1.9	-14.0	-16.7	3.0	10.4	-23.9	-1.4	5.1
2010	1.7	4.0	1.8	-6.3	2.1	2.2	-3.4	23.9	-0.7	5.1
2011（1—3 月）	-2.9	-1.0	-1.0	5.3	2.2	2.8	-14.1	6.4	0.0	4.7

资料来源：内阁府《2011 财年年度经济财政报告》。

第二节　不良债权处理与日本扩张性财政政策困境

一　不良债权问题处理

泡沫经济时期，由于过度迷信土地升值神话，银行过高估计土地、不动产等担保品价值，放松贷款条件。资产泡沫破灭后，不动产相关企业及提供个人住房贷款的非银行性金融机构经营陷入困境，以不动产担保为主的银行贷款风险最终形成长期困扰日本经济的不良债权问题。

从泡沫经济崩溃到不良债权问题基本解决，日本花费长达十余年时间。在不良债权产生之初，日本政府对金融机构不良债权信息披露情况一直采取拖延隐瞒方式，致使不良债权处理严重滞后。其原因主要在于信息披露制度不完善、以主银行制度为代表的银企关系、金融机构等对抵押品资产价格的回升抱有幻想等。① 直至 1998 年 10 月，日本才通过《关于为金融机能再生采取紧急措施的法律》（以下简称《金融再生法》），要求所有银行必须披露不良债权信息。1998 年 12 月《银行法》修订实施后，银行还必须承担披露《银行法》规定的不良债权信息的义务。这两项法律的实施，使日本银行业不良债权信息披露制度逐步完善。在不良债权统计中，一般利用《金融再生法》基准下的不良债权余额。

如表 1—6 所示，2002 年 3 月末日本全国银行不良债权规模达到 43.21 万亿日元峰值，为当年名义 CDP 的 8.5%，不良债权比率高达 8.4%。随着不良债权处理力度的加大，2005 年 3 月末不良债权余额降至 17.93 万亿日元，不良债权率减至 4.0%，其中主要银行不良债权率降至 2.9%，拖累日本金融机构十余年的不良债权问题基本得以解决。

表 1—6　　**《金融再生法》基准下不良债权推移表**　　单位：万亿日元,%

		1999.3	2000.3	2001.3	2002.3	2003.3	2004.3	2005.3	2006.3	2007.3
主要银行（9）	贷款总额	357.96	341.78	340.61	317.95	279.88	262.86	253.06	259.11	267.05
	不良债权余额	21.95	18.49	18.03	26.78	20.24	13.62	7.41	4.63	4.08
	不良债权比率	6.1	5.4	5.3	8.4	7.2	5.2	2.9	1.8	1.5

① 日本经济企画厅《1998 年版经济回顾及课题》，1998 年 12 月。

续表

		1999.3	2000.3	2001.3	2002.3	2003.3	2004.3	2005.3	2006.3	2007.3
地方银行（11）	贷款总额	193.42	185.86	186.57	185.12	187.23	186.15	186.83	191.19	196.90
	不良债权余额	12.00	11.45	13.62	14.82	14.66	12.79	10.37	8.68	7.83
	不良债权比率	6.2	6.2	7.3	8.0	7.8	6.9	5.5	4.5	4.0
全国银行（122）	贷款总额	551.38	536.12	537.13	512.08	474.58	455.51	446.13	457.47	472.66
	不良债权余额	33.94	31.81	33.63	43.21	35.34	26.59	17.93	13.37	11.97
	不良债权比率	6.2	5.9	6.3	8.4	7.4	5.8	4.0	2.9	2.5

注：1. 括号内为2007年3月末金融机构数量。2. 主要银行包括都市银行与信托银行；地区银行包括地方银行与第二地方银行；全国银行包括都市银行、旧长期信用银行、信托银行和地区银行。

资料来源：日本金融厅：《金融厅的一年》，2006年。

在不良债权处理方式上，进行直接冲销的表外处理是不良债权减少的最大原因，即通过冲销或出售债权等方式将不良债权从银行资产负债表剥离，由整理回收机构（RCC）进行收购、处理。一般来说，形成银行不良债权的融资对象企业在破产前继续维持业务，银行首先会提取呆账准备金进行间接冲销。当融资对象企业破产并确定最终损失后，采取直接冲销的最终处理方式。由于直接冲销时不良债权最终损失已得以确定，冲销后便不会影响银行收益。

1992—2001财年，日本对不良债权的处理主要采取间接冲销方式，即将不良债权保留在资产负债表的资产方，对其中没有抵押、担保等部分相应计提呆账准备金，并在资产负债表资产方以负值表示。由于间接冲销后担保价格或贷款企业业绩变化，呆账准备金需相应调整，银行收益可能会受到影响。而且贷款企业经营恶化或抵押物品价值下降时，银行需追加呆账准备金，还会出现新增不良债权处理的情况（见表1—7）。

表1—7 **间接冲销处理实例**

资产		负债、资本	
贷款	100	负债	90
呆账准备金	-5	资本	5
合计	95	合计	95

最终处理前

资产		负　资	
贷款	1000	负债	900
(其中不良债权100)		资本	165
呆账准备金	-35		
合计	1065	合计	1065

最终处理过程

	可回收部分	不可回收部分	说明
法律措施	抵押担保等回收 50 依据法律措施 10	抵扣呆账准备金 35 损失 5	1）根据抵押担保回收50； 2）根据法律措施确定可回收10，不可回收部分为40； 3）不可回收40中，由呆账准备金抵扣35； 4）剩余部分5记做损失处理； 5）上述操作使不良债权100全部从银行资产中剥离。
债权转让	出售后回收部分 60	抵扣呆账准备金 35 损失 5	1）将不良债权抵押品100按时价60出售。 2）不可回收40中，由呆账准备金抵扣35； 3）出售损失5； 4）上述操作使不良债权100全部从银行资产中剥离。
私下协商	继续持有债权 60	抵扣呆账准备金 35 损失 5	1）根据贷款企业经营重组计划银行放弃债权40； 2）放弃债权40中，由呆账准备金抵扣35； 3）放弃债权40中，5记做损失处理； 4）上述操作使银行对该企业债权减至60。

法律措施、债权转让处理后：

资产		负债资本	
贷款	1060	负债	900
呆账准备金	0	资本	160
合计	1060	合计	1060

私下协商处理后：

资产		负债资本	
现金	60	负债	900
贷款	1000		
呆账准备金	0	资本	160
合计	1060	合计	1060

图1—1　最终处理（直接冲销）实例图

资料来源：日本全国银行协会（　http://ww w.zenginkyo.o r.jp/education/free_publication/pamph/details/pamph_08/dp2_3.pdf　）。

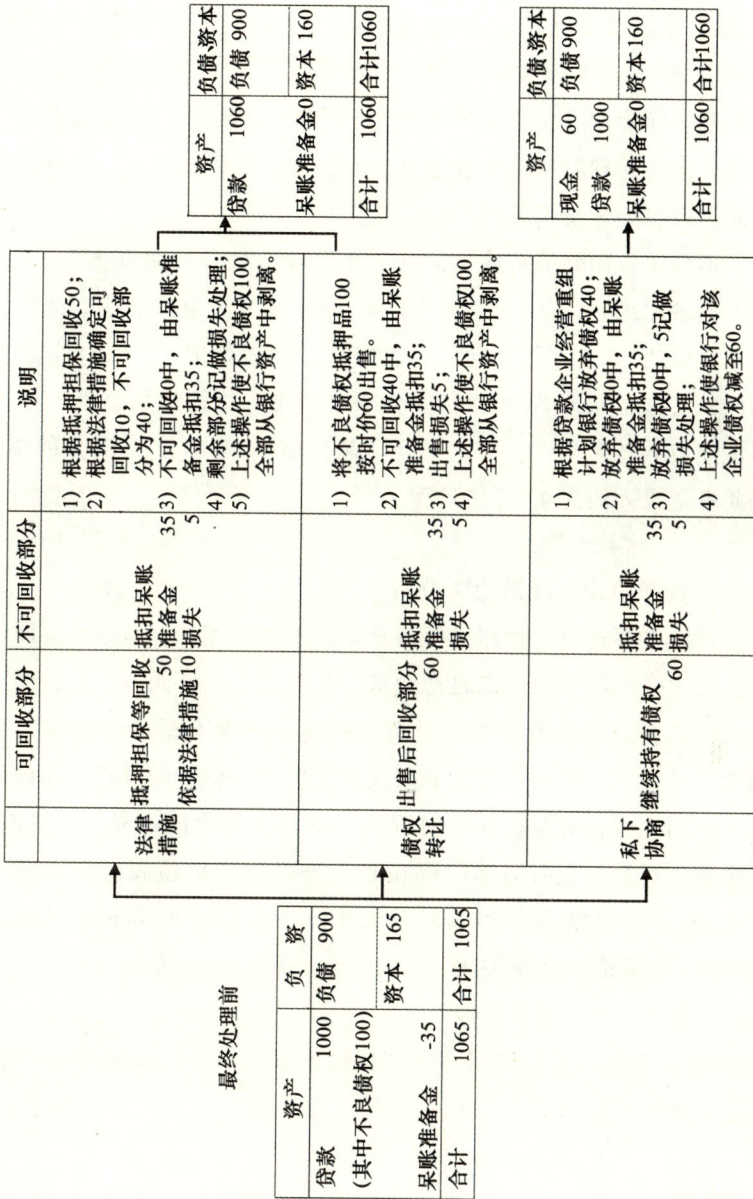

如：贷款（资产）为100，其中不良债权为10（对其计入5的呆账准备金）。

从2001年起日本政府着手从根本上处理不良债权问题，先后出台"紧急经济对策"、"基本方针"和"改革现行计划"，力图实现直接冲销的最终处理，即确定不良债权最终损失，并从资产负债表中将其剥离实现表外处理。最终处理时的损失确定有三种方式，即债权转让、法律措施和私下协商。最终处理实例见图1—1。

日本不良债权问题的解决耗时长达十余年，处理所用资金成本巨大。根据日本金融厅统计，从1992年4月至2005年3月全国银行不良债权处理损失累计额达96.4万亿日元。存款保险机构还处理了180件金融机构破产案件，实施了共计18.6万亿日元资金援助。这两项加总可以计算出处理不良债权共花费约115万亿日元，超过2004财年名义GDP的20%，其中公共资金投入约为45万亿日元。①

二 "资产负债表衰退论"分析

不良债权主要通过三种路径阻碍日本经济的复苏：一是银行方面信贷收缩，金融中介功能受阻；二是产业部门收益低，生产能力不足，经济发展止步；三是企业设备投资和居民消费低迷，内需不振。②可以说，处理不良债权的过程也是银行、企业和居民修复资产负债表的过程。在国际金融危机和欧洲主权债务危机深化过程中，欧美国家为消除资产价格泡沫，政府、企业、居民、金融等部门都在着手进行资产负债表修复，即"去杠杆化"。在多种经济理论和应对政策中，辜朝明（Richard C. Koo）的"资产负债表衰退论"受到关注。

（一）资产负债表衰退原因

2003年，辜朝明首次使用"资产负债表衰退"（Balance Sheet Recession）这一概念分析1929年美国大萧条（Great Depression）和20世纪90

---

① ［日］鹿野嘉昭：《日本的金融制度》，东洋经济新报社2006年版，第182—183页。

② 日本内阁府：《2001财年年度经济财政报告》（http：//www5. cao. go. jp/j—j/wp/wp—je01/wp—je01—00202. html）。

年代日本经济大衰退（Great Recession）的原因。[1]

（1）资产负债表衰退产生于股票和房地产等资产价格泡沫破裂、众多民间企业和居民的资产负债表发生亏损之时。

（2）为修复资产负债表，企业被迫转换经营方针，从追求“利润最大化”变为“负债最小化”。

（3）从单家企业来看，返还债务是负责任的正确举动，但全部企业均忙于减少债务，会形成集合效应，导致“合成谬误”（Fallacy of Composition），反而会减少总需求，陷入经济低迷—资产价格进一步下跌—更多企业还债的恶性循环。

（4）企业在压缩负债的去杠杆化过程中，借款不足，导致居民储蓄和企业还款滞留在银行体系内部，无法投入到生产和消费之中，导致日本出现通货紧缩缺口（Deflationary gap），收入循环停滞，民间部门整体收入持续下降并无法创造新的储蓄，经济规模缩小，出现衰退。

（5）多数企业解决资产负债表问题之后，经济才能进入自律性增长。因此，政府应将政策重点置于尽快修复企业资产负债表方面。

（二）资产负债表衰退的循环周期

根据辜朝明的分析，私营部门需要相当长时间才能摆脱“债务抵触综合征”，而且资产价格泡沫则会周期性地反复出现。[2]

（1）中央银行收紧货币政策，导致泡沫破灭（也有一些泡沫破灭是其自身过度膨胀所致）。

（2）资产价格暴跌导致企业资不抵债，企业运营模式从利润最大化转变为负债最小化。而企业运营模式的变化则最终导致整个经济陷入“资产负债表衰退”。

（3）由于企业需要偿还债务，私营部门失去资金需求，即使中央银行采取宽松政策，也无法刺激货币需求，货币政策失灵，政府不得不依靠财政政策维持总需求。

---

① Richard C. Koo, *Balance Sheet Recession: Japan's Struggle with Uncharted Economics and its Global Implications*, John Wiley & Sons (Asia) Pte Ltd: Singapore, 2003. 辜朝明：《通货紧缩与资产负债表衰退》，榆井浩一译，德间书店 2003 年版，第 469—470 页。

② 辜朝明：《大衰退：如何在金融危机中幸存和发展》，喻海翔译，东方出版社 2008 年版，第 130—131 页。

（4）企业最终实现债务偿付，资产负债表衰退结束。但是企业对债务的抵触情绪依然存在，居民仍继续减少消费、增加储蓄。资金供大于求导致利率下降。企业不再忙于偿债并开始进行投资，经济逐步回升。

（5）企业的借贷抵触情绪逐渐减退，开始积极融资。

（6）私营部门的资金需求恢复，货币政策开始发挥效力。

（7）预算赤字对私营部门投资具有挤出效应，尽可能不干预经济活动的“小政府”受到欢迎，财政重建得以实施，货币政策取代财政政策成为主要宏观经济政策工具。

（8）经济日趋繁荣，私营部门充满活力并重新找回自信。

（9）私营部门的过度自信引发下一个经济泡沫。

（三）“阴阳”经济周期及经济政策

为了进一步说明资产负债表衰退的应对措施，根据私营部门的财务状况，辜朝明将经济周期分为“阴阳”两种状态，其中上述资产负债表衰退循环周期的1—4阶段属于“阴”态，5—9阶段属于“阳”态。

当经济周期处于“阳”态阶段时，经济状况基本属于传统主流经济学的研究对象。私营部门资产负债表健康，企业以追求利润最大化为目标，有旺盛的资金需求，因此货币政策成为经济决策的有效工具。由于对投资具有挤出效应，应尽量避免使用扩张性财政政策。

当经济周期进入“阴”态阶段时，由于资产价格暴跌引发的资产负债表失衡，企业只能极力减少债务以维持财务平衡。众多企业同时追求负债最小化引起的合成谬误导致资产负债表衰退。这一阶段，货币政策失灵，而最有效的宏观经济政策是财政政策。公共投资可以代替企业创造需求，以弥补由于合成谬误造成的通货紧缩缺口。在“阴”态阶段不必担心财政政策的挤出效应，因为此时私营部门忙于清偿债务而非进行投资活动。

表1—8为引入企业负债最小化模式后的经济周期“阴阳”两种状态的比较，从中可以看出普通经济衰退与资产负债表衰退的区分。因为这一理论将资产负债表衰退理念融入凯恩斯学派的总需求概念，辜朝明将其称为宏观经济学的新“通论”。

表 1—8　　宏观经济学的新“通论”

	“阳”态世界	“阴”态世界
现象	教科书中的经济	资产负债表衰退
法则	亚当·斯密的“看不见的手”	合成谬误
企业财务状况	资产 > 负债	资产 < 负债
行动原理	利润最大化	负债最小化
结果	最大多数的最大幸福	置之不理则将导致萧条
货币政策	有效	无效（流动性陷阱）
财政政策	负效应（挤出效应）	有效
物价	通货膨胀	通货紧缩
利率	正常	极低
储蓄	美德	恶德（节约悖论）
银行危机对策	“优惠”和迅速处理不良贷款	资本注入和谨慎处理不良贷款

资料来源：辜朝明：《大衰退：如何在金融危机中幸存和发展》，喻海翔译，东方出版社 2008 年版，第 144 页，表 5—1。

（四）简要评价

从研究假设条件来看，辜朝明的“资产负债表衰退”理论与欧文·费雪 1933 年提出的“债务—通货紧缩”（Debt Deflation）概念结构相似，都是从处于均衡态的经济体系受到过度负债（disturbance）的冲击开始分析，从而产生债务清偿的趋向。从政策取向来看，辜朝明主张在出现“资产负债表衰退”时采取凯恩斯主义的扩张性财政政策。

从 20 世纪 90 年代日本经济长期萧条到美国次贷危机引发的世界金融危机的事实来看，两次经济衰退均具备资产负债表衰退的特征。目前，日本经济处于资产负债表衰退循环周期的第 3—4 阶段，为修复资产负债表，政府持有巨额债务。而欧美经济处于第 3 阶段，在金融危机爆发后，政府通过扩张性财政政策、注入公共资金等方式向民间部门投入资金，填充民间私人部门资产负债表的漏洞。

一些评论者认为，尽管从资产负债表的两方面来认识经济衰退无疑是正确的，但是“资产负债表衰退”理论以金融危机为重要背景，在强调私人部门资产负债表问题的同时，并未重视政府部门资产负债表不断扩大带来的问题。其次，该理论只强调财政政策功能，而忽视了货币政策在资产负债表衰退时期发挥的作用。虽然私营部门将经营模式转为追求负债最小化时，由于资金需求低迷，利率水平低下，积极的财政政策能更有效地将过剩储蓄引入经济活动当中，但是必须有货币政策的配合，财政政策才能顺利发挥作用。下文将具体分析日本不断累积的国债与央行持续追加购买规模之间的关系与效果。

三 应对危机的经济政策与日本的财政困境

纵观日本20世纪90年代以来的经济长期萧条，可以看出日本“失去的20年”不仅是景气循环因素反映出的实体经济衰退，而且是金融机构陷入经营困境、信贷急剧收缩导致的金融体系的危机。金融机构破产，不良债权问题严重，金融体系动荡，日本政府为应对金融危机、克服经济萧条，大规模动用财政政策，出台一系列经济刺激对策，导致财政状况严峻，国债发行不断攀升。

（一）主要经济对策

从表1—9可以看出，1991年2月日本经济陷入泡沫经济崩溃后的衰退局面，日本政府从1992年3月起出台经济刺激对策，至2002年累计规模超过160万亿日元，主要通过增加公共投资扩大财政支出、减税等刺激总需求的传统凯恩斯政策促进经济复苏，克服国内金融危机。

为应对此次全球金融危机对日本经济和金融体系的影响，政府于2008年4月开始出台多项大规模紧急对策，目前累计事业规模已经超过210万亿日元。

表1—9 **泡沫经济崩溃后的主要经济对策** 单位：万亿日元

执政内阁	出台时间	对策名称	规模	财政支出	主要内容
宫泽	1992年3月	紧急经济对策	—	—	
	1992年8月	综合经济对策	10.7	5.7	公共投资、中小企业对策等
	1993年4月	推进综合经济对策	13.2	6.8	公共投资、中小企业对策、减税等
细川	1993年9月	紧急经济对策	6.2	2.0	公共投资、中小企业对策等
	1994年2月	综合经济对策	15.3	9.8	公共投资、中小企业对策、所得减税等

续表

执政内阁	出台时间	对策名称	规模	财政支出	主要内容
村山	1995 年 4 月	紧急日元升值经济对策	7.0	—	阪神救灾、紧急防灾、中小企业对策等
	1995 年 9 月	经济对策	14.2	8.1	公共投资、中小企业对策、雇佣等
桥本	1998 年 4 月	综合经济对策	16.7	4.6	公共投资、雇佣、特别减税等
小渊	1998 年 11 月	紧急经济对策	23.9	7.6	公共投资、金融对策、永久减税等
	1999 年 11 月	经济新生对策	17.9	6.5	公共投资、稳定金融体系、中小企业融资、住宅金融对策、雇佣等
森	2000 年 10 月	日本新生的新发展政策	11	3.9	公共投资、中小企业融资等
	2001 年 4 月	紧急经济对策	—	—	金融与企业重建、雇佣等
小泉	2001 年 10 月	改革先行计划	5.8	1.0	雇佣、中小企业对策等
	2001 年 12 月	紧急对应计划	4.1	2.6	改革推进公共投资特别措施
	2002 年 2 月	尽快应对通货紧缩对策	—	—	加速处理不良债权、稳定金融体系等
	2002 年 6 月	推动当前搞活经济对策	—	—	结构改革、税制改革、金融体系等
	2002 年 10 月	加速改革的综合对应政策	—	—	金融、企业重建、安全网等
	2002 年 12 月	加速改革计划	14.8	3.0	安全网、公共投资等
福田	2008 年 4 月	提高经济增长早期对策	—	—	优化中小企业体质、改善雇佣、搞活区域经济等
麻生	2008 年 8 月	实现安心的紧急综合对策	11.7	2.0	高龄者医疗、节约能源型产业及加强农林水产业竞争力等
	2008 年 10 月	生活对策	26.9	5.0	生活援助补贴、稳定金融市场对策、中小企业对策等
	2008 年 12 月	生活防卫紧急对策	43(其中包括“生活对策”6 万亿日元)	—	雇佣、税制改革、金融市场融资对策等
	2009 年 4 月	金融危机对策	56.8	15.4	雇佣及金融紧急对策等

续表

执政内阁	出台时间	对策名称	规模	财政支出	主要内容
鸠山	2009 年 10 月	紧急雇佣对策	—	—	雇佣对策等
	2009 年 12 月	为实现明日的安心与经济增长的紧急经济对策	24.4	7.2	雇佣、环境对策等
菅	2010 年 9 月	实现新增长战略的三阶段经济对策：日元升值、通货紧缩的紧急对策	9.8	0.92	雇佣、投资、消费、地区防灾对策、规制改革等
	2010 年 10 月	应对日元升值、通货紧缩的紧急综合经济对策：实现新增长战略的第二阶段	21.1	5.1	雇佣、人才培养、推进新增长战略等
野田	2011 年 10 月	日元升值综合对策：构筑对抗风险的强劲社会	23.6	2.0	雇佣、中小企业对策

资料来源：日本内阁府“经济预测、经济对策等”，http://www5.cao.go.jp/keizai1/mitoshi—taisaku.html；《东京新闻》2009 年 4 月 9 日、4 月 11 日。

（二）日本的财政状况与国债发行

20 世纪 90 年代起日本政府实施大规模经济刺激计划，以提振陷入衰退的经济。从国际比较视点来看，20 世纪 90 年代中期发达国家致力于财政重建，财政状况得以改善。但日本的财政状况仍不断恶化，财政赤字持续增加。21 世纪初日本财政收支出现好转，但 2008 年世界金融危机爆发后，发达国家均实施扩张性财政政策，财政赤字扩大，日本的财政状况再次恶化（见图 1—2）。

从债务存量来看，日本债务余额不断增加，在发达国家中独占鳌头。2011 年债务余额对 GDP 比高达 212.7%，远远高于其他发达国家（见图 1—3），这与泡沫经济崩溃后经济长期低迷有直接联系。尽管日本政府为刺激经济出台了一系列对策，但并未使经济在短时期得以回升。

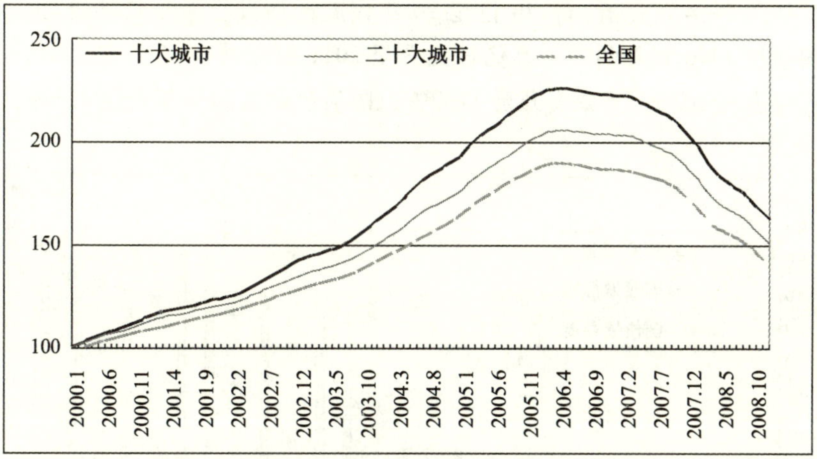

图 1—2　财政收支的国际比较（占 GDP 比重）

资料来源：OECD“Economic Outlook 89”（2011 年 6 月），转引自日本财务省（2011 年 9 月）。

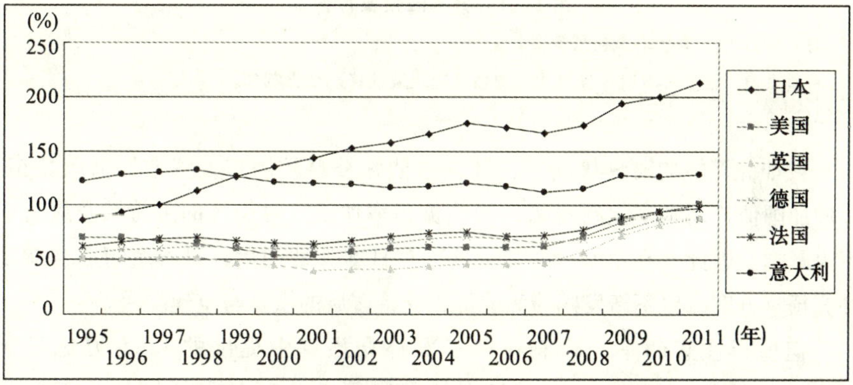

图 1—3　债务余额的国际比较（占 GDP 比重）

资料来源：OECD“Economic Outlook 89”（2011 年 6 月），转引自日本财务省（2011 年 9 月）。

日本通过发行国债来弥补财政赤字，从泡沫经济破灭后的 1990—2011 财年，日本国债余额从 166 万亿日元增加至 667 万亿日元。一方面由于经济恶化多次实行减税措施，财政收入减少；另一方面为应对金融危机和经济低迷，泡沫经济崩溃后多次实施经济刺激对策，公共事业相关费用增加，加之近年来人口老龄化问题日益突出，社会保障相关费用不断上扬。从图1—4可以看出，20世纪90年代起国债发行量呈增加趋势，新发国债从1990财年的7.3万亿日元升至2011财年的44.3万亿日元，国债依存度从10.6%大幅度升至47.9%，国债余额从37%攀升至138%。

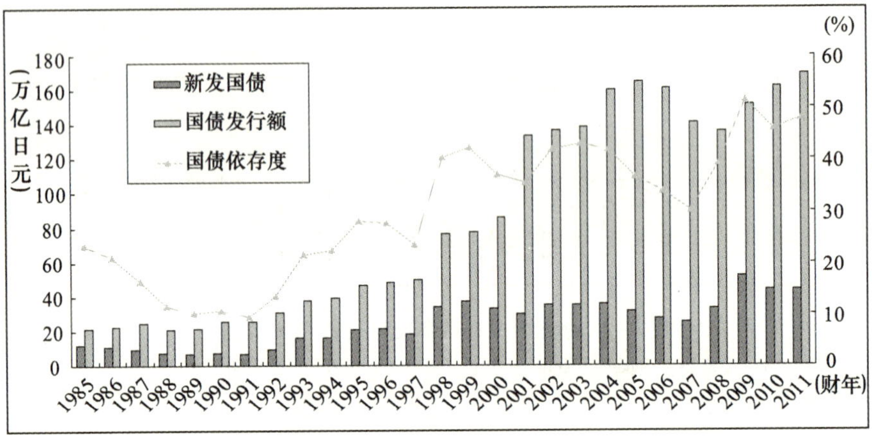

图1—4　日本国债发行情况

注：2011财年为政府最初预算案。

资料来源：根据日本财务省《战后国债管理政策推移》数据制作。

在如此严峻的财政状况下，继续举债弥补财政缺口，将增加财政负担，并增加国债长期利率上行压力，国债负担率加重，对经济的可持续发展造成巨大影响。因此，在2011年“3·11”东日本大地震后，日本政府三次制定补充预算方案，以不新发国债为前提，支持震后的恢复与重建。

但值得注意的是，政府在第三次补充预算中提出的11.5万亿日元复兴债的发行，将使2011财年末的国家债务余额（包括国债、借款和短期政府债券）首次突破1000万亿日元，达到1024.1万亿日元。按2011年10月1日测算人口1.28亿来计算，国民平均每人背负约800万日元的债务。从2009财年起，新发国债连续三年超过税收收入，财政状况急剧恶化。尽管长期利率依然保持在1%左右的低水准，但若国债失去金融市场的信任，利率上升导致国债利息费用增加，财政将出现危机局面。①

① 《日本经济新闻》2011年11月4日。

（三）扩张性财政政策风险

日本政府认为，不断累积的财政赤字是阻碍经济可持续发展的羁绊，主要通过三种路径增加经济中的风险因素。[①] 一是一般会计支出中偿还国债的相关费用增加，将会挤占其公共支出空间，减少财政政策的灵活性。二是利率上升导致国债利息费攀升，并会形成财政赤字增加导致政府金融负债增加、私人部门负债减少的现象。泡沫经济崩溃后日本储蓄率呈下降趋势，财政赤字的进一步增加会挤压企业在国内的融资，抑制投资增长。三是年轻一代负担加重，代际的经济差距扩大。

从执行效果看，部分学者对日本政府毫无节制地实行凯恩斯政策提出质疑，并认为日本政府在危机中采取的财政政策产生了非凯恩斯效果。所谓财政政策的非凯恩斯效果，是指在政府债务高水准基础上增发国债以此刺激经济，不仅效果不明显，反而会发生更为严重的经济衰退。[②] 在危机中日本采取了增加公共投资和减税的凯恩斯政策，但刺激总需求的效果不大，反而出现了抑制消费的结果。主要表现为三点：一是由于没有对公共投资的资源进行最优分配，从生产方面对民间活动刺激效果很小。20 世纪 90 年代实施的以公共投资为中心的经济刺激对策侧重于雇佣方面，虽然事实上 90 年代前期雇佣增加，但却拖延了原本应以调整产业结构为中心的公共投资方向，结果不仅从中长期降低了经济效率，财政政策的短期政策效果也大打折扣。[③] 二是减税并非长久性减税措施，对民间经济活动影响有限。三是大规模的经济刺激政策引发了巨额政府赤字的增加，[④] 在财政赤字和政府债务余额超过一定水平时，政府支出的增加反而会抑制民间消费，即依赖国债刺激经济的对策会增强国民对近期或未来赋税负担预期，从而抑制消费。即在政府债务很高的情况下，减税意味着近期提高税收的预期增强，居民个人将来可支配收入的现在价值减少，从而抑制消费。此外，政府债务进一步增大容易造成政府公信度的降低，国债风险溢价（Risk Premium）增加，长期利率上升，影响民间投资和个人消费。[⑤]

---

① 日本财务省：《日本财政相关资料》，2011 年 9 月，第 22—24 页。

② 相关学者有 Giavazzi and Pagano（1990）、Perotti（1999）等。具体事例如 1990—1993 年瑞典减税引发经济衰退，1977—1980 年芬兰等。

③ ［日］盐路悦朗：《作为经济增长源泉的社会资本的作用是否已经终结?》，《社会科学研究》2001 年第 52 卷第 4 号。

④ ［日］井堀利宏、土居丈朗：《财政政策的评价与制度设计》，2006 年 3 月。

⑤ ［日］富田俊基：《经济政策的课题》，野村综合研究所 2004 年版，第 214 页。

第三节 国债增发与日本金融政策

一 日本国债长期利率低下的原因

日本的财政状况在发达国家中最为严峻，其主要风险在于相对于经济规模国债利息费用的高企。对于超过600万亿日元的国债余额，如果利率提高1%，利息费用将达6万亿日元，政府将不得不靠发行国债支付利息费用。国债的累积，将增加市场对财政可持续性的怀疑、国债风险溢价增大、长期利率上升。国债还本付息费用的进一步增加将使财政状况陷入恶性循环。

泡沫经济崩溃后的20年间，“利率急速上升，日本国债价格暴跌”的预测从未间断，但从现实来看，日本长期利率只出现过几次暂时性波动，[①] 多年来均保持平稳下降趋势，近十余年来更保持极低水平，从1999年至今新发十年期长期国债流通利率基本在0.5%—2%的区间内，2012年1月仅为0.97%（见图1—5），而同期债务余额占GDP比重低于日本的意大利长期国债利率突破7%的警戒线。

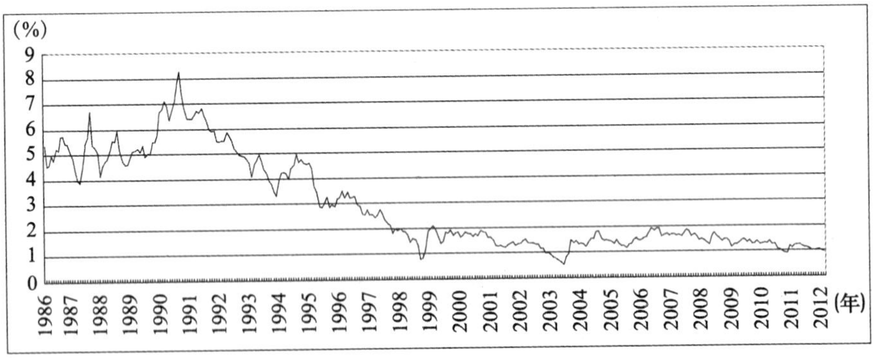

图1—5 日本新发十年期长期国债流通利率

资料来源：日本财务省。

日本国债长期利率低下的原因，首先应归因于经济低增长和低通胀。

① 如1998年12月，伴随财政重建改革，大藏省的资金运用部公布停止购买国债，长期利率急速上升，发生“资金运用部冲击”。2003年发生“VaR冲击”，当时美国利率上升，国债投标减少，国债期货市场价格下降，利率上升，加之当时银行由于抵触VaR风险管理标准，出售所持债券，导致长期利率快速攀升。但这些冲击只是暂时性的，对长期利率影响有限。

泡沫经济崩溃后日本陷入长期经济低迷和通货紧缩困境，投资者对日本经济增长率和物价上升的预期很低。风险溢价是决定长期利率的重要因素。日本长期利率风险溢价的高低主要取决于投资者对日本政府改善财政收支平衡状况和货币政策稳定物价、实现经济增长能力的信心。① 一旦信心损毁，风险溢价上升，国债利率也将上升。

从现实来看，日本国债利率低下还源于以下两个方面。

（一）日本特有的国债保有结构，即日本债券的流通、投资市场中非居民所占比例很低

至2011年9月末，日本国债余额（包括国库短期证券和国债、财政投融资债）为919万亿日元，其中日本国内投资者持有比例高达91.8%，海外投资者仅为76万亿日元，占8.2%，而同期美国国债的海外投资者高达45.3%。

在日本国内投资者中，银行、保险公司、证券公司等金融机构持有593万亿日元，占比达64.5%，政府及政策性金融机构占比12%，中央银行占比9.4%，居民个人占比3.2%（见图1—6）。

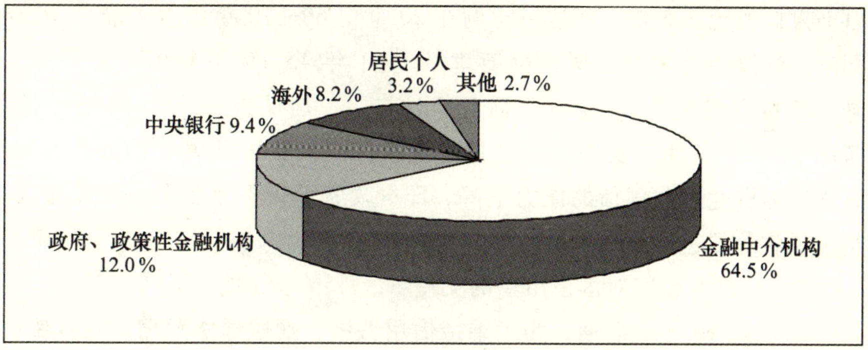

图1—6　2011年9月末日本国债保有结构

资料来源：日本银行。

日本国债基本由国内投资者持有，其背景主要在于两方面：一是日本居民金融资产数额巨大。截至2011年3月末，日本居民家庭部门金融资

① ［日］白川方明：《通货、国债、中央银行——信任的相互依存性》，日本金融学会2011年度春季大会特别演讲，2011年5月28日。

产高达1481万亿日元，其中现金、存款为816万亿日元，占金融总资产规模的55.1%，保险为420万亿日元，占28.3%。在经济低迷时期，金融机构追求资产的安全性，倾向于将资金投向国债。二是日本长期保持经常项目收支顺差。日本企业和个人在对外贸易和对外金融交易中获得收益，并以此作为购买国债的重要来源。1981—2010年日本持续保持经常项目收支顺差，2010年盈余扩大至17.1万亿日元。上述两方面资金在国内形成剩余资金，并在政府债务持续增加过程中不断购买日本国债，因此国债运营状况稳定。

但是，日本国债的安全神话已受到挑战。受东日本大地震和日元急速升值影响，2011年日本时隔31年后首次出现2.5万亿日元的贸易赤字。虽然从2005年起日本海外投资收益盈余超过贸易盈余，2011年经常收支不会出现赤字，但是受国际金融危机影响，主要国家均实行超低利率政策，2010年日本投资收益盈余比2007年的峰值减少约30%。加之日本国内通货紧缩状况未能缓解，日元升值，产业空心化的担忧日益加强，若经常收支出现赤字，日本国债利率上升，将无法依赖国内投资者消化。此外，泡沫经济崩溃后日本老龄化加速，2011年20—64岁人口仅为65岁以上人口的约2.5倍，而这一比例在20世纪60—70年代为9倍。① 与此同时，泡沫经济崩溃后居民储蓄率从1991年15.1%的峰值开始不断下降，2008年仅为2.2%。在金融危机冲击下，居民投资减少，2009年储蓄率升为5%。由于支撑日本独特的国债保有结构的两大支柱出现动摇，日本国内资金消化国债的能力下降，日本政府不得不重新考虑财政重建、增加税收等促进经济增长的战略举措。

（二）日本银行对国债市场的支持

20世纪90年代后期，为了维持信用秩序，摆脱通货紧缩，日本银行保有国债规模急速增加。其政策背景为超宽松货币政策，如1999年日本银行决定实施零利率政策，2001年进一步实行数量宽松货币政策，提高长期国债购买额度。

首先可以从图1—7看出日本银行持有国债规模的变化过程。20世纪70年代中期，为应对石油危机对日本经济的冲击，日本政府开始大量发行赤字国债，1979财年日本银行所持国债占国债（不包含政府短期证券）

① 日本财务省：《日本财政相关资料》，2011年9月，第33—34页。

发行总额的比重高达 17.5%，之后比重不断降低，1991 财年仅为 5.47%。泡沫经济崩溃后，日本政府多次推行经济刺激政策，日本银行也实施宽松货币政策，不断增加长期国债购买规模，2002 财年日本银行保有国债 81.12 万亿日元，占当年国债发行规模的 15.08%。2006 年数量宽松政策解除，日本银行保有国债比例缓慢下降，2011 年 3 月末占比为 8.30%。

日本银行从 20 世纪 90 年代中期开始增加国债保有比率，银行等金融机构所占份额下降。2007 财年起邮储银行资产计入其中，金融机构占比大幅度增加，2011 年 3 月末为 39.5%。保险、年金基金从 1991 财年起购买国债规模增加，2011 年 3 月末为 24.04%。证券公司、政策性金融机构等近年来国债持有量下降，从 1993 年 3 月末的 39.14% 降至 2011 年 3 月末的 5.21%。

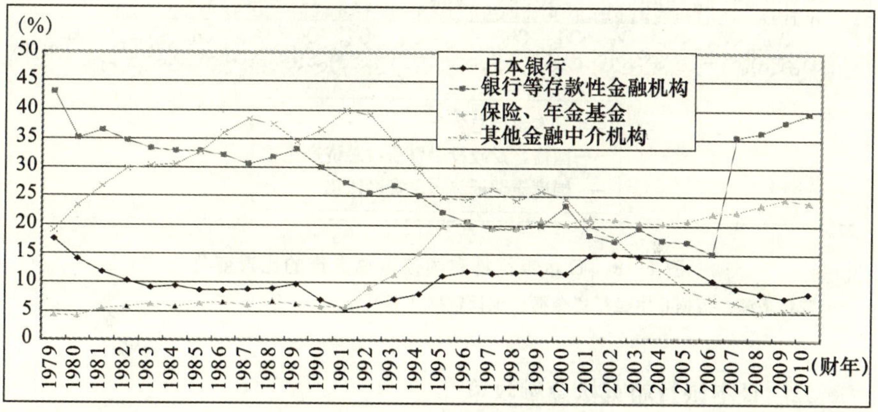

图 1—7　金融机构国债保有比率

注：1. 银行等存款性金融机构包括国内银行、在日外资银行、农林水产金融机构、中小企业金融机构等，2007 财年起追加邮储银行。2. 其他金融中介机构包括证券投资信托、政策性金融机构等。3. 此处国债统计对象不包含政府短期证券。

资料来源：根据日本银行资金循环统计数据计算制作。

日本银行通过公开市场操作调节金融市场资金余缺和资金信贷，国债是其最重要的产品和工具。其中购买长期国债是提供长期资金的重要手段，短期国债主要应对临时性资金余缺。在 2001—2006 年实施数量宽松政策期间，长期国债占央行总资产比重大幅度增加，基本保持在 60% 左右的份额。近年来长期国债占比平稳下降，但从 2009 年 6 月起短期国债持有规模增加。截至 2011 年 9 月末，日本银行总资产为 146.18 万亿日元，其中长期国债为 63.62 万亿日元，占总资产的 43.52%；国库短期证券等短期国债为 22.41 万亿日元，占比 15.33%（见图 1—8）。国债，特别是长期国债成为日本银行的主要资产。

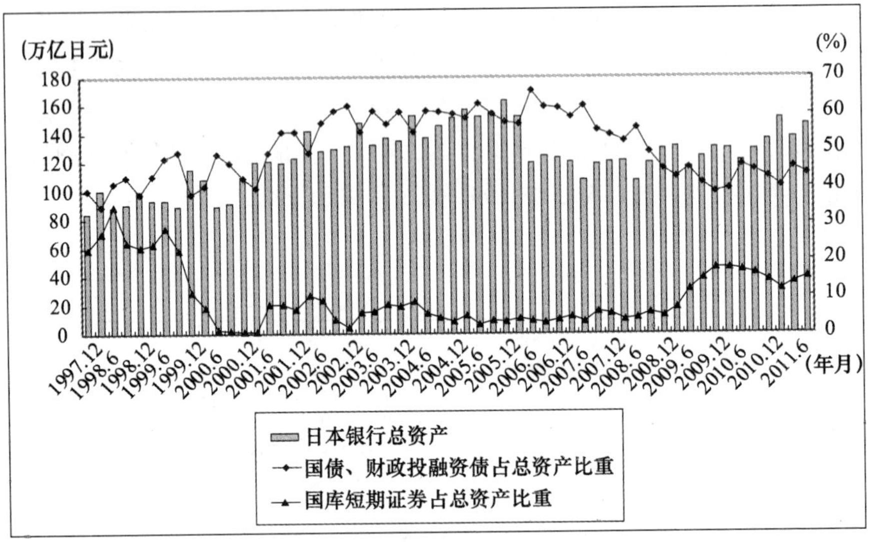

图 1—8　日本银行持有国债占总资产的比重变化

资料来源：根据日本银行资金循环统计数据计算制作。

二　日本银行超宽松金融政策

为应对金融危机、经济衰退和通货紧缩，日本银行实施了多项超宽松金融政策。日本银行总裁白川方明指出，20 世纪 90 年代后期日本银行金融政策中的六项创新性（innovative）举措，① 即零利率政策、数量宽松政策、资金供给操作中购入资产期限长期化②、零利率和数量宽松政策持续的期限承诺效果、购买资产支持商业票据（ABCP）及资产担保证券（ABS）等风险资产、购买金融机构持有股票等。

---

① ［日］白川方明：《非传统金融政策——中央银行的挑战与学习》，中国人民银行、国际清算银行共同主办的研讨会，2009 年 8 月 12 日。

② 2005 年数量宽松政策末期，资金供给操作中购入资产平均期限超过 6 个月，最长可达 11 个月。

（一）零利率政策

泡沫经济崩溃后，为扭转不断恶化的经济形势，日本政府多次实施扩张的财政政策，大量发行国债，力图通过扩大公共投资直接作用于最终需要，1998 年度末中央和地方政府的长期债务余额达 553 万亿日元，超过 GDP 110.3%。为了提高扩张性财政政策的有效性，日本银行需要大幅度降低短期利率才足以抵消财政扩张引发的“挤出效应”。

泡沫破灭后，日本银行从 1991 年 7 月起连续降低利率，至 1995 年 8 月再贴现率九次下调后从 6.0% 降至 0.5% 的低水平，但经济、金融环境每况愈下，物价低迷，1998 年核心消费物价指数转为 0.2% 的负增长，日本经济处在通货紧缩漩涡的入口。同时，1998 年穆迪评级公司调低日本国债信用等级，同年末大藏省资金运用部宣布减少国债认购计划，国债长期利率上升。[①] 1999 年 2 月，日本银行决定实施零利率货币政策，将银行同业间无担保隔夜拆借利率目标设定为 0.15%，同年 3 月，进一步下调至 0.03%，扣除中间费用，名义利率实际上已经为零，日本进入史无前例的零利率时代。

零利率政策效果主要体现在流动性数量和政策期限承诺两方面。即“利率下降至零利率水平时，也意味着资金数量的宽松”[②]，“直到能够消除通货紧缩担忧为止，无担保隔夜拆借利率维持在 0% 水准”[③]。

2000 年 8 月，虽然 GDP 回升，但仍为负值，日本银行在政府的反对声中一度解除了零利率政策，认为这种极端的非传统政策完全丧失利率杠杆作用。但是零利率政策结束后通货紧缩形势更加严峻。2001 年 2 月，日本银行政策委员会宣布再贴现率从 0.5% 下调至 0.35%，3 月，再贴现率再次下调至 0.25%，银行同业间无担保隔夜拆借利率从 0.25% 降至 0.15%，零利率政策再次出台。

零利率政策并未对总需求产生明显影响，无法直接唤醒萧条的日本经济，使其走出通缩阴影。而且短期利率不断下降到接近于零利率的状态，

---

① ［日］久保田博幸：《解明日本银行基本构造的书》，秀和システム2008 年版，第 102 页。

② ［日］白川方明：《近期的金融政策运营》，1999 年 6 月 22 日（http：//www.boj.or.jp/type/press/koen/kako/ko9906d.htm）。

③ ［日］日本银行：《总裁定期记者会见》，1999 年 4 月 13 日（http：//www.boj.or.jp/type/press/kaiken/kako/kk9904a.htm）。

使日本进入了凯恩斯经济学中的“流动性陷阱”，即无法通过进一步降低利率达到提高物价、恢复经济的目的。按照凯恩斯的观点，此时实行扩张的财政政策更为有效，但连年增发国债已使财政不堪重负。在这种非常形势下，日本银行为了在恢复经济景气、走出通货紧缩方面有所作为，只能进一步实施更加宽松的货币政策，以应对非常事态。

（二）数量宽松货币政策

2001年3月，日本银行进一步向零利率挑战，实施更加扩张的数量宽松货币政策。当经济受困于“流动性陷阱”时，日本银行改变了利率。可以看出，国债是日本银行最重要的资产，占将近70%的份额。改变这一操作目标，选择新的调节目标即商业银行在央行经常账户存款余额，不断提高目标规模，使其远远超出商业银行必需的法定准备金限额。同时，央行加大公开市场操作力度，从金融机构大量购买长期国债，增加基础货币，期待通过货币乘数放大货币供应量，为金融市场提供充足的流动性。

数量宽松货币政策包括三项内容：一是变更货币政策操作目标，即从银行间无担保隔夜拆借利率变更为商业银行在央行经常账户存款余额。二是至核心消费物价指数年增长率稳定上升为止，日本银行持续实施数量宽松货币政策。三是按照“银行券规则”约束，以纸币发行量的余额为上限，增加长期国债的购买规模。这一规则表明日本银行购买长期国债以增加准备金、提高流动性为目的，而不是为了补贴财政。

从实际运行来看，商业银行在央行经常账户余额从最初的4万亿日元增加到5万亿日元，之后不断增加，最终达到30万亿—35万亿日元，使其远远超出所必需的法定准备金（2006年3月必需资金量为4.7万亿日元），而法定准备金不足的金融机构可以直接通过央行筹措资金，不必通过短期金融市场，从而使短期市场利率维持在极低水准。与此同时，日本银行在“银行券规则”约束下，增加从金融机构购买的长期国债规模（见表1—10）。

出台数量宽松政策，日本银行旨在实现三种效果①：一是资产再配置效果，即央行为金融机构提供了大量安全性很高的无偿资金，以期金融机构积极将其运用于贷款、债券或股票投资，有效刺激企业生产和居

---

① 日本银行官方网站（http：//www.boj.or.jp/oshiete/seisaku/02101010.htm）。

民消费。二是预期效果，资金投放量的增加可能使人们对景气恢复产生期待，摆脱长期笼罩的悲观心理，从而增加消费和投资。三是政策期限效果（policy duration effect)，即政府承诺在较长时间内保证持续实施零利率和数量宽松政策。根据利率期限结构理论，长期利率等于未来短期利率预期平均值加上风险溢价，政府承诺有助于降低未来短期利率预期及利率风险溢价，从而降低长期利率，达到提高资产价格、促进生产和消费的目的。政策期限效果可以理解成“提前借用”了将来宽松的政策效果。①

表1—10 **数量宽松货币政策实施过程**

年份	日期	经常账户余额目标值	追加买入长期国债数额
2001	3/19	5万亿日元	
	8/14	6万亿日元	0.4万亿—0.6万亿日元/月 即4.8万亿—7.2万亿日元/年
	9/18	超过6万亿日元	
	12/19	10万亿—15万亿日元	0.6万亿—0.8万亿日元/月 即7.2万亿—9.6万亿日元/年
2002	2/28	不设上限	0.8万亿—1.0万亿日元/月 即9.6万亿—12万亿日元/年
	10/30	15万亿—20万亿日元	1.0万亿—1.2万亿日元/月 即12万亿—14.4万亿日元/年
2003	3/25	不设上限	—
	4/1	17万亿—22万亿日元	
	4/30	22万亿—27万亿日元	—
	5/20	27万亿—30万亿日元	—
	10/10	27万亿—32万亿日元	—
2004	1/20	30万亿—35万亿日元	—
2005	5/20	可突破余额目标下限	—
2006	3/9	从30万亿—35万亿日元逐步削减，数月后至6万亿日元	—

资料来源：根据日本银行公布资料整理。

① ［日］福井俊彦：《金融政策运营的课题》，《金融经济研究》2003年第20号。

从图 1—9 可以看出，在数量宽松政策实施的最初阶段，尽管日本银行释放了大量基础货币，但货币供应量并未随之增加。由于金融机构持有大量不良债权，银行存款不增反降。但 2005 年伴随不良债权问题的解决，全国银行贷款实现正增长，资产得以重新配置。其次，政策期限承诺巩固了中长期利率将维持在低水平上的预期，起到间接支撑经济复苏的作用。2006 年 3 月和 7 月，日本银行先后宣布结束数量宽松货币政策和零利率政策。

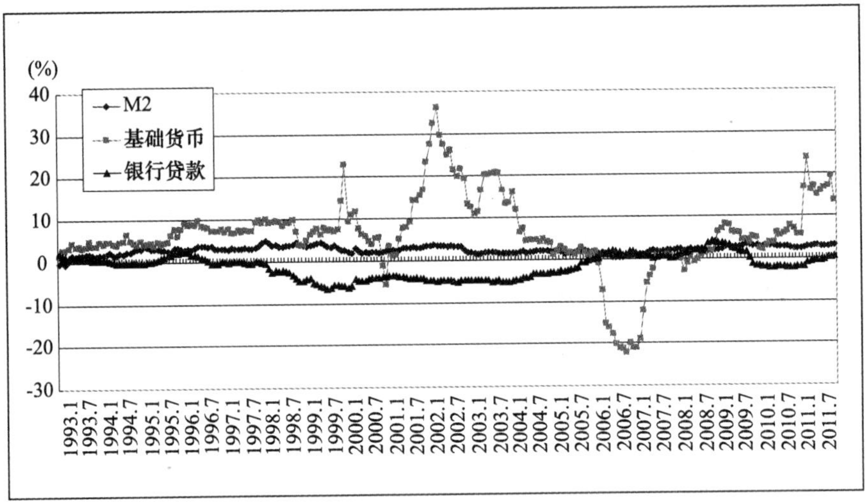

图 1—9　金融指标年增长率变化情况

资料来源：根据日本银行统计数据制作。

三　近年来日本银行更加宽松的金融政策新举措

2008 年金融危机爆发以来，日本银行继续实施宽松的金融政策，其中零利率政策、购买风险资产、购买金融机构持有股票、增加长期国债购买额度等举措是 20 世纪 90 年代非常规金融缓和措施的延续，资产购买基金的设立则是日本银行进行的首次金融实践。

（一）全面金融宽松政策

1. 主要内容

由于日本经济回升受阻、通货紧缩无法缓解，2010 年 10 月日本银行推出更加宽松的货币政策。这项政策由三项措施组成，日本银行称之为“全面金融宽松政策”①。

第一，隔夜拆借利率目标由0.1%变更为0%—0.1%的目标区间，再次明确执行零利率政策。

第二，基于“中长期物价稳定”的理解，重申政策期限承诺，提出只要核心消费价格指数不超过1%，就将继续维持零利率政策。

第三，作为一项临时性应急措施，在日本银行资产负债表的资产方设立资产购买基金，额度为35万亿日元，其中30万亿日元用于按照固定利率提供担保的公开市场操作，5万亿日元用于购买三类资产：第一类为低风险的长期国债、短期国债；第二类是具有信用风险的公司债和商业票据；第三类为股票、房地产等实物资产的投资信托基金，包括上市交易基金（ETF）和不动产投资信托基金（J-REIT）等。

2. 资产购买基金的特殊性

设立资产购买基金是日本银行的大胆尝试。其中所购买的长期国债、公司债是残存期限为1—2年的产品，购买这类债券的目的在于降低较长期限的市场利率，而购买ETF、J-REIT等风险资产的目的则在于降低这些产品的风险溢价。② 直接干预1—2年期限债券市场利率、缩小各种风险溢价的行动，开辟了日本银行的先河。特别是，如果风险资产价格变动导致日本银行遭受损失，最终只能由纳税人埋单。因此，与传统货币政策相比，这项举措具有财政政策特点。

2001—2006年，日本银行实施数量宽松货币政策，不断追加购买金融机构持有的长期国债规模。为应对此次国际金融危机，经过2008年12月和2009年3月的两次追加，日本银行购买长期国债规模增至每月1.8万亿日元，折合为每年21.6万亿日元。在“银行券规则”下，日本银行长期国债保有量不断增加，与纸币发行量上限缺口缩小。截至2011年12月末，日本银行长期国债保有额为66.14万亿日元，纸币发行量为84万亿日元，缺口仅为17.86万亿日元（见图1—10）。

① 日本银行：《关于全面宽松金融政策的实施》，2010年10月5日（http://www.boj.or.jp/announcements/release_2010/k101005.pdf）。

② 日本银行：《总裁记者会见要约》，2010年10月6日（http://www.boj.or.jp/announcements/press/kaiken_2010/kk1010a.pdf）。

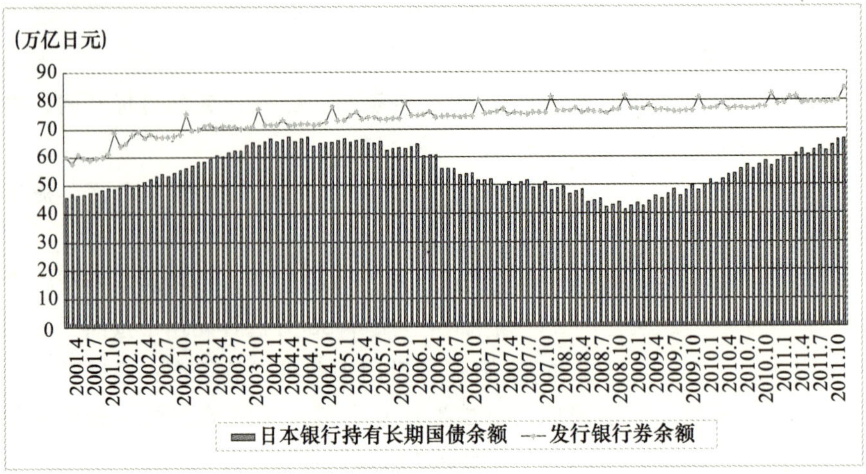

图 1—10 日本银行持有长期国债与发行银行券余额变化

资料来源：根据日本银行长期统计数据制作。

2011 年 3 月至 2012 年 1 月，为减少“3·11”东日本大地震、日元升值、通货紧缩等多重危机，日本银行四次上调资产购买基金规模，将其总额度从最初的 35 万亿日元上调至 65 万亿日元，其中用于低息担保的公开市场操作上限从 30 万亿日元升至 35 万亿日元，购买资产规模从 5 万亿日元调高至 30 万亿日元。

从资产购买的产品分类来看，长期国债从最初的 1.5 万亿日元调高至 19 万亿日元，截至 2012 年 1 月末实际累计 3.5 万亿日元（见图 1—11）。利用基金购买长期国债的目的在于降低中长期利率，与传统的调剂资金余缺操作不同，因此不受“银行券规则”约束。虽然目前规模下日本银行的纸币发行与长期国债存在缺口，日本银行可以增加基金中购买长期国债上限，或将购买对象扩充至期限更长的国债，但由于摆脱了“银行券规则”制约，这种行为会导致财政赤字货币化，从而增加中长期国债风险溢价，引起利率上升。

（二）购买金融机构持有股票

受国际金融危机冲击，日本股票价格骤跌。日本银行为减少金融机构持股风险，于 2008 年 10 月 15 日起停止在交易市场出售所购股票，并于 2009 年 2 月宣布购买总额为 1 万亿日元的金融机构所持股票，其中每家金融机构上限为 2500 亿日元，上市股票评级在 BBB－以上，时限

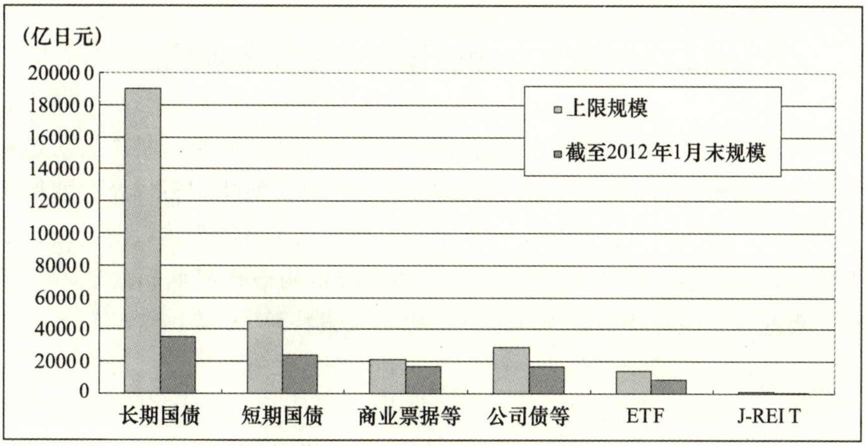

图 1—11　资产购买基金规模

资料来源：根据日本银行长期统计数据制作。

截至 2010 年 4 月末。购买后，直至 2012 年 4 月起才允许日本银行在交易市场出售，最终要求于 2017 年 9 月末处理完毕。截至 2010 年 4 月末，此次日本银行共购买 3878 亿日元金融机构持有股票。

在泡沫经济崩溃后的 2002 年 1 月至 2006 年 9 月，日本政府和央行曾经实施这一举措。2002 年 1 月，为防止股价进一步下跌，日本政府成立“银行等持有股票取得机构”，不通过市场直接按照时价购买银行持有股票。截至 2006 年 9 月末，该机构累计购入约 1.6 万亿日元银行所持股票。2002 年 9 月，日本银行宣布直接购买金融机构持有股票，对象是股票持有额超过其核心资本的银行，买入期限为 2002 年 11 月至 2004 年 9 月末，买入限额为 3 万亿日元。至 2004 年 9 月末，日本银行实际购买 2.02 万亿日元金融机构股票，按照规定，2007 年 10 月起才允许日本银行在交易市场出售所购股票。

日本政府和日本银行收购银行所持股票的结果，使大银行的股票保有额于 2004 年 3 月末降至 12 万亿日元，不足自有资本的 30%。[①]

① ［日］鹿野嘉昭：《日本的金融制度》，东洋经济新报社 2006 年版，第 175—176 页。

第四节 日本金融安全网与主要救助措施

日本金融安全网主要包括存款保险制度、中央银行最后贷款人功能和问题金融机构退出机制三大防线，主要由金融厅、日本银行以及存款保险机构承担。为应对金融危机，日本政策当局采取了多项具体救助措施，如保护存款人利益、注入公共资金、完善金融机构破产机制、处理不良债权、实施日本银行特别融资（以下简称“日银特融”）等。

一 存款保险制度

日本存款保险机构成立于1971年4月。根据《存款保险法》规定，当金融机构发生倒闭时采用存款保险赔付（pay－off）方式，对存款实行限额保护，存款保险机构为存款人提供1000万日元的存款赔付额度上限。[①] 1986年《存款保险法》修订，引入资金援助这一新型破产处理方式。

20世纪90年代初，破产金融机构数目不断增加，为了稳定存款人信心，防止银行挤兑，1992年8月大藏省公布《目前金融行政的运营方针》，宣布暂时取消存款赔付上限的“紧急避难”措施。1996年日本国会修改《存款保险法》时制定了一项特别措施，至2001年3月末的五年期间暂时取消存款赔付额度上限，对存款人提供全额存款赔付。

2000年5月修改《存款保险法》时，作为危机应急措施，继续延长存款赔付冻结期，其中对定期存款的全额赔付延至2002年3月末，对结算性存款（普通存款、经常账户存款等）延至2003年3月末，并将全额赔付结算性存款作为今后处理金融机构破产的长期措施。

2002年4月取消定期存款赔付上限之后，出现了存款从定期转为活期、资金从中小和地方性银行流入大银行等“存款逃亡”现象。为了稳定金融结算体系，2002年10月，日本政府又将取消结算性存款赔付上限期限延至2005年3月末（见表1—11）。

---

① 根据1971年《存款保险法》，金融机构倒闭时，存款保险公司的赔付额度为100万日元，1974年上升至300万日元，1986年再次修改《存款保险法》时将赔付额度上调至1000万日元。

表 1—11　　存款赔付上限调整过程

<table>
<tr><th></th><th>类型</th><th>内容</th><th>至 2002 年 3 月末</th><th>2002 年 4 月—2005 年 3 月末</th><th>2005 年 4 月—</th></tr>
<tr><td rowspan="2">适用于存款保险对象的存款</td><td>结算性存款</td><td>经常账户存款；
不付利活期存款杂项存款</td><td>全额赔付</td><td>全额赔付</td><td>全额赔付*</td></tr>
<tr><td>一般性存款</td><td>活期存款；
定期存款；
零存整取存款；
签订了本息偿还合同的资金信托（含贷款信托）等</td><td>全额赔付</td><td>本金累计不超过 1000 万日元的存款及其利息</td><td>本金累计不超过 1000 万日元的存款及其利息</td></tr>
<tr><td>存款保险对象外存款</td><td colspan="2">外币存款；
可转让存款；
无记名存款；
假借他人或空投名义存款；
未签订本息补偿合同的资金贷款；
金融债券等</td><td>全额赔付</td><td>不予赔付</td><td>不予赔付</td></tr>
</table>

注：* 满足“不付息、活期、提供结算服务”条件的结算类存款。

资料来源：根据日本存款保险机构相关资料整理。

存款保险制度是在金融机构破产时采取存款保险实行有限赔付的制度，但在具体实践中，为防止系统性风险，日本金融机构破产处理一般优先选择资金援助的方式。在泡沫经济崩溃和 2008 年国际金融危机过程中，日本存款保险制度重点在于应对危机，事实上长期采取存款全额保护措施。2010 年 9 月日本振兴银行申请破产，金融厅决定采取存款保险有限赔付方式，成为存款保险机构 1971 年成立以来第一家实行存款保险赔付的破产金融机构。虽然日本振兴银行资产规模小，业务模式特殊（只有定期存款业务，无结算性存款），破产连锁效应低，且存款总量的 97% 可以实施全额赔付，但这一处理方式标志着日本存款保险制度回归常态，对存款仅实行有限保护。

二　公共注资增强资本金制度

泡沫经济破灭后日本政府注入公共资金用于增强银行资本充足率、收购不良债权、处理破产金融机构和实施暂时国有化等，在此首先评述为增强银行自有资本而进行的注资，其余几项注资措施将在后文相关部分介绍。

金融危机使金融机构资本结构遭到破坏，尽早注入公共资金帮助金融机构信贷功能是一种行之有效的做法。但 1996 年 6 月日本政府动用公共资金处理“住专”问题引起强烈反响后，通过公共注资救助金融机构的框架一直未能完善，当时注入公共资金的对象仅限于信用合作社。1997 年 11 月大规模金融危机全面爆发后，如何动用公共资金尽快恢复金融体系功能成为当务之急。

（一）第一次注资

1998 年 2 月，日本国会通过金融机能稳定化两项法案，即《存款保险法修改法案》及《金融机能安定化紧急措施法》，成立金融危机管理审查委员会，并设立了 30 万亿日元公共资金额度作为临时性应急措施（截至 2001 年 3 月末），其中 17 万亿日元用于金融机构的存款人利益保护及收购不良债权，13 万亿日元用于增强金融机构资本充足率。同年 3 月，首次向 21 家银行注入公共资金 1.8 万亿日元。此次注资是在银行自主申请的基础上审批的，以首家提出申请的东京三菱银行为代表，进行资本注入的 21 家银行均为健全银行。而接受此次注资的日本债券信用银行（600 亿日元）和日本长期信用银行（1766 亿日元）在数月后破产，公共资金无法收回。这种脱离财务状况一视同仁式的注资方式遭到民众强烈批评。

（二）第二次注资

1999 年 3 月《金融机能早期健全化措施法》实施后，日本政府向 15 家都市银行实施了总额为 7.5 万亿日元的公共注资。此次注资不仅在数额上大幅度增加，投入方式也有所改变，由存款保险机构出资购买银行发行的优先股及次级债，次级贷款，用于增强资本充足率，同时要求被注资银行提出经营健全化计划，在贷款、收益、人员优化组合等方面设立明确目标并保证实施。此次政府共购买发行银行优先股 6.2 万亿日元，次级债和次级贷款共 1.3 万亿日元。政府主要以可转换优先股形式注资，根据银行经营情况设定差别转换期间，如对基础薄弱的大和银行、东洋银行等，政府在数月后即可将优先股转换为普通股，对银行形成较强的监管压力。而对第一劝业银行、富士银行等实力较强的银行转换期可长达五年。1999 年 9 月至 2002 年 3 月，政府又对 17 家地方银行注入了 1.1 万亿日元公共资金。

（三）为理索纳银行注资

在之后的公共资金注入方式上，政府更加注重被救助银行的道德风险和主体经营意识。2003 年 5 月，理索纳银行自有资本充足率仅为 2%，陷入经营危机。为了稳定金融体系，政府出资 2 万亿日元购买其优先股，帮助理索纳银行重建。同时追究了经营者责任，令管理层引咎辞职，并要求银行步入正轨后返还所注入的公共资金。银行为解决不良债权问题增强自有资本而申请公共资金时，必须提交《经营健全化计划》，包括经营方式、财务内容及业务发展等内容，并由监管部门监督执行。

（四）帮助地方性金融机构重建注资

2002 年 12 月政府出台《促进金融机构合并重组特别措施法》（简称“重组促进法”），2004 年 8 月出台“金融机能强化法”，将公共注资对象由大银行向地方性金融机构扩展。2003 年 3 月，同在茨城县的地方银行——关东银行与第二地方银行——茨城银行合并，存款保险机构的全额子公司整理回收机构以提供限定期限次级贷款方式注入 60 亿日元公共资金，并要求其向金融厅提交至 2008 年 3 月末的五年经营强化计划。2008 年 9 月，关东茨城银行全额返还公共资金。

（五）对日本实施公共注资增强银行资本充足率的评价

纵观 90 年代以来日本为增强金融机构自有资本而注入公共资金的历程，可以看出注资框架是依据“存款保险法修改法案”、“金融机能安定化紧急措施法”、“金融机能早期健全化措施法”、“重组促进法”和“金融机能强化法”这五大法案形成和落实的，主要表现为三种类型：一是预防性注资。如为应对北海道拓殖银行、山一证券等大型金融机构破产，防止金融危机继续深化，1998 年 3 月，依据“金融机能稳定化法”首次对破产前的 21 家大型金融机构进行预防性注资。此后在“金融机能早期健全化措施法”下，于 1999 年 3 月至 2002 年 3 月分两次对 32 家大型金融机构实施了总额 8.6 万亿日元注资，规模约为“金融机能稳定化法”框架下的 4 倍。二是强化经营式注资。如根据《存款保险法》，2003 年 9 月对陷入经营困境的理索纳银行实施注资。三是促进地方性金融机构合并重组而进行的注资。为了支援地方性金融机构重组，2003 年 9 月根据“促进金融机构合并重组特别措施法”对旧关东银行与旧茨城银行的合并投入了 60 亿日元资金；2006 年至今共对 9 家地方性金融机构根据“金融机能强化法”进行了注资。

同时，注资方式也有所调整，在第一次注资时并未对申请注资银行进行严格资产评估，出现即将破产的银行也得到资助并无法返还的局面。从第二次注资开始事先严格审查银行财务状况，注资时附加了完善公司治理结构的条款。2002年以后严格审查被注资银行保有资产质量，要求其切实进行业务重组并接受监管部门监督，履行明确的不良债权削减目标。

注入公共资金增加银行资本充足率效果较为明显，如1999年3月实施注资的15家都市银行，公共资金占其核心资本（Tier Ⅰ）充足率平均比例为31.2%，占附属资本（Tier Ⅱ）比率为9.5%，占全部自有资本的22.3%，公共资金将资本充足率平均提高了2.7%。[①] 截至2009年8月末，为增强银行资本充足率为44家金融机构共注入12.66万亿日元公共资金，回收9.5万亿日元，其中为处理90年代金融危机共注资12.4万亿日元，累计回收9.5万亿日元（见表1—12）。

表1—12　**增强自有资本进行公共注资情况表**

法案	增资时期	救助对象	注资金额（亿日元）	回收累计额（截至2009年8月末）	余额（亿日元）	注资类型
金融机能稳定化法	1998.3	21家（以大型银行为主）	18156	16256	1900	优先股、次级债/次级贷款
金融机能早期健全化措施法	1999.3—2002.3	32家（以大型银行为主）	86053	78367	7686	优先股、次级债/次级贷款
存款保险法	2003.6	1家（理索纳银行）	19600	347	19253	普通股、可转换优先股
促进银行重组特别措施法	2003.9	1家（关东茨城银行）	60	60	0	限定期限的次级贷款
金融机能强化法	2006.11—2009.9	9家（地方性银行）	2765	0	2765	可转换优先股
合计	—	44家（不计入重复部分）	126634	95030	31604	—

资料来源：根据存款保险机构资料制作。

① ［日］清水克俊：《1990年代的银行行为与政府对金融危机的介入》，《金融评论》2006年第7号。

三　日本银行最后贷款人制度："日银特融"

"日银特融"是指日本银行发挥最后贷款人功能，为维持金融体系稳定，根据政府要求对陷入流动性不足的金融机构提供的无抵押、无期限的紧急特别融资。1995 年由存款保险机构提供 400 亿日元资金赠与，日本银行和民间金融机构共同出资建立了东京共同银行。这是自 1965 年对山一证券和大井证券实施"日银特融"以来，日本银行时隔 30 年再次发挥"最后贷款人"功能。此后，日本银行通过"日银特融"频繁对破产金融机构提供融资。主要包括两种形式：一是在政府对破产金融机构注入公共资金时，由日本银行为其提供临时借款，维持破产机构经营活动。在兵库银行等地方中小银行和北海道拓殖银行、山一证券、日本长期信用银行、日本债券信用银行等大型金融机构破产时，日本银行均采用了这种处理方式。二是日本银行提供后偿贷款（subordinated loan），如为绿银行提供 1100 亿日元后偿贷款的援助。①

作为对暂时陷入流动性不足的金融机构提供流动性的一种紧急避难措施，日本银行在动用"日银特融"处理金融机构破产时掌握四项原则：（1）显现系统性风险迹象；（2）日本银行资金供给必不可少；（3）采取措施明确相关责任，以防止道德风险；（4）维持日本银行自身财务健全。1995 年以后"日银特融"被多次动用，1997 年秋季后大金融机构的破产更令"日银特融"频繁出台（见表 1—13）。

"日银特融"具有灵活机动等特点，且央行信誉对消除信用不安全效果显著，但易引发金融机构道德风险。因此，"日银特融"仅用于稳定金融体系，而不是救助个别金融机构。随着安全网的不断建设，现在"日银特融"一般只提供临时性周转资金，而不提供次级贷款等资本性资金。

表 1—13　**金融危机期间日银特融具体事例**　单位：亿日元

对象	期间	形式	金额
东京共同银行	1995. 1—1999. 3	出资	200
COSMO 信用组合	1995. 8—1996. 3	贷款	1980（峰值）

① 日本银行（http：//www. boj. or. jp/oshiete/pfsys/04103001. htm）。

续表

对象	期间	形式	金额
兵库银行	1995.8—1996.1	贷款	6120（峰值）
木津信用金库	1995.8—1996.2	贷款	9105（峰值）
绿银行	1996.1—2006.1	后偿贷款	1100（最初）
特定住宅金融专门公司（通过存款保险机构）	1996.7	出资	1000
社团法人新金融稳定化基金	1996.10	资本出资	1000
阪和银行	1996.11—1998.1	贷款	2690（峰值）
京都共荣银行	1997.10—1998.10	贷款	130（峰值）
北海道拓殖银行	1997.11—1998.11	贷款	26771（峰值）
山一证券	1997.11	贷款	12000（峰值）
德阳城市银行	1997.11—1998.11	贷款	2283（峰值）
MIDORI 银行	1998.5—1999.4	贷款	193（峰值）
国民银行	1999.4—2000.8	贷款	665（峰值）
幸福银行	1999.5—2001.2	贷款	2786（峰值）
东京相和银行	1999.6—2001.6	贷款	4875（峰值）
NAMIHAYA 银行	1999.8—2001.2	贷款	1264（峰值）
新潟中央银行	1999.10—2001.5	贷款	1643（峰值）
信用组合关西兴银	2000.12—2002.6	贷款	5466（峰值）
朝银近畿信用组合	2000.12—2002.8	贷款	2067（峰值）
石川银行	2001.12—2003.3	贷款	831（峰值）
中部银行	2002.3—2003.3	贷款	226（峰值）

资料来源：根据日本银行资料整理。

四　问题金融机构退出制度

对陷入经营困境的金融机构，日本以往一直实行“护送船队”监管模式，由关联金融机构采取救助性并购或将其收编为子公司等方式，最大限度降低金融机构破产对金融体系和经济活动的冲击。但是 20 世纪 90 年代以来，金融机构不良债权问题严重，如表 1—14 所示，金融机构破产现象频发，由中小规模向大型金融机构发展，1997 年大型金融机构相继破产对日本金融体系影响尤其巨大。政府实施了从临时性措施到永久性处理的制度改革，建立健全了常规处理和应对危机事态的特别处理机制，形成了以中央银行特别融资、存款保险制度和金融机构破产处理框架为中心的金融安全网，从而为维持信用秩序稳定、防止金融系统性风险扩散提供了较为完善的制度保障。1998 年 10 月，政府制定了《金融功能重组的紧急措施法》（以下简称《金融再生法》）和《金融功能早期健全的紧急措施法》（以下简称《早期健全化法案》），明确了处理金融机构破产的框架，并设定 60 万亿日元额度的公共资金，用于金融机构破产处理。

表 1—14　　存款性金融机构破产件数推移表　　单位：件

财年	1991	1992	1993	1994	1995	1996	1997	1998	1999	2000	2001	2002	2003	2004—2008	合计
银行	1	0	0	0	2	1	3	5	5	0	2	0	1	0	20
信用金库	0	1	1	0	0	0	0	0	10	2	13	0	0	0	27
信用组合	0	0	1	4	4	4	14	25	29	12	41	0	0	0	134
合计	1	1	2	4	6	5	17	30	44	14	56	0	1	0	181

资料来源：日本 2003—2008 年度《存款保险机构年报》。

（一）日本处理金融机构破产具体方式

泡沫经济崩溃后，日本政策当局根据具体情况，在实践中主要采取救助式合并、新设接盘银行、清算与业务转让、公共注资、临时国有化及日本银行特别融资（以下简称“日银特融”）等具体方式处理金融机构破产案例。

1. 救助式合并

1971 年，日本政府、日本银行和民间金融机构共同出资成立存款保险机构。虽然制定了金融机构破产清算时的存款赔付制度，但现实中的破产处理均采用大型金融机构合并救助方式，存款保险制度并未实施。1992 年 4 月东邦相互银行破产，在政府主导下，存款保险机构首次发挥作用，为同属爱媛县的伊予银行提供 80 亿日元低息贷款，帮助其实现救助式并购。同年 10 月东洋信用金库破产，三和银行接受存款保险公司财务资金援助承接其资产负债。

2. 新设接盘银行

1994 年 12 月，东京协和信用组合、安全信用组合两家东京都内信用合作社破产，由于两家资产损失规模超过存款保险机构规定的赔付成本上限（Payoff Cost Limit），[①] 在当时破产制度框架下无法进行重组及业务转让。1995 年 1 月，在政府主导下，由日本银行和民间金融机构分别出资 200 亿日元建立了新的接盘机构——东京共同银行，这也是日本银行时隔 30 年后首次发挥最后贷款人功能，提供“日银特融”。1995 年日本东部和西部规模最大的信用合作社——COSMO 信用组合和木津信用组合相继倒闭，原本负责两家东京都内信用合作社的东京共同银行经过扩充和改组，于 1996 年 9 月更名为整理回收银行，将破产处理业务从东京都内扩展到全国范围。但整理回收银行并不提供新的信贷额度，向其进行业务转让目的在于保护存款和债权回收，维持金融中介功能作用有限。

1995 年 8 月，位于神户地区的第二地方银行——兵库银行破产，这是战后破产的第一家银行业金融机构。为了稳定遭受阪神大地震灾害的神户地区经济，在大藏省[②]主导下，大型都市银行和日本银行出资成立新的接盘银行——绿银行（MIDORI BANK），[③] 承接兵库银行的健康资产。1996 年 6 月，樱花银行为了援救破产的太平洋银行，也专门成立了子公司——WAKASHIO 银行[④]作为其接盘银行。

3. 清算与业务转让

金融危机不断深化加剧了日本金融机构财务恶化，寻找接盘银行的救助方式走入困境，[⑤] 救助无望的金融机构进入破产清算程序案例增加。与一般企业清算破产程序不同，为减少系统性风险，日本金融机构清算后多数采取继续维持其业务经营并寻机进行业务转让的方式。

第一，以清算为前提，移交管理银行接管。1996 年 11 月，不动产相关融资导致资产极度恶化的阪和银行成为战后首家接受停业命令的银行，因无接盘银行，1997 年 4 月存款保险机构出资成立纪伊存款管理银行，从事阪和银行的存款支付业务。2002 年 3 月末纪伊存款管理银行清算解散。

---

① 赔付成本上限 = 破产银行的残值 - 已保险的储蓄存款规模。

② 1998 年 6 月，日本政府改组大藏省，建立直属内阁的金融监督厅。2000 年 7 月，又将金融监督厅改组为金融厅。

③ 但是绿银行再次陷入经营困境，1999 年 4 月阪神银行在接受存款保险机构资金援助后将其收购合并为 MINATO 银行。

④ 数次合并后于 2003 年 3 月名称变更为三井住友银行。

⑤ ［日］佐藤隆文：《金融环境变化与我国信用秩序维持政策》，《经济科学》2000 年第 47 卷第 4 号。

第二，向多家关联银行进行业务分割转让。1993 年釜石信用金库破产时没有金融机构提出全盘救助，最终采取执行清算后向岩手银行等 6 家金融机构进行业务转让的方式。1997 年 11 月德阳城市银行破产，在当时大型银行纷纷破产的严峻情况下，由存款保险机构援助，其业务被分割转让给仙台银行、七十七银行、北日本银行等 12 家金融机构，2002 年 4 月完成了清算业务。

第三，通过“金融整理管财人”进行公共管理后进行业务转让。1999 年国民银行、幸福银行、东京相和银行等金融机构破产后，存款保险机构发挥“金融整理管财人”作用，帮助其完成了业务转让。1998 年 10 月在金融当局未完全把握实际经营状况前提下，宣布成立一家新银行——NANIHAYA 银行，实现福德银行与 NANIWA 银行“特定合并”。这家“弱弱联合”银行在金融危机冲击下经营陷入困境，1999 年 8 月申请破产，由“金融整理管财人”接收并于 2001 年 4 月将其业务转让给大和银行[①]和近畿大阪银行。

第四，新设立承继银行。承继银行又称过桥银行（bridge bank），是指破产金融机构在规定期间内未找到接盘金融机构时暂时承接业务的公共接盘银行，由存款保险机构于 2002 年 3 月全额出资 20.5 亿日元成立。2002 年 3 月，日本承继银行成立后接管了破产的石川银行、中部银行业务后向多家地方关联金融机构进行业务再转让。成立之初，承继银行只作为一项临时性措施，2000 年《存款保险法》修改后将这种方式立为长期举措。2004 年 3 月两年期满执行清算后，新成立第二日本承继银行继续发挥过桥银行功能。

4. 公共注资

1995 年 6 月七家“住专”公司破产，所持庞大不良债权受到诟病。作为非银行性金融机构的“住专”，其不良债权的处理本应遵循母体银行原则而非贷款方原则，但是向“住专”提供的贷款中农林系统金融机构所占份额为 42.2%，远高于其母体银行的 28.2%（见表 1—15），因此双方互相推诿。由于“住专”几乎完全依赖于银行融资，为了减少其破产对银行经营的严重影响，维护金融体系稳定，日本政府决定动用公共资金解决这一原本存在于民间金融机构与借款企业之间的债务债权问题，从

① 现为理索纳银行。

1996 年度财政预算案中划拨 6850 亿日元处理七家“住专”公司的破产问题，母体银行放弃包括资本金在内的全部债权 3.5 万亿日元，一般银行放弃 1.7 万亿日元债权，农协系统金融机构提供 5300 亿日元资金援助。泡沫经济破灭后首次以财政方式对破产金融机构进行注资，招致国民的强烈批评。① 但是作为处理破产金融机构问题的突破口，“住专”形成了注入公共资金的处理框架。

表 1—15　1995 年 6 月末住专的资产及融资来源情况（七家合计）

单位：万亿日元,%

	分类	金额	占比
资产	正常资产	3.49	26.7
	第 2 分类资产	2.05	15.7
	第 3 分类资产	1.24	9.5
	第 4 分类资产	6.27	48.0
	合计	13.05	100.0
融资来源	母体银行	3.64	28.2
	一般银行	3.82	29.6
	农协系统	5.45	42.2
	合计	12.91	100.0

资料来源：转引自［日］西村吉正《日本的金融制度改革》，东洋经济新报社 2003 年版，第 316 页。

5. 临时国有化管理

对于大型金融机构的破产，为了防止金融体系混乱，日本政府采取注入公共资金并实施暂时国有化管理措施。1998 年日本长期信用银行、日本债券信用银行因无法处理巨额不良债权相继宣布破产。为了稳定金融体系，帮助大型金融机构重组，日本政府根据《金融再生法》，对两家长期信用银行实施了截至 2001 年 3 月末的特别公共管理措施，即通过临时国有化措施继续开展业务活动，分别为其注入 7.9 万亿日元和 3.2 万亿日元公共资金，并通过公开招标方式为其寻找民营化出路。2000 年 3 月，日

① ［日］松村岐夫、奥野正宽：《平成泡沫的严峻》（下），东洋经济新报社 2002 年版，第 136—141 页。

本长期信用银行被外资投资银行 New LTCB Partners 收购，6 月更名为新生银行。2000 年 9 月，日本债券信用银行被软银、东京海上火灾保险等成立的投资公司收购，2001 年 1 月改组为晴空银行。

2003 年 9 月，枥木县内最大的银行——足利银行由于资不抵债破产，金融厅按照《存款保险法》危机应对措施，将其认定为特别危机管理银行，全部股份由存款保险机构承继，地方银行首次适用临时国有化管理。2006 年 11 月，金融厅公示了足利银行接盘银行的基本条件。经过审查，2008 年 3 月决定将其股份以 1200 亿日元转让给野村金融集团。

（二）日本金融机构破产制度完善与改革

战后在大藏省“护送船队”式保护下，日本银行业一直保持大而不倒（Too Big Too Fail）的神话，破产机制只适用于信用合作社。一般采取救助式合并或收购方式降低金融体系风险，而且以往金融机构破产处理时基本采取由原有经营管理层全权负责的方式。这种做法易导致疏于追究破产经营责任、拖延破产过程等问题。1998 年《金融再生法》的出台奠定了金融机构破产处理制度框架，2000 年《存款保险法》修订，确立了长期性、永久性破产处理制度。日本金融机构破产框架得到了根本性建设和完善。

1.《金融再生法》下的时限性破产措施

为处理日本长期信用银行破产问题，1998 年 10 月出台《金融再生法》和《早期健全化法案》。前者明确了金融机构破产处理方式，后者引入早期纠正措施，对未陷入破产的金融机构注资以增强资本充足率。

（1）破产处理原则

依据《金融再生法》规定，至 2001 年 3 月末这一时限内，金融机构破产处理主要遵循以下几项原则：披露破产金融机构不良债权等财务和经营信息；要求无法健康经营的金融机构破产；明确破产金融机构股东及经营者责任；保护存款人利益；维持金融机构的金融中介功能；遵循处理成本最小化原则。[①] 可以看出，与以往相比，新型破产处理制度更加注重追究破产金融机构经营者责任，同时在未能及时找到接盘银行时，应在维持破产金融机构金融业务前提下进行破产处理。

---

① ［日］存款保险机构编：《平成金融危机的对应》，金融财政事情研究会 2007 年版，第 72 页。

（2）金融机构破产处理框架

在赔付成本上限内，由存款保险机构向接盘机构提供资金援助。具体模式有三：其一，由存款保险机构对接盘金融机构提供资金援助，尽快完成业务转让。其二，如果暂时无法找到接盘金融机构，政府派遣“金融整理管财人”接管并进行破产处理。“金融整理管财人”即金融清理财务管理人，是指由金融厅选拔和派遣律师、会计师等专业人员接替破产金融机构决策管理层，负责对破产金融机构进行资产管理、处置和业务转让。破产金融机构依然以法人形式存在，继续维持金融中介功能。根据破产金融机构规模，存款保险机构也可被任命为“金融整理管财人”。“金融整理管财人”将破产金融机构债权分为可回收的健康债权和无法回收的不良债权，其中不良债权被剥离后由整理回收机构在剔除损失风险因素后折价收购并处理。对于持有剩余健康债权的金融机构，要在“金融整理管财人”接手后一年之内（最多两年之内）找到接盘银行进行业务转让或救助合并，由存款保险机构提供资金援助。如果接盘银行未能如期找到，则由存款保险机构出资成立承继银行，在两年内（最多可延长一年）继续寻找接盘银行承担其资产负债业务。若期限内未能实现业务转让，则对破产金融机构执行清算。其三，对易诱发系统性风险的大型金融机构破产，实行“特别公共管理”，即临时国有化管理，延续其经营活动并招标出售。

（3）政府设立信用担保额度

政府设立 60 万亿日元信用担保额度作为存款保险机构处理破产金融机构及向金融机构注资时所需资金，通过在存款保险机构设立不同账户进行管理。其中特例业务账户为 17 万亿日元，用于偿付存款人存款不足部分；金融再生账户 18 万亿日元，主要用于特别公共管理银行、承继银行等出资、贷款、填补损失和债务保证资金；金融机能早期健全化账户 25 万亿日元，用于对健康银行注资。上述资金中除 7 万亿日元以交付国债形式注入特例业务账户外，剩余 53 万亿日元均由存款保险机构在政府担保下从日本银行或民间金融机构融资。①

2.《存款保险法》修订后永久性破产处理制度

2000 年《存款保险法》修订，日本确立了关于金融机构破产的永久

① ［日］鹿野嘉昭：《日本的金融制度》（第 2 版），东洋经济新报社 2006 年版，第 167—168 页。

性制度，包括常规破产时的“金融整理管财人”和承继银行制度，也包括危机事态下特别处理制度。

（1）常规破产时长期性措施

《存款保险法》修订时，将《金融再生法》中处理金融机构破产时具有时限性的“金融整理管财人”制度和承继银行制度加以强化，使之成为长期性破产处理措施的重要一环。

（2）危机事态的破产处理制度

《存款保险法》修订后制定了危机模式下处理金融机构破产的制度，从2001年4月起生效。根据《存款保险法》规定，内阁府成立金融危机应对会议，当认定日本或金融机构业务区域发生严重影响信用秩序的重大危机时，首相可召开会议采取危机应对措施。《存款保险法》第102条第1款规定了三项具体措施：其一，由存款保险机构以收购股票形式向未陷入破产的金融机构注资；其二，对破产或资不抵债金融机构，由“金融整理管财人”管理并进行破产处理，存款保险机构对接盘银行提供的资金援助突破赔付成本上限，实行全额存款赔付；其三，当危机事态无法避免，破产金融机构被认定为特别危机管理银行时，由存款保险机构采取强制性措施管理其全部股份，全额保护存款人利益。2003年足利银行破产处理时采取了此项措施。

（3）设立危机应对账户

存款保险机构新设立15万亿日元额度的危机应对账户，在面临系统性风险等危机事态下，通过注入公共资金、全额保护存款和特别危机管理（暂时国有化）三种措施维护金融体系稳定。账户所需资金由政府担保通过发行债券、借款及金融机构缴纳经费等方式实现。此外，政府新增6万亿日元交付国债为存款保险机构处理金融机构破产时损失填补所用资金。[①]

（三）日本破产金融机构处理效果

改变金融机构同质化经营体制可以减轻日本金融体系风险。[②] 金融危机使日本金融机构经过优胜劣汰的再建重组，数量骤减。除64家地方银

---

① ［日］鹿野嘉昭：《日本的金融制度》，东洋经济新报社2006年版，第170—171页。

② ［日］大村敬一、水上慎士：《金融再生危机的本质》，日本经济新闻出版社2007年版，第124页。

行数量未发生变化外，都市银行从1998年3月末的10家减少至2009年12月末的5家，第二地方银行从64家减至44家，信用金库从401家减为273家，信用组合从351家减为160家。[①] 2005年日本经济步入自律性复苏阶段，至2005年3月末，不良债权问题基本得以解决，主要银行不良债权率降至2.9%，赢利能力开始回升。

经历了从1998年《金融再生法》实施时限性措施到2000年《存款保险法》修订后确立永久性处理框架的改革历程，日本目前逐步形成通过存款保险机构进行限额保护和全额保护两种处理模式（见图1—12）。前者作为常规处理模式，主要针对系统性风险较小的金融机构，有两种具体方式：一是存款保险赔付并破产停业，二是向承接破产方资产负债、维持业务经营的金融机构提供资金援助。后者是应对危机时采取的非常举措，通过金融危机应对会议决定是否实施，主要也有两种方法：一是当破产方资产损失超过赔付成本上限时对承接其资产负债的金融机构提供资金援助，二是实行国有化管理。对于金融机构破产处理，基于处理成本最小化、金融风险最小化原则，日本政府一般优先选择为承接银行提供资金援助的方式，尽可能延续破产金融机构的金融中介功能。

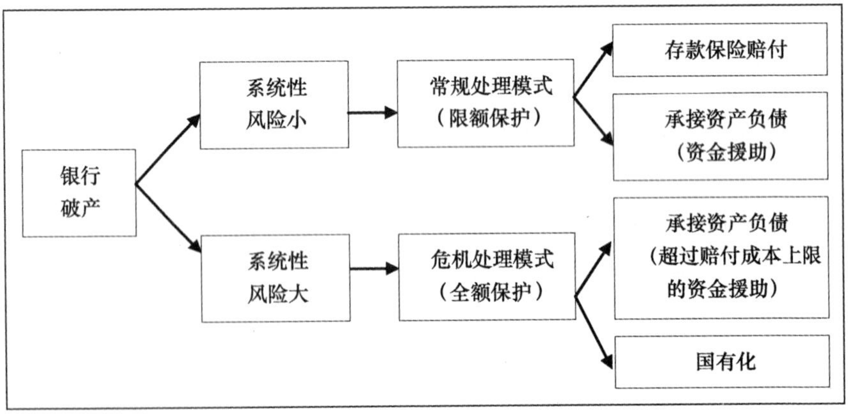

图1—12　日本银行业破产模式示意图

资料来源：根据存款保险机构资料制作（http：//www.dic.go.jp/seido/seido06.html）。

① ［日］金融厅：《所管金融机构的状况》（http：//www.fsa.go.jp/menkyo/menkyo.html）。

如前所述，对于破产金融机构，日本存在常规破产下的限额存款保护和危机事态下的全额保护两种方式，日本政府主要采取由存款保险机构为接盘银行提供资金援助方式。如表 1—16 所示，截至 2009 年 3 月末，存款保险机构共对 181 家金融机构进行了破产处理，除日本长期信用银行等三家银行被国有化管理外，其余 177 家均采取资金援助措施。金融危机时期日本共对 168 家破产金融机构实行存款全额保护，并对承接资产负债业务的接盘银行提供资金援助。

表 1—16　　**金融机构破产及其处理概况（截至 2009 年 3 月末）**　　单位：件

时期（存款保护方式）	至 1996.5（限额保护）	1996.6—2005.3（全额保护）	2005.4 开始（限额保护）	合计
存款保险赔付	0	0	0	0
资金援助	9	168	1	178
国有化	0	3	0	3
合计	9	171	1	181

资料来源：日本 2008 财年《存款保险机构年报》。

存款保险机构为接盘银行提供资金援助主要包括赠款、收购资产、提供低息贷款和承担债务等方式。随着破产金融机构永久性处置框架的建立，作为临时性措施而设立的金融再生账户及金融机能早期健全化账户于 2001 年 3 月末宣布废除。如表 1—17 所示，截至 2009 年 9 月末，存款保险机构共为 181 家破产金融机构的处理提供资金援助（包括国有化），其中赠款 18.87 万亿日元，收购资产 6.37 万亿日元，低息贷款和债务承担合计 120 亿日元。

表 1—17　　**处理破产金融机构的资金援助情况（截至 2009 年 9 月）**

单位：件，亿日元

财年	资金援助件数	赠款	收购资产	低息贷款	债务承担
1992	2	200	—	80	—
1993	2	459	—	—	—
1994	2	425	—	—	—

续表

财年	资金援助件数	赠款	收购资产	低息贷款	债务承担
1995	3	6008	—	—	—
1996	6	13160	900	—	—
1997	7	1524	2391	—	40
1998	30	26843	26815	—	—
1999	20	46371	13044	—	—
2000	20	51564	8501	—	—
2001	37	16425	4064	—	—
2002	51	23185	7949	—	—
2003	0	—	—	—	—
2004	0	—		—	
2005	0	—	—	—	—
2006	0	—	—	—	—
2007	0	—	—	—	—
2008	1	2566	17	—	—
合计	181	188730	63711	80	40

资料来源：日本存款保险机构《资金援助实绩表》（http：//www. dic. go. jp/katsudou/ katsudou1—3. pdf）。

第五节　结语

综上所述，可以看出泡沫经济崩溃后的20年来，日本无论是财政政策还是货币政策，基本都采用了极度扩张的经济刺激政策。尤其是日本央行尝试了多项非传统货币政策。从最终目标来看，为维护金融体系稳定作出了贡献。但是从稳定物价以此促进经济增长这个基本目标来看，日本的宏观经济政策并没有改变多年来通货紧缩、经济低迷的困境，也没有把日本经济从“失去的10年”甚至“失去的20年”中挽救出来。

经济增长方面，从1956年至1970年，处于高速增长时期的日本实际GDP平均增长率高达9.7%，20世纪80年代泡沫经济时期也保持了平均4.4%的增长率。90年代泡沫破裂后，日本经济平均增长率降至1.5%，21世纪前10年仅为0.6%。1990年至今的20余年间，日本实际和名义

GDP 平均增长率仅为 1.0% 和 0.4%。

物价方面，日本长期深陷通货紧缩困境，核心消费价格指数年增长率于 1991 年 1 月达到 3.3% 峰值后开始下降，1995 财年为零增长，1998 财年转为负增长，除 2005—2008 财年外，其余年度增长率均为负值，2010 财年为 -0.8%。GDP 平减指数于 1994 财年起持续呈负增长状态，2010 财年仍为 -1.1%，显示出日本至今仍未摆脱通货紧缩阴影。

关于泡沫经济崩溃后日本经济陷入通货紧缩和长期停滞的主要原因及应对措施，日本的理论界存在多种观点，主要集中在三个方面。

一是从供给角度出发，认为根本原因为日本生产效率低下，其背景在于不良债权增加引发资金市场效率低下、社会资本分配效率弱化、国内产业空洞化等，主张重视结构改革。如 Hayashi 和 Prescott 指出，TFP（全要素生产率）降低以及劳动时间的缩短是 20 世纪 90 年代日本经济停滞的要因，信用紧缩（credit crunch）只在短时期内对经济产生不良影响。[①] 宫川努指出，TFP 低下的原因在于私人部门和政府部门都存在大量低效因素，如劳动力和资金转移缓慢、都市和地方财政分配效率低下等。[②] 池尾和人认为，20 世纪 90 年代以来生产效率低下的产业比重增加，其背景在于政府采取相机抉择的财政政策，出台多项经济刺激政策，同时银行对房地产、建筑业和非银行性金融机构等行业实施追加贷款，使本应淘汰的产业继续生存。[③] 林文夫以索罗新古典经济增长模型为工具，得出"日本不应采取以往的宏观稳定政策，应进行促进 TFP 增长的结构改革"的结论。[④] 伊藤元重认为，泡沫经济崩溃后，从 1992 年起持续存在供需缺口，20 年来一直陷入需求不足状态，导致物价长期低迷。但日本经济长期停滞的原因不在于经济周期和宏观经济政策因素，而在于结构问题。在不断减少的人口和不断加剧的老龄化背景下，日本经济已无法适应高速增长时期形成的经济结构，经济体系也无法应对经济国际化的要求，如财政体系

---

① Hayashi, Fumio and Edward C. Prescott, "The 1990s in Japan: A Lost Decade", *Review of Economic Dynamics*, 2002, pp. 206—235.

② ［日］岩田规久男、宫川努：《失去的十年的真正原因》，东洋经济新报社 2003 年版，第 39—58 页。

③ ［日］池尾和人、池田信夫：《世界为何陷入萧条之中?》，日经 BP 出版社 2009 年版，第 244—245 页。

④ ［日］岩田规久男、宫川努：《失去的十年的真正原因》，东洋经济新报社 2003 年版，第 13 页。

中，年金、医疗等社会保障制度不完善是导致居民家庭支出减少的一个原因。雇佣体系中，终身雇佣、年功序列等制度已不再符合时代要求。①

二是将原因归结为有效需求不足，主张采取扩张的财政政策和宽松的货币政策。浜田宏一和原田泰认为，1991 年以后的日本经济停滞与通货紧缩密切相关，是货币政策失误所致。② 冈田靖、饭田泰之也指出，泡沫经济崩溃后过度紧缩的货币政策导致物价持续下跌是导致经济长期萧条的主要原因。③ 星岳雄认为，消费价格指数和 GDP 平减指数都显示日本长期陷入通货紧缩状态，20 世纪 90 年代中期起日本通货紧缩已持续十余年。泡沫经济崩溃之初经济衰退导致需求减少，但是通货紧缩长期持续的原因在于宏观经济政策失败，尤其是 1996 年实行紧缩财政政策和 2000 年日本银行解除零利率政策。④

三是认为日本经济衰退是一次"复合型萧条"，主要代表为宫崎义一。复合型萧条表现为金融自由化引起的金融重组和泡沫破裂向实体经济波及的衰退，其对策不应只限于扩张的财政政策和货币政策，还应解决金融自由化带来的不良债权问题，进行金融重组，消除信用紧缩，恢复信用。这种观点认为，问题的焦点应从有效需求不足转移到信用收缩。⑤

白川方明将"失去的 20 年"分为两个时期，其中 20 世纪 90 年代的经济衰退主要因为泡沫经济崩溃后的去杠杆化，而 21 世纪前 10 年经济低迷的主因在于日本迅速的老龄化和人口减少，从而导致潜在经济增长率降低、财政收支恶化、住房价格下降等问题。⑥

纵观日本应对金融危机的政策实践，的确存在政策工具选取的失误。如财政政策方面，1996 年桥本内阁为了履行政权公约，着力实施中央省厅改革、财政结构改革，忽略了不良债权处理。1997 年实施提高消费税（从 3% 提高至 5%）、废除特别减税、提高社会保障金率及减少公共投资

---

① ［日］伊藤元重：《完全解明通货紧缩》，载《周刊东洋经济增刊》2011 年 2/2 号，第 48—49 页。

② ［日］浜田宏一、原田泰：《长期萧条的理论与实证》，东洋经济新报社 2004 年版，第 1 页。

③ ［日］浜田宏一、堀内昭義：《论争日本的经济危机》，日本经济新闻社 2004 年版，第 149—175 页。

④ 《通货紧缩中的日本，验证长期低迷》，《周刊钻石》2010 年 10 月 13 日。

⑤ ［日］宫崎义一：《复合萧条》，中公新书 1992 年版，第 259—260 页。

⑥ ［日］白川方明：《去杠杆化与经济增长》，日本银行总裁演讲，2012 年 1 月 10 日。

等紧缩性财政政策，力图通过财政重建提振经济，但时机选择的失误导致内需减少。加之7月亚洲金融危机影响，11月北海道拓殖银行、山一证券等大型金融机构相继破产，经济复苏步伐受阻。货币政策方面，1998年泡沫经济崩溃后出现了景气回复迹象，这本应是摆脱通缩、处理不良债权的良好时机，但日本银行却主张“良性通缩”论，表明了对通缩的欢迎态度，并且在政府反对下实施了紧缩的货币政策。

但从根本上说，包括金融政策在内的宏观经济政策在防止经济急速下滑时起到关键作用，但并不是提振经济的万能药。① 2001年起，日本实施多项措施处理不良债权，摆脱金融危机。2005年不良债权基本处理完毕，金融体系逐步恢复稳定，经济步入复苏。但其深层原因不仅仅是金融政策刺激的结果，最重要的在于日本挣脱了债务、设备、人员“三个过剩”的经济失衡局面。日本电器、汽车等产业转变经营模式，在全球经济运行良好的背景下扩大出口，实现了日本经济的自律性复苏。可以说，在过剩局面未能调整完毕之时，金融政策及其他宏观经济政策无法将经济拉入持续增长的轨道中。而且从日本实践可以看出，在应对金融危机过程中，从经济失衡到经济均衡要经历一个漫长的时期，经济发展由经济基本要素所决定。日本在人口减少、老龄化加剧的环境下，只有主动转变经济发展模式，提高劳动生产率，推动技术创新，才有可能创造出新的生产能力和需求，才有可能适应快速发展的经济全球化的新形势。

主要参考文献

1. ［日］金森久雄、香西泰、加藤裕己编：《日本经济读本》，东洋经济新报社2007年版。

2. ［日］小川一夫：《大萧条的经济分析》，日本经济新闻社2003年版。

3. ［日］西村吉正：《日本的金融制度改革》，东洋经济新报社2003年版。

4. ［日］浅子和美、筱原総一：《入门日本经济》，有斐阁2006年版。

5. ［日］中岛真志：《金融读本》，东洋经济新报社2009年版。

6. 日本经济企画厅各年度《财年经济报告》。

7. 日本银行各年度《金融体系报告》。

8. 日本内阁府各年度《日本经济》。

9. 日本内阁府各年度《经济财政白皮书》。

① ［日］白川方明：《摆脱经济、金融危机：教训与政策应对》2009年4月23日。

10. 日本金融厅年度报告。

11. 日本存款保险机构年度报告。

12. 日本财务省网站。

13. 日本整理回收机构《决算报告》。

14. 王洛林等：《日本金融考察报告》，社会科学文献出版社2001年版。

15. 刘瑞：《金融危机下的日本金融政策：困境与挑战》，世界知识出版社2010年版。

第二章　危机中的非传统货币政策：特征、“退出机制”与局限性

2008 年爆发金融危机后，主要国家金融市场和金融机构信用中介职能急剧下降，传统货币政策的传导机制受到了严重阻碍，各主要发达国家中央银行难以通过控制短期利率达到预期的政策目标。因此，各国央行纷纷通过其他路径完善货币政策操作手段，扩大央行买进资产的种类，实行所谓非传统货币政策。

在这次金融危机爆发之前，日本更早经历了经济泡沫崩溃和金融危机，当时日本中央银行采取的货币政策对于应对这次金融危机具有借鉴意义。本章首先介绍非传统货币政策的特征，继而回顾日本 20 世纪 90 年代危机中采取的非传统货币政策，并结合日本、美国的货币政策实际操作手段，论述非传统货币政策的主要内容、作用和局限性，介绍非传统货币政策的退出战略。最近，美联储提出将延长继续实行非传统货币政策的承诺期，这意味着非传统货币政策的全面退出很可能将被迫推迟。

第一节　非传统货币政策的特征

传统货币政策指中央银行在金融领域实行的、与财政政策并列成为经济政策支柱的相关政策。中央银行为保持物价稳定和本币币值稳定并应对景气周期变动制定政策性利率，并以利率和货币供应量为操作目标进行政策调整，调整手段包括变更基准贴现率或基准贷款利率（政策性利率）、或准备金账户存款[①]等，即通过公开市场操作最终实现政策意

① 指日本商业银行在日本银行的准备金账户中的存款余额。

图。对所谓非传统货币政策，学术界尚未形成统一定论，一般是相对于传统货币政策而言，当传统货币政策利率传导机制受阻时，央行为修正市场利率预期并疏导传统货币政策受阻环节而采取的各种扩张性货币政策手段。

一　非传统货币政策特征

较之传统货币政策，非传统货币政策的最大特征是更近似财政政策。一是因为非传统货币政策带给纳税人的负担更重。二是对微观领域资源分配的干预色彩更强。

（一）非传统货币政策的特征

传统货币政策是在金融市场能够充分发挥职能作用的前提下，中央银行主要通过控制短期金融市场上期限最短的利率——隔夜拆借利率实现政策意图的。例如日本中央银行每天都在与金融机构进行国债（或票据）的买卖或贷款业务，由此控制短期金融市场利率，通过短期利率影响其他金融市场利率、金融机构对企业或个人的贷款利率，进而影响经济活动（日本银行金融研究所，2004）。

美国目前实行的货币政策与当年日本的政策大致相同，具体包括：（1）零利率政策；（2）购买国债；（3）量化宽松货币政策；（4）承诺将进一步延长数量宽松货币政策的实施时间。

表 2—1　20 世纪 90 年代以后各国中央银行采取的非传统货币政策

	日本银行	FRB	ECB	BOE
超低利率	1999/2[a]	2008/12	2009/5	2009/3
承诺继续实行超低利率政策	1999/4[b]	2011/8 2012/1	2011 年开始卖出 3 年期金融商品	
量化宽松政策/信用宽松政策	2001/3	2008/11 2009/QE1 2010/QE2	2011 年开始卖出 3 年期金融商品	2009/3
购买国债	20 世纪 90 年代后半期开始	2009/QE1 以后，实施完毕	2010/5 开始实施，但尚未标明时间	

续表

		日本银行	FRB	ECB	BOE
购入风险性资产	ABS	2003/06	2008/11[c]	—	—
	ABCP	2003/06	2008/09[d]	—	2009/6
	CP	2008/12	2008/10[e]	—	2009/1
	公司债	2009/1	—	—	2009/01
	ETF	2010/10	—	—	—
	J-REIT	2010/10	—	—	—
	金融机构持有的股票	2002/10	—	—	—
	对金融机构发行的垃圾债	2009/3	—	—	—
	政府机构债券/政府机构的 MBS	—	2008/11	—	—
	Covered Bond[f]	—	—	2009/5	—

注：a. 日本银行首次采取零利率政策的时间。

b. 日本银行承诺继续实行零利率政策的时间。

c. 美联储政策之一（TermAsset—Backed Securities Loan Facility，TALF）。美联储以 ABS 为担保提供责任资产限制贷款制度（nonrecourse loan），实质上为美联储购买 ABS。

d. 美联储政策之一（ABCP Money Market Mutual Fund Liquidity Facility，AMLF）。美联储以银行购买的 ABCP 为担保向银行提供责任资产限制贷款制度，实质上为美联储购买 ABCP。

c. 美联储政策之一（Commercial Paper Fund Liquidity Facility，CPFF）。美联储以 SPV 买进的 CP 为担保向 SPV 提供责任资产限制贷款制度，实质上为美联储购买 CP。

f. 以金融机构持有的债权为担保发行的债券。一般多是住宅贷款和对地方公共团体发行的优良的融资债权为担保。主要发行者是欧洲的银行。

资料来源：［日］高田创：《日本化的美国货币政策——更加重视的是承诺量化宽松政策的延长》，2012 年 1 月 27 日，日本瑞穗综合研究所（http：//www. mizuho—ri. co. jp/publication/research/pdf/today/rt120127. pdf）。

各国中央银行之所以不得不采取非传统货币政策替代传统货币政策，其背景是即使政策性利率不断降低甚至无限接近于零，但国内产出仍处于负增长。通常情况下，随着货币供给数量的增加，利率将会下降从而刺激经济活动。但是，如果政策手段几乎枯竭而经济复苏仍然毫无起色的话，只有打破常规才能使政策意图得到执行。对于何为非传统货币政策，代表性的观点有以下几种。

1. Bernanke 和 Reinhart（2004）的三项战略

针对央行在短期利率极低甚至接近零利率情况下的货币政策，Bernanke 和 Reinhart（2004）提出了自己的战略，他们认为，可通过变动央行资产负债表的规模或结构产生资产再平衡效果，由此可能改变市场对未来短期利率走势的预期，[①] 其具体战略如下：

一是承诺要控制好对未来货币政策和短期利率的预期。即通过承诺未来货币政策传导渠道和时限诱导未来短期利率的预期值，从而诱导当前中长期利率持续走低，降低未来的筹资成本。

二是大量购买特定资产。通过大量买进某一特定资产从而影响资产价格。在买进某种资产的同时要卖出其他资产（扭曲操作），改变央行资产负债表构成要素间比率，从而影响市场上各种资产的比率，变动资产价格。

三是扩大央行资产负债表规模，由此增加基础货币。

在以上三种战略中，美国联邦储备委员会和日本银行都非常重视第一种战略，即承诺在政策目标实现之前将持续零利率政策。因在短期名义利率已经为零，已无降息空间的特殊情况下，央行唯有通过向市场表明态度并作出承诺来贯彻自己的政策意图，央行为使市场放心，就以自己将长期保持超低利率水平的承诺影响投资者对短期利率的预期，从而影响中长期利率，换言之，等于提前借用未来宽松货币政策的影响力在当下发挥作用。[②]

战略二的政策含义是，即使短期利率为零，市场上仍然存在利率和预期收益率都不为零的资产，中长期国债和公司债就是这类资产。央行大量买进这类资产（同时卖出短期国债），从而影响市场上现存资产与短期国债的比率，由此拉低这些资产的价格（例如降低中长期利率），进而刺激经济。

战略三等于承认向市场提供的资金即使超过了实际需求也还是有意义的，即承认持续买进利率几乎为零的短期国债[③]政策是有意义的。因为国债是“保

---

① 如果投资者认为短期政府证券与长期国债是不完全替代的，中央银行就会调整所持资产构成，就会将资产从短期政府债券转向长期国债，从而对金融商品不同的期限利差和收益曲线产生影响。同样，如果投资者认为基础货币与其他金融资产是不完全替代的，中央银行就会增加基础货币，影响货币以外金融资产的价格和利率。

② 因为对长期利率的基准判断是：长期利率等于从现在到将来一个时期内短期利率预期值的平均数与风险溢价之和。

③ 即使短期国债利率几乎为零，也要进行买进操作。

证债务违约时点能够不断延后”的工具。在这个过程中，随着资产负债表调整不断深入，必须要及时处理损失，在处理损失的每个阶段都需要国债发挥作用，保证“在债务违约时点到来之前债务危机不会爆发”。

2. 日本银行家白冢重典（2009）的两分法概念图

为了便于分析，日本银行家白冢重典（2009）在 Bernanke 和 Reinhart（2004）研究的基础上对央行资产负债表规模和结构的变动进行了概念性研究（见图 2—1）。他认为，尽管任何国家在实际政策操作中资产负债表的资产方和负债方都会产生变动，但在概念上可以划分为资产负债表中规模的变化或结构的变化两种类型。

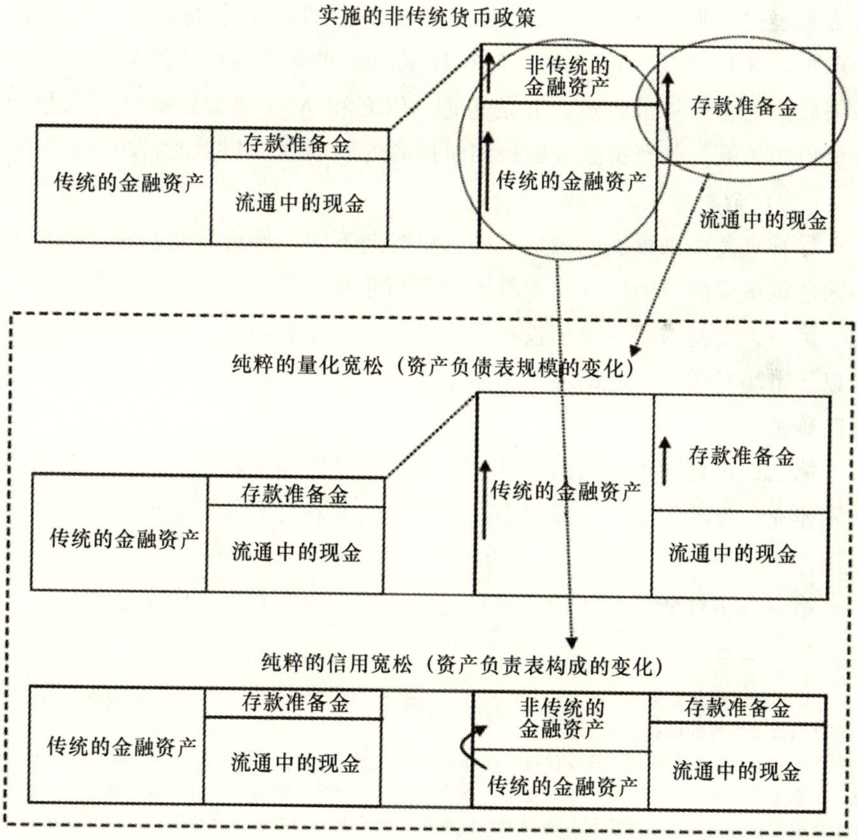

图 2—1　非传统货币政策概念图

资料来源：转引自［日］白冢重典《日本数量宽松货币政策的经验：对中央银行资产负债表规模与结构的再检验》，日本银行 2009 年 11 月 22 日，第 30 页。

图2—1表示，央行实行的非传统货币政策或引起负债规模上的变化，或引起资产与负债结构上的变化。即负债规模不变但由于买进非传统资产部分替代传统资产，通过变化资产结构实现政策意图。[①]

3. 日本中央银行总裁白川方明的六项措施

日本银行认为自己是尝试非传统货币政策的先驱者，日本中央银行总裁白川方明对非传统货币政策作出了具体解释，他认为从日本银行的政策实践看主要包括六项具体措施。一是将隔夜拆借利率降低为零利率，实际上，日本的隔夜拆借利率被降低到0.001%。二是将商业银行在央行准备金账户上的存款净额[②]作为操作目标，而且为保持充沛的供应量，存款净额必须超过实际需要的水平，准备金账户上的存款净额最高时期曾达GDP的5.8%。[③] 三是货币的长期超额供给。四是承诺将持续实行零利率政策或数量宽松货币政策。五是买进ABCP和ABS等金融商品。六是为降低市场风险，甚至买进金融机构所持有的股票（白川方明，2009）。

（二）金融危机的表现与政策对应

尽管日美两国爆发金融危机的历史时期不同、严重程度各异，但日美两国危机演变的阶段以及政策救援过程都非常类似。

第一，交易对手风险使投资者丧失了对市场的信任。大型金融机构破产以及市场对破产担心的不断加剧使市场参与者之间相互猜疑，交易对手风险蔓延。

第二，市场职能陷入瘫痪状态。各种金融市场交易都不活跃，价格信息不能充分反映市场的实际状态，市场上的套利交易减少，市场交易受到阻隔。

第三，传统货币政策传导路径受阻。这不仅影响到直接金融市场，而

① 当然，这只是为了便于理论分析而进行的概念上的划分，具体到一个国家的政策操作往往资产负债表规模和结构都有变动。

② 是指根据相关法律，日本的银行和证券公司在日本银行开设的准备金存款账户上的存款，原则上是无利息的。该账户的资金除了用于金融机构与日本银行之间的资金结算以外，还用于金融机构对企业或个人的支付。各商业银行在日本银行开设的准备金存款账户上的存款净额水平标志着流向金融市场的货币供给规模的大小。因此，日本银行从2001年开始实行非传统货币政策将衡量货币供给宽松程度的量化指标确定为“各商业银行在日本银行准备金存款账户上的存款净额”。其功能有两项即支付结算和准备金。

③ 一般情况下仅为GDP的2%以内。

且间接金融市场的融资职能也受到冲击。传统货币政策的传导机制受阻，即央行不能像平时运用传统货币政策那样，可通过控制政策性利率改变不同利率收益曲线，以便对经济活动产生影响并最终保持物价的稳定。为迅速扭转这种局面，各国中央银行果断采取对应性货币政策，主要包括以下三种：一是降低政策性利率；二是确保金融市场的稳定；三是支援企业融资。

二　日美两国中央银行资产负债表的变化

面对泡沫经济的崩溃，日本和美国中央银行采取了各种非传统货币政策部分补充或替代了市场职能，作为非传统货币政策的反映，两国央行的资产负债表都发生了显著变化。

（一）日本银行资产负债表的变化

日本的货币政策操作是将民间金融机构借贷利率中最短期利率——无担保隔夜拆借利率降低至一定水平，并以此为起点对国民经济主体的金融经济活动施加影响的政策行为。在政策性利率几乎丧失进一步下降空间的前提下，为保障政策目标的实现，日本央行将货币政策目标设定为一个数量目标——各商业银行和证券公司等民间金融机构在中央银行开设的准备金存款账户上的存款净额，因为该账户上存款净额高低是衡量流向金融市场的货币供给规模大小的重要标志。

日本从2001年3月开始实行非传统货币政策，期间历经五年时间，到2006年3月才见成效。央行判断政策见效的标准是日本的消费者物价指数[①]与上年比已稳步回升到0%以上。在这五年期间内，日本央行货币政策目标之所以得以实现，如前所述，就是因为各金融机构准备金账户存款净额持续增加，相应的，日本银行资产负债表一个最显著的变动就是负债方中准备金账户存款净额的增加（见图2—2）。

日本银行负债方的变化主要是由准备金账户存款净额的增加引起的。2001—2006年正是日本银行将调控货币政策的目标转向商业银行在央行准备金账户存款净额的时期，日本银行主要通过增加购买长期国债、短期国债、票据等增加准备金账户存款净额。

① 全国数据，但生鲜食品除外。

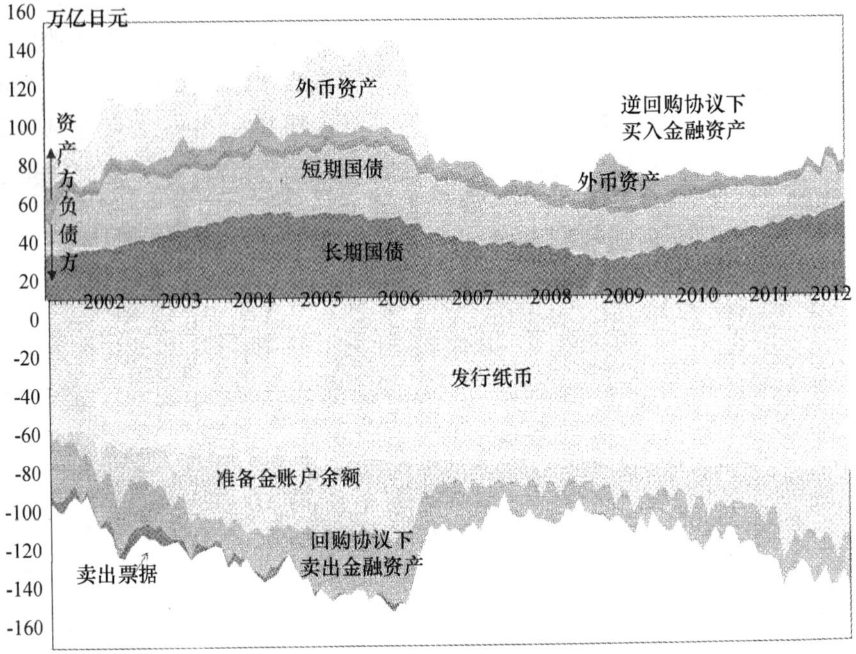

图 2—2 日本银行资产负债表的变化（2001 年 4 月—2012 年 2 月）

资料来源：日本银行《金融经济统计月报》（http：//www. stat—search. boj. or. jp/index. html）。

日本银行根据政策委员会的决议在公开市场上进行长短期国债和票据的买卖操作实现政策意图，由此形成资产负债表的变化。为通过“准备金账户存款”科目增加资金的供给，央行要根据国债招标买进长短期国债，资产方中“国债”科目的“长期国债”和“短期国债”科目增加。而买进长期或短期国债所需资金转账进入政策操作对象金融机构的央行准备金存款账户内，通过这一操作，负债方“准备金账户存款”科目增加：

· 长期国债买入操作

长期国债 +	准备金账户存款 +

短期国债买入操作时，则是通过招标买卖，买进贴现短期国债（TB）以及短期政府证券（FB）。资产方国债内的短期国债科目增加，负债方“准备金账户存款”科目增加：

· 短期国债买入操作

短期国债 +	准备金账户存款 +

扩大票据买入操作是从 2001 年 2 月开始实行的，这些票据是以达到日本银行认可的信用评级的债券或票据为担保，包括地方金融机构在内、央行货币政策覆盖的所有金融机构所出具的票据。实行买入操作时，买入票据科目增加，资产方的准备金存款账户科目也增加：

· 票据买入操作

票据买入 +	准备金账户存款 +

当金融危机进一步蔓延，金融中介机构作用瘫痪并导致金融机构流动性风险时，市场对准备金账户存款的需要就会大幅度增加，日本央行准备金账户存款净额的增加确实发挥了安全阀作用。更重要的是，日本央行通过不断增加准备金账户存款净额保障了隔夜拆借利率维持在趋近于零的水平上，① 这对刺激金融机构积极向企业提供贷款满足经济复苏对资金的需求提供了有力的保障。

（二）美联储资产负债表的变化

美国的货币政策操作是通过影响联邦基金市场隔夜拆借利率——联邦基金利率（Federal Funds，FF）实现的。

美联储资产负债表中发生显著变化的是资产方。资产中增加的不仅有短期贷款，还有联邦机构债券和财政部证券。在美国，金融体系中占有主导地位的是资本信用市场，② 危机发生后美国的资本信用市场，特别是与次级住宅抵押贷款有着密切联系的那部分市场受到了严重打击，因此美联储积极干预资本信用市场及与信用市场有关的市场，从而替代受到严重冲击的这部分市场发挥职能作用。美国资本信用市场的萎缩也影响到金融机构的流动性，为应对流动性风险，美联储也不断增加准备金账户存款，因此，在负债方这部分增幅最为显著。

因两国情况不同，政策干预的范围和程度存在一定差异。在日本，国际金融市场的动荡表现在 CP 和公司债市场上，但企业融资渠道——间接

① 该时期隔夜拆借利率虽有变动，但大部分时间内维持在几乎为零的水平即 0.001%。

② 日本金融系统中占有主导地位的是银行贷款市场。

金融机构的职能没有受到更大影响。日本银行对直接金融市场的干预是间接的、有限的（买进银行持有的企业发行的 CP 和公司债），日本银行资产负债表的扩大是渐进的、缓慢的。

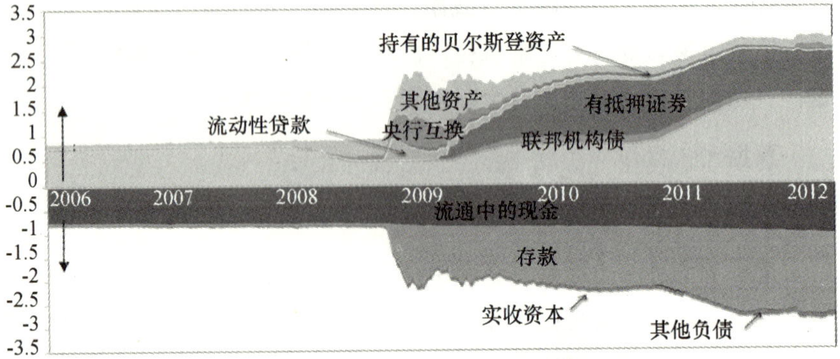

图 2—3　美联储资产负债表的变化（2006 年 1 月—2012 年 2 月）

资料来源：FRB，Factors Affecting Reserve Balances，美联储（http：//www. federalreserve. gov/releases/h41/）。

美国直接金融市场规模远远超过日本，所以直接金融市场和证券化市场职能一旦瘫痪其影响必然也远超日本。美联储对国内各金融市场进行的直接干预规模很大，因此美联储资产负债表急剧发生变化。

（三）日本、美国货币政策操作手段的比较

日本银行金融市场局对日本和美国两国在短期金融市场上[①]交易方式的异同进行了比较（日本银行，2008）。美国多采用回购交易，即作为筹集资金所需债券和作为担保的债券（以一定期间后进行相反买卖为前提）被买卖交易。甲方即筹资（提供债券）的一方支付利息；乙方即提供资金（收取作为融资担保的债券）的一方收取利息。但如果担保债券需求量大，乙方只要能够得到自己希望的债券，收取的利息就可接受折扣。即回购利率 = 资金借贷利息 - 债券商品租赁费。如果债券借贷成本暴涨，最终回购利率可低于理论上的无风险利率——OIS 利率（日本银行，2009）。

① 美国的短期金融市场是指联邦基金市场。日本则是指货币市场。

与日本中央银行货币政策操作、贷款担保品的构成比较，美联储货币政策操作方式特点如下（见表2—2）：（1）美联储明确区分公开市场操作和贷款，而日本银行在对贷款和公开市场操作的担保品和交易对象方面没有明确的区分。（2）美联储贷款担保品范围比较宽泛，但公开市场操作中回购操作的债券只有国债和政府机构债（包括政府机构债和以政府机构债为担保的MBS）。（3）美联储公开市场政策操作的对象限定在一级交易商范围内。

表2—2　**日美中央银行货币政策操作的担保品与政策对象**

	日本银行	美联储	
	公开市场操作/贷款	公开市场操作	贷款
国债	√	√	√
政府机构债	√	√	√
地方债	√	×	√
公司债/CP	√	×	√
ABS/MBS/ABCP	√	×	√
贷款	√	×	√
外债	×	×	√
政策操作的对象	存款金融机构/证券公司等（约150家）	一级交易商（约16家）	存款金融机构（约7000家）

注：√表示某种金融商品可作为某国央行的担保品。例如，美联储认可外债作为贷款的担保品。×表示某种金融商品不可作为某国央行的担保品。例如，日本银行不接受外债作为公开市场操作或者贷款的担保品。

资料来源：合格担保品构成的数据，来自日本银行金融市场局《次级住宅贷款问题引发的短期金融市场的动荡与中央银行的政策对应》，2008年7月，图表21。政策操作对象的数据，来自“The Collateral Frameworks of the Federal Reserve System, the Bank of Japan and the Euro system”, *ECB Monthly Bulletin*, October 2007, pp. 89—90.

日美两国货币政策操作手段通常是公开市场操作和贷款。[①] 实际上，日本银行公开市场操作的主要手段是有担保的贷款。货币政策的调节手段针对银行贷款进行操作，担保品范围很广包括附证书债权，日本央行以对

① 美联储贷款是对资金周转陷入困境企业施以惩罚性高利率无限制的，类似于日本银行的“补充贷款制度”。在日本，日本银行贷款则是正常的货币政策手段。

企业的融资债权为担保向银行的融资为主。贷款对象很宽泛包括存款金融机构和证券公司。贷款是资金供给的主要方式，利率是通过招标决定的。但日本银行"补充贷款制度"的贷款利率是政策决定的，即不是通过市场招标而是在日本银行金融政策决策会议上事先决定的。交易对象和担保范围与公开市场操作相同。

美联储的贴现窗口贷款（Discount Window）基本上与日本银行的"补充贷款制度"相同，即以全体存款金融机构为对象，合格担保品范围广泛包括贷款等金融资产。但美联储的公开市场操作不同：（1）交易方式只有债券的买卖（无条件买进与回购）不包括贷款；（2）交易对象只是一级交易商（见表2—3）；（3）合格担保品（回购对象债券）只有国债和政府机构债（包括政府机构债和以政府机构债为担保的MBS）。

表2—3 美国16家一级交易商（2009年3月末）

BNP Paribas Securities（法国巴黎证券）
Banc of America Securities（美银证券）
Barclays Capital（巴克莱投资）
Cantor Fitzgerald & Co.（康托尔公司）
Citigroup Global Markets（花旗集团全球市场）
Credit Suisse Securities（USA）（瑞士信贷证券，美国）
Daiwa Securities America（大和证券，美国）
Deutsche Bank Securities（德意志银行证券）
Dresdner Kleinwort Securities（德累斯登证券）
Goldman, Sachs & Co.（高盛公司）
Greenwich Capital Markets（格林威治资本市场）
HSBC Securities（汇丰证券）
J. P. Morgan Securities（J. P. 摩根证券）
Mizuho Securities（瑞穗证券）
Morgan Stanley & Co.（摩根士丹利公司）
UBS Securities（瑞银证券）

在金融危机发生之前，公开市场操作中实际操作的担保对象债券80%都是国债。可以说，通常情况下美联储提供资金时，一级交易商只要持有国债（和政府机构债券）就能够获得通货。换言之，超过一级交易商所持国债的范围美联储是无法提供美元的。当然，紧急情况下可通过贴现窗口贷款即惩罚性高息贷款提供资金，但在美国，任何一家金融机构一旦接受了美联储的资金即贷款，就意味着向市场宣布这家企业没有能力从市场上筹资，这会使该企业市场信誉形成"污点"。因此，美国中央银行

的“贷款”事实上是不发挥货币政策操作职能作用的，美联储只能通过公开市场操作提供美元资金。

美联储严格限制传统货币政策的调整手段，即回购操作范围仅限于国债和政府债券。当美联储面临危机采取非传统货币政策操作时，除降低政策性利率、延长资金供给期限外，不得不采取新的资金供给方式，例如美联储购买 ABS、ABCP 和 CP。美国在融资中严格限制信用分配，目的在于避免央行直接面对企业信用风险，因此，美国的政策操作方式更强烈地依赖于市场机制。所以，当信用泡沫崩溃时，这种资金供给方式难以应对短期金融市场危机，美联储不得不轮番推出非传统资金供给方式。

三　非传统货币政策的决策与检测

对任何国家的央行来说，采用非传统货币政策都是一种挑战。央行必须根据当时的金融经济形势及时作出判断，采用有效政策并立即实行。这一时刻，首先考虑的是如何保证自身资产负债平衡的健全性，同时还必须考虑到资产负债表的规模、资产方自身所持金融资产的构成。另外，央行还必须保持短期政策与中长期政策目标的一致，或进行对外的、事后的说明。因此，当信用秩序崩溃时央行必须对是否采用非传统货币政策作出决断。

第一，不得不采取非传统货币政策的理由。一个必要前提是采用传统货币政策变更利率已不能实现货币政策的目标。如果判断金融市场职能作用已经瘫痪；金融体系已面临陷入危机的风险；政策利率在事实上已无下调余地，就必须采取非传统货币政策。

第二，尽量保全市场机制。央行在决定购买民间债务时有可能损伤市场自身的职能作用。采用非传统货币政策必须与完善金融市场职能作用保持一致，因此，央行干预市场的程度和规模应该是有限度的。

第三，维护央行自身资产负债表的平衡。当央行购买金融资产或向金融机构提供流动性援助时必须维护自身的信誉。（1）控制非传统政策范围，尽量降低对央行资产负债平衡造成的损害。（2）假设将来发生损失，要事先确定政府和民间各自必须承担的损失。

第四，决定采用非传统货币政策之际，必须意识到央行的独立性。一般情况下，一旦陷入金融危机，中央银行采取的政策往往会加重纳税者负担，或干预微观的资源分配，在购买金融资产或对金融机构进行流动性援助时，央行要对微观资源的分配保持中立。

第五，非传统货币政策仅是为应对危机而设计并推出的，因此应该在设计之初就考虑到退出机制问题。央行决心采用非传统货币政策之前就应对外界详尽说明非传统政策的退出时间和退出形式。例如，日本银行在购买 CP 和企业债券之前，就公布了《关于买入与企业融资相关金融商品的基本思考》，对这一非传统政策实行的时间、合理的规模作出详细说明。央行有必要针对金融市场和企业融资情况具体思考各项措施的退出途径、是否延长某项措施并及时加以判断。

日本和美国央行面临的市场情况不同，因此政策应对也存在差别。

(1) 各国金融市场特别是信用市场的发展程度存在差异，因遭受危机不同市场职能作用的受损程度也有所不同。不同规模的金融市场意味着央行购买金融资产进行政策操作的程度存在着不同的制约。信用市场职能降低是美国面临的问题，但由于美国金融市场规模较大，即使积极干预各种信用市场，市场机制遭受损伤的风险也是很小的。因此，在美国购买信用风险资产是促进信用市场恢复其职能最为有效的政策手段。

(2) 日美两国金融体系也存在差异，美国以直接融资为中心，日本以间接融资为中心。日本通过银行贷款向企业提供的融资比例大约在 70%，远高于美国。因此，日本央行采取的措施主要是支援金融机构的资金周转、帮助金融机构恢复信用创造能力。

日本央行和美联储、欧洲中央银行都在买进国债，但是政策目标有所不同。日本银行买进长期国债的目的是向金融机构提供资金，因此买进国债属于“常规定额货币政策框架”之内的操作，购买国债的上限是央行发行的银行券额度，因此并不会导致财政的货币化。

美联储 2008 年 3 月 17 日、18 日在公开市场委员会（FOMC）[①] 议事会上决定追加买进政府机构债（MBS）并决定买进国债，美联储买进国债（无回购的单纯买进）的背景是为使抵押利率保持在较低水平上。美联储在 2008 年 6 月 23—24 日召开的公开市场委员会议事会要旨上已表明，“美联储通过购买资产的救援项目改善市场职能，是希望将抵押贷款利率、对家庭和企业的长期利率控制在较低的水平上即低于资产购买计划出台之前的利率水平，用以保障经济活动的复苏”。

---

① Federal Open Market Committee.

如何判断或检测非传统货币政策效果，应从以下三个方面入手。

第一，央行资产负债表整体规模的扩张程度并不直接等同于货币政策的宽松程度。

因为每个国家的市场状况、货币政策操作手段不同，因此非传统方式补充或替代市场职能的干预方式和程度也是不同的，所以，每次危机后央行买入金融资产的种类和金额都有很大差异。资产负债表规模的扩张程度并不是市场职能缺陷程度的直接反映。

今后，随着市场职能的修复，央行对于金融市场职能的补充或替代作用将逐渐下降，银行资产负债表也将恢复正常。资产负债表逐步复原是危机走出紧急状况的信号，但不是扩张性货币政策减弱的标志。无论当年的日本或今天的美国，实际上随着 CP 市场环境的改善，美联储和日本银行购买 CP 的数量都在逐步减少，这是市场职能得到修复的先兆。

第二，非传统货币政策只是针对市场被阻和交易中断现象，仅对金融市场中可取得干预效果的少数市场施加影响，并不干预所有受到资源制约而被阻断交易的市场，因此检验非传统货币政策效果时不仅要看被干预的市场本身，更要综合判断被干预市场与其他主要市场的相互关联，要看利率和交易量是否得到了恢复。

表 2—4 为美国公司债券和住宅贷款利率及相同期限国债利率的利差，该表反映的是政策干预之后金融机构信用恢复的程度、企业或个人筹资成本降低的程度，可以体现干预效果。表 2—4 对三个时间的利率进行比较：2009 年 3 月 28 日与两个月之前的 1 月 28 日、2008 年 10 月 13 日（救援政策第二阶段）的利率对比。

表 2—4 **各种利率的变化**

利率指标（评级）	与 2009 年 1 月 28 日比较	与 2008 年 10 月 13 日比较
LIBOR（3 个月期限伦敦银行间市场利率）	上升 6 bp	下降 353bp
TED 利差（3 个月期限伦敦银行间市场利率与 3 个月期限国债利差）	下降 6 bp	下降 350 bp
公司债利率（Aaa）	上升 38bp	下降 84 bp
公司债利率（Baa）	上升 27bp	下降 24bp
公司债与国债利差（Aaa，10 年期）	上升 35bp	上升 40bp

续表

利率指标（评级）	与 2009 年 1 月 28 日比较	与 2008 年 10 月 13 日比较
公司债与国债利差（Baa，10 年期）	上升 24bp	上升 100bp
住宅贷款利率（30 年固定利率）	下降 9bp	下降 143bp
住宅贷款利率与国债利差（30 年期，固定利率贷款）	下降 45bp	下降 33bp

资料来源：美国审计署：Government Accountability Office（GAO），*Report Troubled Assets Relief Program March* 2009，p. 52. Table8，http：//www. gao. gov/new. items/ d09504. pdf.

尽管 2009 年 3 月 28 日的公司债利率还是低于 2008 年 10 月 13 日的利率，但至少在逐渐回升。2008 年 10 月份以后，公司债和国债的利率不断扩大但涨幅逐渐收窄。2009 年 3 月 27 日住宅贷款的 30 年固定利率打破了历史最低纪录下降到 4. 61%，公司债利率和国债利率均出现下降趋势。这说明信用市场在逐步恢复，非传统货币政策和金融稳定政策取得了成效。

第三，要重视非传统货币政策的风险。仅看一国央行是否购买特定资产是不足以对非传统政策效果作出评价的。央行采取非传统货币政策手段的目的是为金融市场设置安全阀，确保市场参与者对市场的信赖。只要达到了这个目标，是否采用非传统货币政策并不重要。然而，一旦采用了非传统货币政策就不能忽视以下风险。

（1）非传统货币政策超越了宏观货币政策的范围直接干预微观经济领域中的资源分配，央行接管了民间机构的问题债权，因此存在风险。

（2）如果中央银行出现损失，就会损害中央银行的信用。

第二节 20 世纪 90 年代日本非传统货币政策

日本应对 20 世纪 90 年代泡沫经济危机中的非传统货币政策主要指宽松货币政策。其中一是零利率政策，二是量化宽松货币政策。

讨论货币政策问题首先要涉及操作对象——利率。日本的利率种类很多，但日本央行能够调整的利率只有央行基准贷款利率和隔夜拆借利率。前者是央行对商业银行贷款利率，后者是银行间市场借贷利率。上述两个利率的波动影响其他无数利率，传递政策利率的意图。

零利率政策是指日本银行将政策利率——隔夜拆借利率下调到无限接近0%的水平。

量化宽松货币政策是指日本银行将准备金账户存款作为货币政策操作目标，增加商业银行在日银的准备金账户存款（基础货币），形成超额的准备金账户存款，并不断扩大超额的准备金账户存款的数量。

一　日本政策新意图与日本银行政策决策

日本银行开始提供充足的流动性，并承诺将持续量化宽松货币政策，直到核心消费者物价（扣除生鲜食品以外的消费者物价）指数稳定地回升到0%以上，而且要使超额的准备金账户存款净额达到GDP的6%以上。[①] 日本银行实行的量化宽松货币政策的特点在于：它以通货膨胀率的实际值为操作目标，而传统政策是以预期通货膨胀率为操作目标的。

影响日本银行货币政策决策的核心消费者物价指数（CPI）同比年变化率，如图2—4所示。核心CPI增减年率同比下跌到0%附近大约有三个时期。其中首次出现在20世纪80年代末期，这正是日本经历泡沫经济的时期。第三次是从1998年到现在。

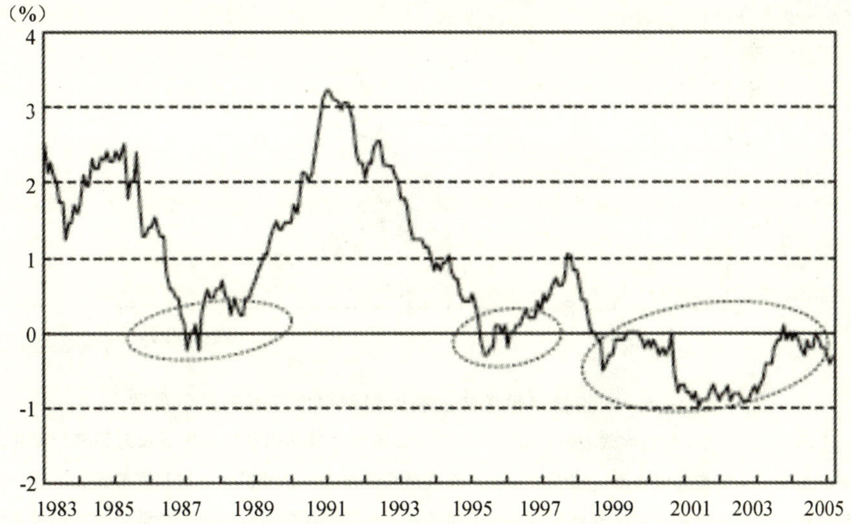

图2—4　核心CPI上年同比增减率

① 实际上，最高时期曾达GDP的5.8%。但是一般情况下应维持在GDP的2%以内。

日本银行对量化宽松货币政策的承诺也是非传统方式的，传统货币政策尽管是以预期通货膨胀率为操作目标，但是根据实际通胀率制定的量化宽松货币政策则要看核心 CPI 同比增长率，只要核心 CPI 同比增长率不能稳定在 0% 以上，就要继续执行宽松货币政策。

量化货币政策目标的确定旨在促成市场对通货膨胀率形成某种预期。美联储公开市场委员会对通货膨胀率的展望本身就在帮助市场形成预期，但是这一预期不使用核心 CPI 同比增长率这种实际数值。因此与美联储相比，日本银行根据核心 CPI 同比增长率这个实际数值帮助市场形成利率预期的做法更有弹性。

日本银行要根据核心 CPI 同比增长率的实际值来决定实行量化宽松货币政策的期限长短，这反映了日本央行实现货币政策目标的决心和意志。也就是说，即使名义利率已降为零，只有当 CPI 同比增长达到零以上时，才会考虑终止量化宽松的货币政策（鹈饲，2006）。只有让市场参与者认为这是一种有约束力的承诺，市场参与者才会预期日本将在很长时期内实行零利率政策。也只有形成了这样的预期，中长期利率水平才会下降（见图 2—5）。

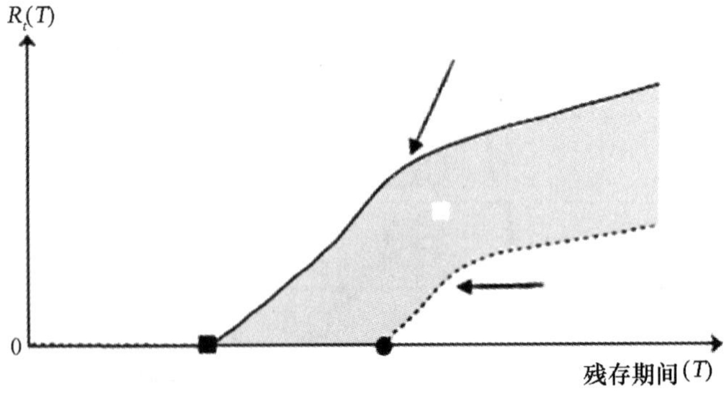

图 2—5　政策持续性承诺的有无对利率水平影响的示意图

注：上方箭头所指实线表示：假设央行未对政策持续性作出承诺情况下长期利率的变化水平；下方箭头所指虚线表示：假设央行已对政策持续性作出承诺情况下长期利率的变化水平。借此示意图说明一旦央行对政策持续性作出承诺的话，长期利率的变化水平将会低于没有政策承诺的情况。残存时间（T）表示政策承诺后未来可持续的时间。

资料来源：转引自［日］白川方明《宏观经济政策与中央银行》，日本银行《金融研究》2005 年 10 月，第 134 页。

2005 年，日本企业销售收入的经常利润率已经超过了泡沫经济时期，尽管如此，日本银行仍然保持着零利率的环境，目的就是通过对长期实行量化宽松货币政策的承诺，影响不同期限金融商品的利率，通过政策的持续效果维持对景气的刺激作用。日本银行认为，实现政策透明性和持续性的协调（coordination）是非常重要的。

第一，政策承诺效果。如果日本银行承诺将在 10 年之内持续零利率政策，但根据计算 CPI 同比增长率为 4%，日本银行的承诺是否会增强其货币政策的有效性呢？答案是否定的，这是因为任何人都不会相信这个承诺。民间经济主体不希望 4% 的通胀率长达 10 年之久，摆脱了通货紧缩后一个负责任的央行不会继续实行零利率政策。经济一旦摆脱了通货紧缩，当初即使是再合理的承诺也不再具有合理性。

第二，货币政策委员会委员任期的作用。现任的货币政策委员会委员能否替代未来委员作出他们的政策判断？日本银行货币政策委员会委员任期 5 年，在任委员们任期所余的平均年份是 2.5 年。与美国等国家相比，日本银行货币政策委员会委员任期较短，现在任职委员们的平均剩余任期是 2.35 年，如表 2—5。

也就是说，2001 年参与制定量化宽松货币政策的委员们都已不再担任委员了。从理论上说，没有参与制定量化宽松货币政策的委员们未必希望继续实行现在的政策承诺，或者说货币政策的责任不在货币政策委员会而仅在于央行行长。任何一届货币政策委员会在成员更迭时都面临一个重要选择即是否继续实行上届委员会委员的决议。

表 2—5　**日本中央银行货币政策委员会任期**

	日本银行	美联储	欧洲中央银行	英格兰银行
法定任期	5 年	14 年 （理事） 5 年 （美联储主席）	8 年 （理事） 最长任期 5 年 （各国央行行长）	5 年 （行长、2 名副行长） 3 年 （2 名理事、4 名外部委员）
现在委员平均在任期间	2.35 年	6.74 年	4.9 年	3.63 年

注：统计数据截至 2005 年 5 月 9 日。

资料来源：转引自［日］白川方明《宏观经济政策与中央银行》，日本银行《金融研究》2005 年 10 月，第 136 页。

第三，如何公开货币政策委员会的意见。汇总各位委员的意见是很困难的，但原封不动地公布各位委员的意见又可能导致市场混乱。为反映这个复杂过程，各国中央银行采取了不同方式公布对物价和经济动态的预测。是否公布会议纪要、会议纪要的编辑方针都是影响货币政策委员会成员激励机制的重要因素。不公开会议纪要，用匿名方式表示委员会的最终决策，有助于促进委员会成员反映各自不同的意见。公布会议纪要可表达委员间的各种意见，但同时也可能埋没了核心观点。

日本银行在量化宽松政策框架内积累了成熟的经验。从日本央行历史上看，许多政策手段都是日本银行首次尝试。例如零利率政策、量化宽松货币政策以及对持续实行量化宽松货币政策的承诺。但如何判断政策手段的效果，无论日本银行货币政策委员会内部还是经济学家都未达成一致意见。当年鉴于经济形势非常严峻，日本银行才决心尝试使用这些政策手段。因此，日本银行已预见到货币政策委员会内部有不同意见。委员会关于货币政策决策会议纪要对于量化宽松货币政策框架内采用各种政策手段的讨论和意见都做了详细记录。但美联储关于通货紧缩状态下货币政策的决策意见则未见详细记录。[①]

Blinder 和 Wyplosz 将央行货币政策委员会分为三类：独裁协议型的（autocratically—collegial）、真正协议型的（genuinely—collegial）和个人主义的（individualistic），各自代表分别是美联储、欧洲央行、英格兰银行。根据日本银行政策决策会议纪要公布的详尽程度和会议投赞成票或反对票比率看，日本银行属于个人主义的政策委员会，因为投票比率更接近英格兰银行（见表2—6）。

当然，对于日本银行的非传统政策手段也有许多非议，认为量化宽松货币政策效果并不显著。这里需要强调的是，必须将日本银行货币政策委员会的性质与货币政策的大环境一并予以考虑。当时日本面临不良债权的重压，金融机构中介职能受到了严重破坏，名义利率是零，传统货币政策传导机制减弱，货币政策几乎失去了调整的空间。日本银行货币政策面临

---

① 美联储公开市场委员会在2003年6月份的会议纪要中记录的是，“委员们议论了各种方法的利弊”，“委员们希望为了实现货币政策的目标应采用所有的特定的非传统手段，但认为到目前为止没有必要形成统一观点”。

着很多现实制约，实行量化宽松货币政策带有一定的实验性质，因此产生分歧意见是很自然的。

表 2—6　　　　1998 年 4 月—2005 年 5 月 9 日的投票结果

	日本银行	美联储	英格兰银行
政策决策会议数（A）	119	60	86
未形成全会一致意见的会议数（B）	68	11	56
未形成一致意见比率（B/A;%）	57.1	18.3	65.1
会议上反对票平均比率（%）	10.2	2.0	13.8

注：统计数据截至 2005 年 5 月 9 日。

资料来源：转引自［日］白川方明《宏观经济政策与中央银行》，日本银行《金融研究》2005 年 10 月，第 138 页。

货币政策委员会的制度设计是非常重要的。经济学家论述的往往是理想化的货币政策，而货币政策委员会需要做到的是如何有效地实行这些政策。因此，制度基础非常重要。当然，对于任何政策来说，都不存在唯一的正确答案，所谓最佳政策框架也是依存于一定的社会环境的，这个社会环境包括中央银行所处的经济环境和中央银行必须执行的中央银行法。正是考虑到以上这些复杂因素日本银行才决定承诺政策的持续性。到 2005 年 9 月为止，日本银行政策委员会新成员们都表示尊重政策持续的承诺。日本银行也希望在货币政策委员会会议纪要和央行经济形势展望报告中进一步完善信息披露。

二　日本宽松货币政策：不同阶段及其政策效果

自 20 世纪 70 年代开始，日本的货币政策操作手段经历了一系列改革，从窗口贷款变为债券或票据买卖操作。这种政策操作手段的不断改革是量化宽松货币政策的前提。

日本银行于 20 世纪 70 年代开始引进了市场机制，改革原有的政策操作，20 世纪 80 年代的金融自由化进一步加速了货币政策的改革。20 世纪 90 年代以后，日本银行改革了货币政策操作手法，目的在于进一步发挥市场职能作用并提高政策的透明度。1998 年 4 月日本银行法改革后，更加强调了日银的独立性和政策的透明度（见表 2—7）。

表 2—7　日本货币政策操作方法的变化：从日银贷款到债券票据操作

<table>
<tr><th></th><th></th><th>过去的方法</th><th>改革后的方法</th></tr>
<tr><td rowspan="3">进一步发挥市场职能作用</td><td>主要政策利率</td><td>基准贷款利率</td><td>隔夜拆借利率</td></tr>
<tr><td>准备金供给手段</td><td>日银贷款</td><td>债券、票据买卖（公开市场操作）</td></tr>
<tr><td>对各种利率影响的方法</td><td>20 世纪 60 年代之前日银贷款数量调节影响银行贷款利率。20 世纪 70 年代以后使存款利率与基准贷款利率保持联动，传导政策影响</td><td>通过与隔夜拆借利率之间的套利关系，传导政策影响</td></tr>
<tr><td>提高透明度</td><td>诱导隔夜拆借利率，传导政策影响</td><td>在一定期间内通过准备金供给速度的变化传递政策信号</td><td>宣传诱导目标水平</td></tr>
</table>

资料来源：转引自［日］田中隆之《失去的十五年与金融政策》，日本经济新闻社 2008 年版，第 135 页。

（一）宽松货币政策的阶段划分

进入 20 世纪 90 年代以来，日本经历了长达 10 年或者说更长的停滞。这期间出现过三次短暂的景气回升，分别是在 1993 年 10 月、1999 年 1 月和 2002 年 1 月。尽管如此，但货币政策几乎始终保持宽松状态。① 宽松货币政策开始于 1991 年 7 月日本央行下调基准贷款利率，直到 2006 年 3 月解除量化宽松货币政策为止。在大约 15 年的时间内宽松货币政策操作可归纳如下，即 12 次下调了央行基准贷款利率，4 次单独下调无担保隔夜拆借利率，② 9 次变动准备金账户存款净额（其中一次与下调央行基准贷款利率同时进行）。由日本央行启动的宽松货币政策操作合计 24 次（见表 2—8）。

（二）各个阶段的宽松货币政策

1. 第一阶段：零利率政策之前（1991 年 7 月—1998 年 9 月）

这一阶段实行宽松货币政策有两个原因：一是为阻止市场恐慌（股价急剧下跌和日元急剧升值）。特别是 1995 年，尽管当时景气有所恢复，但股价急剧下跌，日经平均股价从年初的 19000 日元跌破 15000 日元。股

① 应对景气周期的循环，货币政策也应具有循环特征。货币政策的循环性表现是：景气低迷总需求缩小时放宽货币政策实现充分就业，总需求过大将要发生通货膨胀时实行紧缩货币政策。但日本在长达 15 年时间内只是实行单向的宽松货币政策。

② 指单独下调隔夜拆借利率，没有同时下调其他利率。

价下跌的导火索是1995年4月日元异常升值，高峰时1美元对79日元。同时，1995年7月到8月一些信用组合，例如木津信用组合和兵库银行相继破产。总之，1995年日元升值加上股价下跌，促使日本银行四次调整货币政策进行干预。

表2—8　　20世纪90年代以后的货币政策的变更和阶段划分

公布日期	变更内容 日本中央银行对商业银行基准贷款利率的变更 隔夜拆借利率诱导目标水平的变更 日本中央银行准备金账户存款净额的变更 ＊其他事项的变更（长期国债买进金额的变更）
第一阶段： 零利率政策之前	
1991/7/1	①第1次下调央行基准贷款利率（6.0%→5.5%）
1991/11/14	①第2次下调央行基准贷款利率（5.5%→5.0%）
1991/12/30	①第3次下调央行基准贷款利率（5.0%→4.5%）
1992/4/1	①第4次下调央行基准贷款利率（4.5%→3.75%）
1992/7/27	①第5次下调央行基准贷款利率（3.75%→3.25%）
1993/2/4	①第6次下调央行基准贷款利率（3.25%→2.5%）
1993/9/21	①第7次下调央行基准贷款利率（2.5%→1.75%）
1995/3/31	/②下调短期市场利率（事实上无担保隔夜拆借利率从2.25%→1.75%）
1995/4/14	①第8次下调央行基准贷款利率（1.75%→1.0%）
1995/7/7	/②下调无担保隔夜拆借利率（下调到低于央行基准贷款利率=1.0%的水平）
1995/9/8	①第9次下调央行基准贷款利率（1.0%→0.5%）
1998/9/9	/②下调无担保隔夜拆借利率（0.5%→0.25%）
第二阶段： 零利率政策和量化宽松货币政策	
1999/2/12	/②下调无担保隔夜拆借利率（0.25%→0.15%），之后促进其进一步下调（开始实行"零利率政策"）
2000/8/11	/②上调无担保隔夜拆借利率（0%→0.25%）（解除"零利率政策"）
2001/2/9	第10次下调央行基准贷款利率（0.5%→0.35%） /＊引进lombard型的贷款
2001/2/28	第11次下调央行基准贷款利率（0.35%→0.25%） /②下调无担保隔夜拆借利率（0.25%→0.15%）

续表

公布日期	变更内容 日本中央银行对商业银行基准贷款利率的变更 隔夜拆借利率诱导目标水平的变更 日本中央银行准备金账户存款净额的变更 ＊其他事项的变更（长期国债买进金额的变更）
第二阶段： 零利率政策和量化宽松货币政策	
2001/3/19	③将操作目标变更为央行准备金账户存款净额（4 万亿日元→5 万亿日元）（“量化宽松货币政策”的开始） /＊确定长期国债买进额（实施月买进额约 4000 亿日元→决定每月买进额 4000 亿日元）
2001/8/14	③央行准备金账户存款净额（5 万亿日元→6 万亿日元） /＊增加长期国债买进额（月额 4000 亿日元→月额 6000 亿日元）
2001/9/18	第 12 次下调央行基准贷款利率（0.25%→0.10%） /③增加央行准备金账户存款净额（6 万亿日元→超过 6 万亿日元）
2001/12/19	/③增加央行准备金账户存款净额（超过 6 万亿日元→10 万亿—15 万亿日元）＊增加长期国债买进额（月额 6000 亿日元→月额 8000 亿日元）
(2001/2/28)	＊增加长期国债买进额（月额 8000 亿日元→月额 1 万亿日元）
2002/10/30	/③增加央行准备金账户存款净额（10 万亿—15 万亿日元→15 万亿—20 万亿日元） ＊增加长期国债买进额（月额 1 万亿日元→月额 1.2 万亿日元）
(2003/3/5)	/③随着日本邮政公社建立进行技术调整，央行准备金账户存款净额（→17 万亿—22 万亿日元）
2003/4/30	/③央行准备金账户存款净额（17 万亿—22 万亿日元→22 万亿—27 万亿日元）
2003/5/20	/③央行准备金账户存款净额（22 万亿—27 万亿日元→27 万亿—30 万亿日元）
2003/10/10	/③央行准备金账户存款净额（27 万亿—30 万亿日元→27 万亿—32 万亿日元）
2004/1/20	/③央行准备金账户存款净额（27 万亿—32 万亿日元→30 万亿—35 万亿日元）
2006/3/9	/②将操作目标变更为无担保隔夜拆借利率（0%）（解除“量化宽松货币政策”，转向“零利率货币政策”）

续表

公布日期	变更内容 日本中央银行对商业银行基准贷款利率的变更 隔夜拆借利率诱导目标水平的变更 日本中央银行准备金账户存款净额的变更 ＊其他事项的变更（长期国债买进金额的变更）
第三阶段： 解除宽松货币政策	
2006/7/14	①上调央行基准贷款利率（0.1%→0.4%） /②上调无担保隔夜拆借利率（0%→0.25%）（解除“零利率货币政策”）
2007/2/21	①上调央行基准贷款利率（0.4%→0.75%） /②下调无担保隔夜拆借利率（0.25%→0.5%）

资料来源：转引自［日］田中隆之《失去的十五年与金融政策》，日本经济新闻社2008年版，第5页，笔者补充修正。

二是经济陷入通货紧缩。当时即使景气有所恢复，但经济尚未摆脱通货紧缩，因此央行还不能马上提高利率。

自战后以来，日本货币政策目标始终是稳定物价抑制通货膨胀。直到20世纪90年代中期，日本银行才第一次遇到如何摆脱通缩这样的政策课题。

所谓通缩是指一般物价的持续下跌。一般物价是指货物和服务的总体价格，不是指个别货物或服务价格（相对物价），也不包括资产价格。测量通胀和通缩的指标，通常使用全国消费者物价指数中“除生鲜食品之外的综合物价指数”比上年同月增长或下降的比率。自1998年7月份以后日本持续出现物价下跌，这是日本90年代金融危机以来面临的最严重的局势。

2. 第二阶段的宽松货币政策：零利率政策和量化宽松货币政策（1999年2月—2006年3月）

由于反复实行扩张性货币政策，日本银行失去了政策性利率进一步下调的空间。这一时期日本银行踏入了一个从未涉足的政策领域：实行零利率政策和量化宽松货币政策。

（1）零利率政策（从1999年2月持续到2000年8月）

日本银行从未设置过货币政策的中间目标，也没有明确设定操作目标，但事实上，长期以来日银基准贷款利率和隔夜拆借利率就发挥着操作目标的作用。

泡沫经济后的一段时间内，扩张性货币政策中发挥作用的政策性利率是日银基准贷款利率和隔夜拆借利率，所以，日本货币政策的操作目标是双重的，更确切地说主要是基准贷款利率，但 1995 年以后隔夜拆借利率成为唯一的操作目标。货币政策的目的应该是物价稳定、充分就业和国际收支稳定，这些目标被称为最终目标。然而，债券票据操作和日银贷款这些政策手段距离实现最终目标差距很大，所以在操作手段与最终目标之间必须要有测量政策运营方向是否正确的指标即中间目标。

1995 年以后，日银操作目标就定在隔夜拆借利率上了，将操作目标设定为隔夜拆借利率为 0% 的政策就是零利率政策。零利率政策的核心内容有以下几点。

第一，将无担保隔夜拆借利率控制在 0% 以下。

第二，将持续地保持零利率政策，直到市场“能够看到已经消除了对通货紧缩的担心”。

零利率政策与量化宽松货币政策的不同之处在于，零利率政策是将无担保隔夜拆借利率作为操作目标，并将该目标设定为 0%，量化宽松货币政策是使商业银行在日银的准备金账户存款净额超出必要额度（见表 2—9）。

1997 年秋季以后，山一证券和北海道拓殖银行先后破产，日本银行对金融体系的动荡深表不安，《金融经济月报》指出“金融体系前景不甚明朗”、“市场对信用风险表示担心”、“市场对流动性风险表示担心”。但在 1999 年 2 月零利率政策出台时期，政策核心目的转向了抑制通缩和摆脱景气不断恶化的局势。可以说，1998 年以后防止通缩已经成为日银货币政策最重要的目标了。

表 2—9　　**零利率政策与量化宽松政策的异同**

	目标（target）（操作目标）	隔夜拆借利率水平	超额的准备金账户存款
通常的货币政策	隔夜拆借利率	+	无
零利率政策（1999/2—2000/8）（2006/3—2006/7）	隔夜拆借利率	0	有
数量宽松政策（2001/3—2006/3）	央行准备金账户存款净额	0	有

1999 年 2 月日本银行最终决定出台“零利率政策”，直接的导火索是由于债券市场急剧下跌即长期利率的急剧上升。美国穆迪评级公司 1998 年 11 月降低了日本国债的评级，由此引起长期债券利率急剧上升。市场开始担心如果日本政府财政赤字不断扩大、政府债务持续增加必然导致日本经济的衰退。1998 年 12 月日本大藏省决定从 1999 年 1 月起停止经由资金运用部买进市场上的国债，同时也停止认购新发行的国债。这样一来，更加导致长期利率的进一步上升，迫使通缩预期压力进一步增强。当时政策的最高目标就是抑制市场恐慌，防止经济陷入螺旋性下跌的恶性循环，1999 年 2 月日本银行下定决心采取零利率政策。

2000 年 8 月日本银行撤销了零利率政策，也就是将操作目标的隔夜拆借利率回调到 0. 25%，货币政策重新回到正常轨道。但仅隔半年时间景气再度恶化，日本银行不得不重新扩张性地向市场供给货币，因此，仅半年时间日银货币政策就经历了一个 180 度的巨大变化，所以市场普遍认为日银停止零利率政策的做法是失败的。

（2）量化宽松货币政策（从 2001 年 3 月持续到 2006 年 3 月）

停止零利率政策之后日银再度面临景气恶化，于是在 2001 年 3 月日银决定采用量化宽松政策。在此之前，2 月 9 日的基准贷款利率就已经从 0. 5% 下调到 0. 35%，2 月 28 日再降到 0. 25%。隔夜拆借利率 2 月 28 日也从 0. 25% 下降到 0. 15%。这样，隔夜拆借利率也就丧失了进一步下调的空间，在不得已的情况下，3 月 19 日日银决定采用量化宽松货币政策，这在日本中央银行历史上是第一次。

量化宽松货币政策的操作目标不再是传统的隔夜拆借利率，而改为商业银行在日本银行的准备金账户存款净额，这是日本货币政策操作目标上的巨大转变。在此之后，每当需要进一步扩大货币供给时，日银不是下调隔夜拆借利率而是增加日银准备金账户存款。这个政策一直持续到 2006 年 3 月。

根据日本银行公布的相关文件，量化宽松政策的核心内容包括以下几点：

第一，将货币政策操作目标从隔夜拆借利率转变为日本银行准备金账户存款。

第二，2001 年 3 月日本银行准备金账户存款从 4 万亿日元增加到 5

万亿日元（隔夜拆借利率就能够在0%上下浮动）。

第三，为增加日本银行准备金账户存款，日本银行增加长期国债的买进额度（长期国债的买进额度是有限制的，以银行债券发行净额作为买进长期国债的上限，用以控制货币发行）。

第四，持续实行量化宽松政策，直到核心消费者物价指数（生鲜食品除外）比上年增长率稳定地升至0%以上。

对照表2—8可以看到，操作目标——准备金账户存款上调9次（如果包括成立邮政公司时的变更在内，共上调10次），2004年达到了30万亿—35万亿日元。日本银行买进长期国债的金额也从过去每月4000亿日元增加到6000亿日元，2002年升至1.2万亿日元。量化宽松政策核心内容之四实际上是央行对持续采用扩张性货币政策的承诺，对比零利率政策的承诺，量化宽松政策的承诺是针对一个具体的核心CPI数据实施的，所以它更加具体，更易于得到市场的理解。

与此同时，日本银行提前出台了补充贷款制度，作为量化宽松货币政策框架（其中特别是核心内容之一）的补充。由于它先于量化宽松政策出台，对量化宽松政策起到了很好的宣传作用。

所谓补充贷款制度是日银根据金融机构的申请，按照基准贷款利率向金融机构提供资金的制度，申请贷款的金融机构必须得到日银担保，所以贷款额度被控制在日银提供担保的范围内。该制度的意义是，即使市场上资金需求急剧增加引起利率暴涨，日银也能够将利率控制在基准贷款利率的水平上。由于政策的操作目标更换为数量性指标，所以隔夜拆借利率将会随着市场变化而变动，补充贷款制度正是为了适应隔夜拆借利率可能的变化而制定的。

三　日本零利率制约下的扩张性货币政策

在一般的货币政策中，降低政策利率就意味着采取扩张性货币政策。如果降低基准贷款利率和隔夜拆借利率，贷款利率、国债利率和公司债利率等市场利率都会随之降低。因为隔夜拆借利率是银行间借贷利率，银行间借贷利率的下降可降低银行间筹资成本，从而银行就可降低贷款利率。

（一）利率关系、日本准备金净额、扩张性货币供给

通常，银行竞争可使贷款利率降低。筹资成本降低使银行能够以更低的利率买进国债和公司债，国债和公司债的利率也随之降低，这是由于利率间

存在套利关系。隔夜拆借利率下降，导致它与期限较长的金融商品如国债、公司债的利差加大。某些银行就会离开银行间市场而投资于国债或公司债，推动国债和公司债价格上升。债券市场价格上升意味着债券利率下降。总之，宽松货币政策下，低利率刺激了企业的设备投资从而带动景气恢复。

现金和商业银行日银准备金账户存款合计被称为基础货币。基础货币是日本银行对民间经济主体和商业银行的负债。日银通过债券或票据的买进操作向银行间市场提供资金，卖出操作则是吸收资金。教科书上的“公开市场操作”，日银称为债券票据操作。①

日银通常运用隔夜拆借利率作为操作目标实施货币政策，扩张性货币政策就是调低隔夜拆借利率。因此，当调低隔夜拆借利率时，进行买进操作就可增加日银准备金账户存款净额。所以日银的扩张性货币政策同时引起两个结果：一是下调隔夜拆借利率，二是增加日银准备金账户存款净额。

之所以实行量化宽松货币政策，是因为在此之前已将隔夜拆借利率降至0%，因而隔夜拆借利率已经丧失了下调空间，不能进一步下调。因此，实行量化宽松货币政策就只有增加准备金账户存款净额这样一种方式了。

（二）“政策持续效果”与长期利率的降低

所谓“政策承诺”是指今后将持续实施量化宽松货币政策，直到核心消费者物价指数（生鲜食品除外）比上年增长率稳定地升至0%以上。其重点在于：短期利率（隔夜拆借利率）已下调为0%，已无进一步下调的空间了。持续实施量化宽松货币政策的目的就是在已无政策空间的情况下也要促使长期利率的下降。

长短期利率关系称为利率的期限结构。期限结构的理论基础是关于利率期限结构的预期假说，即现在的长期利率应大体等于现在的短期利率与将来各时点上短期利率预期的平均值。该假说认为，即使现在的短期利率不再下降了（也就是即使短期利率无限接近于0%），如果将来短期利率的现在预期值降低，现在的长期利率也应该降低。如何降低未来的短期利率预期值？答案是中央银行要承诺尽量延长将短期利率（无担保隔夜拆

① 因为国债市场是除金融机构之外的主体也可参与的市场，但票据市场则是银行间市场。美国的政策操作主要是在国债市场上进行，因此称为“公开市场操作”。

借利率）降至0%的期限，这样市场才可能真正形成预期。

量化宽松政策一直持续到通货紧缩消除的时点，这个承诺有助于市场形成一种预期，即只要通缩没有消除，在一个相当长的期限内，短期利率始终都将维持在0%的水平上。

这种通过政策承诺实现政策效果的做法被称为“政策持续效果”（policy duration effect），其含义是“从某一时点开始，直到该政策解除为止的时间长度”（植田，2005）。

政策将持续实行的承诺，实际上等于设置了一种自动加强扩张性货币政策的机制。也就是说，只要通缩尚未消除，宽松货币政策就会一直持续地坚持下去。因为如果通缩严重，消费者物价难以升至0%以上，那么，继续将未来的短期利率控制在0%水平上的期间就将拉长，因此长期利率也会随之下降。相反，通缩接近消除，预期短期利率将继续为0%的期限缩短，长期利率上升，宽松货币政策的效果就会减弱。

（三）增加长期国债买进额与强化扩张性货币政策预期

量化宽松货币政策的第二个核心要素就是日本银行通过买进特定资产从而使政策操作期限长期化，其中包括增加长期国债买进额。

特定资产指日银通常买卖操作对象①以外的金融产品。因此，这一操作方式属于非传统方式，其中包括买进不附带回购条件的长期国债。

通常的国债买卖都是附带回购条件的，单纯的买进操作只是短期临时措施，仅仅是在1个月或3个月期间内执行。但当面临通货紧缩必须持续不断地向市场供给资金时，就必须在1个月或3个月期限到来之前再一次进行相同操作，即不断地重新买入国债以便偿还到期国债（roll－over）。

过去也曾采用不附带回购条件买入长期国债的操作，目的是为经济增长提供通货，也就是说，随着经济增长货币需求量将会增加，因此央行必须提供与经济增长需求相匹配的货币。在通货紧缩时期采用这种政策操作，目的是使市场对扩张性货币政策形成更强烈的预期。

日银买进利率和收益率都不是零的资产（典型的是长期国债，有时是公司债或股票）对安全资产（短期国债）和相对危险资产的利率也会产生影响。因为中长期利率下降也就降低了与相对危险资产之间的风险利差，与价格上升意义相同。

---

① 指通常的操作对象——债券票据和短期国债。

因此，日银在买进长期国债的同时卖出短期国债的操作也是有意义的。至少影响了安全资产与相对危险资产间的风险利差，资产价格止跌有助于消除不良债权（深尾光洋，2002；2003）。

（四）增加日银准备金账户存款净额

量化宽松货币政策就是增加日银的准备金账户存款，而且准备金账户存款增幅还要超过法定额度，这个超过的部分就称为“超额准备金”。但日银面临的问题是：尽管基础货币一再增加却始终不能带动货币供应量增长率的上升。

通常，隔夜拆借利率不为零的情况下不会出现“超额准备金”。本来商业银行将准备金存在日银是没有利息的，但在隔夜拆借利率不为零的情况下，银行将准备金账户存款数额维持在满足必需的水平上即可，如果资金剩余可投资银行间市场获取利息收益。反之，“超额的准备金账户存款”没有收益，在这个意义上就会发生机会成本。因此，如果隔夜拆借利率不是零，一般就不会出现超额的准备金账户存款即超额准备金。

但是如果隔夜拆借利率为零，无论投资于银行间市场还是存入日银都没有利息收益，即持有超额准备金的机会成本为零。因此，比起投入银行间市场所面临的风险，存入日银更加安全，所以产生了超额准备金。这意味着商业银行资产负债表的左侧（资产方）存在大量准备金账户存款。对于商业银行来说，准备金账户存款是无利息的，而且没有义务存入，因此作为一名理性的经营者，应该将其中的一部分用于有利息的贷款或投资有价证券。

在没有零利率制约的情况下，如果银行采取上述行动，贷款、存款以及货币供应量就应该增加。但现实究竟如何呢？日银采取量化宽松货币政策大约持续了五年时间，最终日银账户存款净额的目标增加到“30 万亿—35 万亿日元”，实际目标最高达到 33 万亿日元。即便如此，日本银行的货币供应量却基本上没有增加。

（五）资本充足率

如何解释日本银行的货币供应量基本上没有增加这一事实？一种观点认为，当时许多银行持有大量不良债权，风险承受能力下降导致银行惜贷，因此贷款没有增加，货币供应量自然不再增加。但在日本 15 年景气低迷期间，只有 1997 年秋季到 1999 年春季发生过严重的银行惜贷，此外的时间货币供应量不再增加的原因在于企业资金需求不足。

还有观点认为，真正原因在于信用乘数作用的发挥是受到制约的。根据乘数原理，对应已有准备金，商业银行应能创造出其倍数等于法定准备金率倒数的存款，并积累与此相等的资产。假设法定准备金率平均值是1%，日本经济整体有30万亿日元的日银准备金账户存款，银行就应创造出3000万亿日元的存款（银行负债）和等量的信贷（含准备金）（银行资产）。但是从风险管理的角度看，银行资产的增长还必须与每家银行自有资本量相吻合。银行风险资产量必须控制在自有资本的12.5倍、资本充足率8%的范围内。

2004—2005年日本准备金账户存款最高峰值达到30万亿日元，货币供应量（M2+CD）是700万亿日元，其中存款、准备金、CD三者合计630万亿日元，现金货币70万亿日元。另一方面，民间信用（信贷总额）接近500万亿日元。同一时期，日本全国银行（银行账户）的自有资本合计额是25万亿—30万亿日元，所以，假设存款金融机构整体的自有资本是40万亿日元，能够承担的风险资产也只有500万亿日元（是自有资本40万亿日元的12.5倍）。500万亿日元的风险资产额度正好与民间信用总额相吻合。因此，货币供应量增加最大的障碍不在于准备金账户存款而在于自有资本限制。如果金融机构自有资本不增加，日银提供的准备金账户存款再多货币供应量也不会增加。

第三节　非传统货币政策的局限性

美国联邦储备委员会主席伯南克在2009年1月13日的讲演中将直接支援信用市场以及直接救援经济的政策手段称为“信用宽松”（credit easing）政策。[①] 与日本银行在2001—2006年实行的“量化宽松”（quantitative easing）政策比较，两者都是通过扩大中央银行的资产负债表提供流动性的。[②] 这在危机爆发之初对稳定金融体系是至关重要的。

在危机爆发初期，迅速提供大量流动性确实起到了稳定金融市场的作用，目前全球金融稳定状况已得到初步改善，但非传统货币政策并不能解决所有问题，风险依然居高不下，因为大量资金只是停留在短期金融市场

---

① http：//www. feberalreserve. gov/monetarypolicy/bst. htm.

② 现在两者已经区别不大。

上，并未转化为企业的投资资金，金融体系的修复远未完成，信贷渠道有待正常化。摆在日美两国政策制定者面前的巨大挑战是，能否确保充分的信贷增长以支持经济复苏；如何管理大量公共借款造成的风险。

一 迅速提供的大量流动性难以转化为投资

金融危机爆发初期，迅速提供流动性是非传统货币政策的关键一环。历史上日本的量化宽松政策和今天美国的信用宽松政策，都是由中央银行发挥"流动性守护人"（guardian of liquidity）作用的，通过提供大量流动性保证了金融体系的稳定。

金融危机的共同点在于泡沫扩张时期，人们之所以能够积极承担风险，原因在于大家都以一种毫无根据的盲目的安全感作为支撑，这个支撑力源于人们普遍认为流动性代表着无穷无尽的宝藏。反之，当泡沫崩溃时，人们对于流动性枯竭的担心又成为导致经济异常收缩的原因。金融危机中正是这种流动性的两极状态（流动性从过剩到枯竭的两极）严重扭曲了金融资产的真实价值。流动性过剩时金融资产价格往往被高估，反之，流动性枯竭时金融资产价格则被低估从而引起价格下跌。

危机时期美国推行的信用宽松政策使美联储资产负债表的资产方出现显著变化，因为美国是依据市场变化和借款者需求提供流动性的，美联储通过购买金融资产、发放贷款等手段减轻流动性短缺、遏制资产价格的下跌。日本的量化宽松政策反映在央行的资产负债表上是负债方的显著变化，日本央行将准备金账户存款作为政策目标向市场供给流动性，尽管两种宽松货币政策的侧重点不同，但在金融危机爆发初期却都对稳定金融体系发挥了至关重要的作用（见表2—10）。

流动性包括资金流动性和市场流动性，流动性概念既不能严格定义也不能使用定量方法正确计量，但可对流动性状况给予一定的评价。对于中央银行来说，合理地控制经济中流动性总量是极其重要的。[①] 因为流动性供给与资金供给间的关系很微妙。现在不仅美日央行，甚至主要发达国家央行也都面临着相同的课题，在市场陷入瘫痪不能履行"价格发现"职

---

① 但必须注意的是，流动性这一概念未必与广义货币和准备金相一致。实际可确认的是，近年来日本经济活动和货币始终存在着负相关关系，经济较弱时期货币增加，经济扩张时期货币减少。货币乘数也是相当不稳定的。

能时，央行即使要求接受贷款的金融机构提供担保以保护央行自己的贷款，也不能保证央行免受信用风险的冲击。也就是说，在实际操作中我们很难把握流动性供给与资本供给的区别。

表 2—10　　日本的量化宽松与美国的信用宽松

	美国的信用宽松	日本的量化宽松
代表性事件	（2007 年夏季到现在）FRB 的货币政策	2001—2006 年日本银行的货币政策
央行资产负债表	扩大	扩大
政策焦点	贷款和债券等资产	准备金账户存款净额
贷款和资产购入量	根据借款者需求确定	准备金账户存款净额目标
当时金融市场状况	信用利差较大	信用利差较小
与市场的对话方式	披露美联储资产负债的信息	单一指标和政策目标
与市场对话的难易	比较困难	比较容易

资料来源：引自［日］大岛洋平《FRB 的信用宽松》，日本财务省《金融》2009 年第 5 期，第 19 页。

中央银行尽管采取了非传统货币政策，但也不能解决民间非银行部门（如工业部门）在经济繁荣时期积累的各种产能过剩问题。从民间非银行部门完全消除过剩到经济重新回到持续增长的轨道是需要相当长的时间的，这个过程的长短取决于前期积累的负面因素的严重程度，例如产能、投资和雇佣过剩的规模以及经济崩溃时信用丧失的程度等。

2001—2006 年日本央行通过量化宽松货币政策刺激实体经济回升的作用不是很明显，这次金融危机后日本央行的政策效果也有相同的表现。不仅日本，在金融体系风险得到初步缓解之后美国的银行贷款也同样遭遇了下滑。

日本银行 2001 年 3 月开始实行量化宽松货币政策，之后到 2006 年五年时间内尽管有大量货币流向市场但并未形成企业设备投资资金。一般情况下，降低市场利率增加资金供给就会降低企业和个人的筹资成本，刺激实体经济复苏，但日本的情况却并非如此，大量资金仍然只是滞留在短期金融市场上。2008 年全球金融危机后日本采取的量化宽松货币政策的效果与 2001—2006 年的情况极其相似（见表 2—11）。

表 2—11　　日本量化宽松货币政策对实体经济影响微弱

	这次危机后的宽松货币政策	泡沫经济时期宽松货币政策	
	2010 年 1 月 29 日	政策开始 2001 年 3 月 19 日	政策解除 2006 年 3 月 9 日
向金融市场提供资金的供给目标	未规定	明确日银准备金账户存款净额目标	
日银准备金账户存款净额	15.3 万亿日元	3.8 万亿日元	32.1 万亿日元
政策利率目标	0.1% 上下（操作对象是无担保隔夜拆借利率）	未规定 （隔夜拆借利率 0.001% 上下）	
消费者物价指数	-1.3%	-0.9%	0.1%
为稳定物价作出的努力	不允许出现物价负增长，以此作为中长期目标	承诺继续实行量化宽松货币政策一直到物价稳定在 0% 以上	
日经平均股价	10198 日元	12190 日元	16036 日元
长期利率	1.315%	1.135%	1.600%
日元对美元汇率	90.18 日元	123.35 日元	117.83 日元

注：消费者物价指数是指除生鲜食品以外的消费品与上年同月比较的数值。

资料来源：《日本银行克服通货紧缩的难题》，《日本经济新闻》2010 年 1 月 31 日第 13 版。

2008 年的全球金融危机中，日本银行同样实行了量化宽松货币政策，实行之前日本银行的准备金账户存款在 11 万亿—13 万亿日元之间，目前增加到 15 万亿日元，大体相当于 2002 年日本银行准备金账户存款的数量。

但从 2009 年 12 月开始，日本全国银行月均贷款净额却由增转降，为此，日本银行向市场发出了警告认为“企业对资金需求减弱，今后很可能还会进一步降低对资金的需求”。据美联储统计，从 2009 年 9 月开始美国银行融资就出现了下降，这是美国 16 年来未曾有过的现象。美国银行的融资出现下降转折不仅时间早于日本，而且降幅（5.1%）也高于日本（1.2%）。①

① 另根据欧洲央行统计，欧元区银行贷款也出现了 1984 年以来未曾有过的下降。详见《日美欧银行融资急剧下降》，《日本经济新闻》2010 年 2 月 6 日第 13 版。

与当年泡沫经济时期比较，目前日本金融体系相对健全，日本银行贷款下降的主要原因是企业面临着资产负债表调整，设备投资资金需求不足。美国的银行则担心目前贷款将可能增加不良债权从而抑制新增贷款。

二　政府债务增加导致主权信用评级下跌

日本泡沫经济时期政府的政策干预保证了金融体系的稳定，却导致了财政赤字的扩大和政府债务不断增加，随之国际信用评级机构调低了对日本主权信用的评级。所谓一国的主权信用评级实际上是一国能否按照合同履行偿债义务的客观表示，它受该国经济基本面等各种因素的制约，但财政收支恶化和政府债务增大直接影响到政府履行偿债义务的可能性，是导致主权信用评级下调的主要原因。一国的国家信用评级基本上是该国企业或金融机构信用评级的上限（ceiling）。2001 年 2 月，标准普尔公司对日本的主权信用评级从最高一级下调两档定为 AA + 级，穆迪公司从最高一级下调三档定为 Aa3（相当于 AA - 级）。当时在七个发达国家中只有意大利的主权信用评级如此之低。2002 年 2 月穆迪公司甚至宣布：由于日本出现了通货紧缩导致实质性债务增加从而使日本政府信用风险上升，因此下调对日本主权信用的评级。日本主权信用评级被下调不仅影响了日本政府的信用，也对企业或民间金融机构的国际融资活动产生了重大冲击，导致日本国际借贷利率的上升。[①]

这次金融危机后，由于相同原因日本国家信用评级被再次下调。2010 年 1 月 26 日，美国标准普尔评级公司公布将日本主权信用的前景从 AA 稳定下调到负面。[②] 原因同样是日本财政赤字增加，政府债务压力进一步加大（见表 2—12）。

2010 年 1 月国际货币基金组织发表了《国际金融稳定报告》，指出国际金融市场参加者日益关注发达经济体的财政稳定性问题，对于财政的不可持续性存在担心，并指出近几个月来日本和英国的信用违约掉期（Credit Default Swap，CDS）利差扩大（见图 2—6）。

---

① 特指当时由于日本主权评级下降致使筹资成本上升。

② 稳定指现在的评级水平很可能稳定地保持下去，负面是指现在的评级水平很可能被调低。

表 2—12　　日本国家信用评级的变化（日元计值的长期债务）

1992 年 7 月	AAA（稳定）
2001 年 2 月	↓　AA +（稳定）
9 月	↓　AA +（负面）
11 月	↓　AA（负面）
2002 年 4 月	↓　AA -（负面）
2004 年 3 月	↑　AA -（稳定）
2006 年 5 月	↓　AA -（负面）
2007 年 4 月	↑　AA（稳定）
2010 年 1 月	↓　AA（负面）

资料来源：标准普尔公司资料。转引自［日］小平隆平《今后五年内难以增税，评级下调压力增高》，《经济学家》2010 年 2 月 23 日，第 25 页。

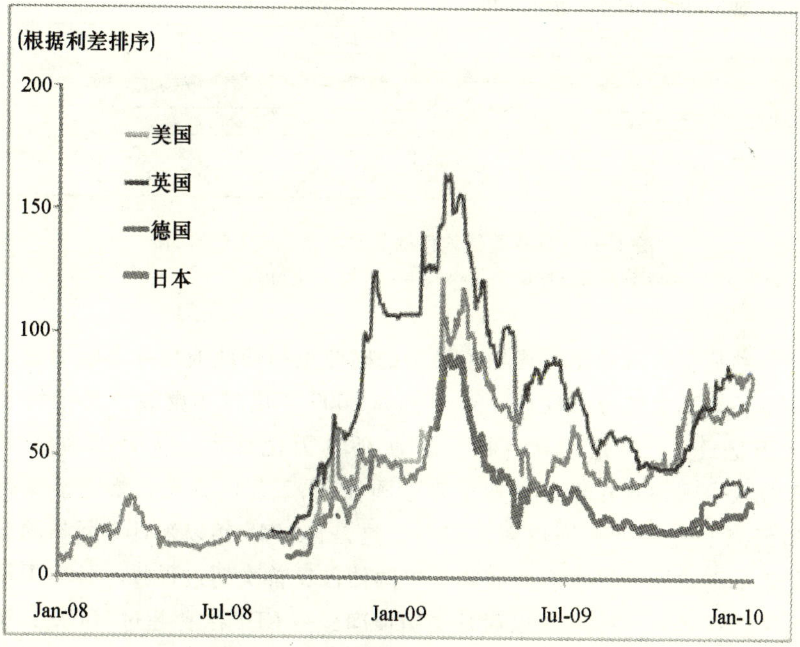

图 2—6　日本的信用违约掉期利差扩大

资料来源：IMF, *Global Financial Stability Report MARKET UPDATE January* 26, 2010, p. 4. http://www.imf.org/external/pubs/ft/fmu/eng/2010/01/pdf/0110.pdf.

在 2010 年 1 月 26 日日本国债信用评级再度遭遇降级之前，1 月 6 日日本国债 CDS 保证费率（0.71%）就已上升并超过了中国的保证费率（0.64%），① 此前，在国际金融市场上，作为七国集团成员国的日本与发展中国家中国比较，日本的国债信用度是高于中国的。此次中日国债CDS保证费率的逆转是市场对日本财政状况的警告。国债CDS是衍生金融商品之一，该商品不交易债券现货，只交易债券发行体信用风险，买卖对债券违约风险的担保。其保证费率的高低表示国债的违约风险的高低，可以看作通过市场机制衡量一国财政状况的客观表示。希腊国债危机爆发前，其国债CDS保证费率也曾高企。

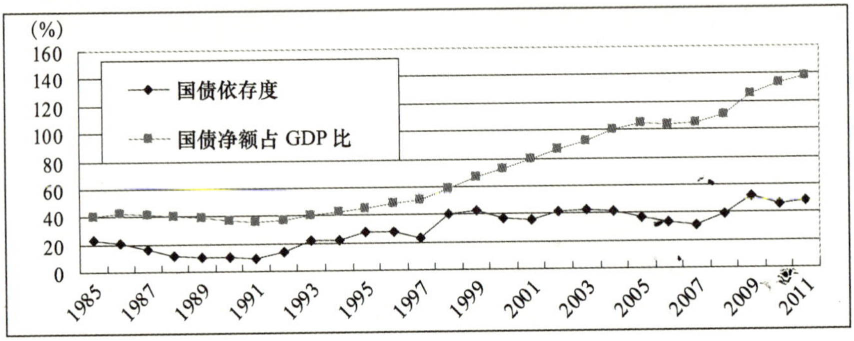

图2—7 日本国债依存度及日本国债占GDP之比

资料来源：日本内阁府（http://www5.cao.go.jp/j—j/wp/wp—je11/11p00000.html）。

各种危机政策的出台增加了日本的财政负担使政府债务不断增加，加之日本长期不景气导致税收不足。例如2009年度日本财政预算中税收为46.1万亿日元，修正预算税收下调为36.9万亿日元。从2009年度日本财政收入中国债占比看，初期预算中国债33.3万亿日元，修正预算时上调到53.5万亿日元，增幅高达61%。这是自1946年以来日本面临的战后最严重的财政困难，即在财政收入中国债占比首次超过税收。日本国债依存度②为51.5%，2004年以后日本国债净额占GDP之比超过100%，2010年、2011年更高达134%和138%（见图2—7）。

① 《国家借债1000万亿日元，国债暴跌迫在眼前》，《经济学家》2010年2月23日，第21页。

② 日本国债发行额/日本一般会计支出额。

当然，目前外国人持有日本国债的比率很低仅占5.8%，[①]因此，日本政府债务风险是否爆发取决于日本国内消化本国国债何时达到临界点。从资产来看，尽管日本国内个人金融资产达1400万亿日元，但由于日本人口出生率下降和人口老龄化，加之通货紧缩可能长期存在，中长期日本国内储蓄率将会下降。从负债来看，多年来企业通过财务重组消减了大量债务，今后很可能转向增加债务，因此，日本仅依靠国内市场消化国债还是存在风险的。

目前，在日本经常收支转为赤字之前日本发生财政危机的可能性不大，但当日本国内消化国债达到其临界点时，随着国外消化国债的比率不断上升，日本因财政赤字提高国际融资风险成本的可能性将会增加。

金融危机中政府替代民间企业和金融机构承担风险的结果是风险转移到了主权资产负债表，从而增加了政府公共债务。

日本在两次危机之后政府债务的增加都直接威胁到了国家的主权信用，日本中央银行认为应该解决的问题有两个：一是迅速确立重建财政的有效途径，重新赢得市场的信任。二是强调中央银行的货币政策绝不是财政的货币化。

三　通货紧缩问题卷土重来

泡沫经济后的日本经济曾陷入通货紧缩，日本政府对通货紧缩的定义并不单纯指物价下跌，而是指在物价下跌的同时景气也陷入低迷状态。2001年3月，日本政府曾将通缩定义修改为物价持续下跌。2006年7月日本政府宣布已消除了通货紧缩，但时隔3年5个月后的2009年11月20日，日本政府在月度经济报告中宣布“日本经济陷入了缓慢的通货紧缩状态”（见图2—8）。

当金融体系陷入危机时，尽管中央银行能够通过扩大资产负债表、提供流动性、稳定金融体系等一系列措施有效防止物价的螺旋性下跌，但当金融体系摆脱危机后，仅凭增加流动性供给是不能消除通缩的。虽然长期

---

① 七国集团中其他国家国债外国人持有比率分别是：德国53.8%，美国47.7%，法国34.7%，英国32.0%。参见《国债市场出现动摇》，《日本经济新闻》2010年2月16日，第1版。

来看通缩是货币现象，但短期来看主要是由于供需缺口造成的。从需求方来看，泡沫经济崩溃造成的冲击引起需求严重不足导致了物价下跌。泡沫经济崩溃后金融机构不良债权增加使企业和家庭的资产负债表恶化，企业和家庭借款困难、信用成本上升抑制了需求。同时，国民资产减少、收入不确定性增大也导致了需求减少。总之，物价持续下跌的主要原因在于需求不足。

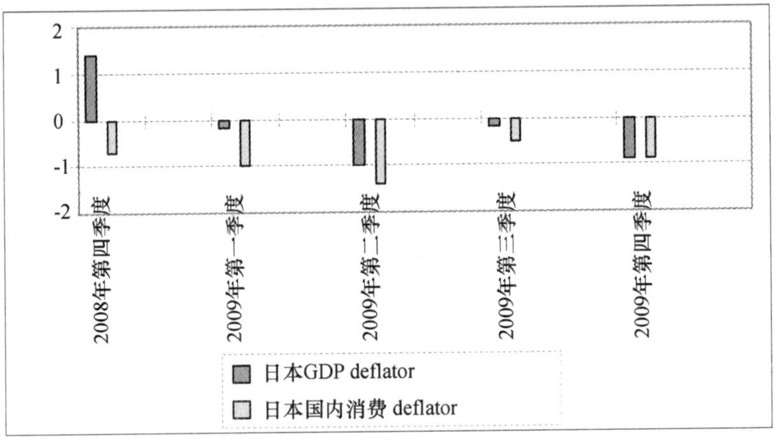

图 2—8　日本再度陷入通货紧缩状态

资料来源：内阁府统计数据（http：//www. esri. cao. go. jp/jp/sna/qe094/ main_ 1. pdf）。

但是，2009 年以后需求不足的发达国家不只限于日本一国，然而陷入通缩的却只有日本，一个重要因素就是，发达国家中服务价格增长率最低的只有日本一个国家。从 20 世纪 90 年代初开始到 2000 年，日本服务价格增长率始终徘徊在 0%，而其他国家都保持在 2%—4%。与服务价格增长率低下密切相关的是日本的工资增长率偏低。根据日本野村金融经济研究所的研究，日本服务价格增长率与非制造业工资的上升率存在很高的相关性。在非制造业成本中工资占有绝大部分，因此，可以说正是工资的低增长抑制了价格的增长（野村金融经济研究所，2010）。

综上所述，发达国家中之所以只有日本陷入通货紧缩是由于 20 世纪 90 年代以来日本的劳动生产率和经济潜在增长率大幅度下跌。经济潜在增长率的下跌成为导致物价下降的压力，这个压力又进一步压低了物价上升率，从而使平均通货膨胀率处于低水平。在这种情况下，即使日本供需失衡程度与其他发达国家相同，却只有日本会陷入通货紧缩也就不难理解了。

为解决这一问题，日本需要寻找潜在的消费需求，例如提高日本国内服务业消费市场的需求，再就是提高日本经济新陈代谢能力。日本企业倒闭率和开业率都很低，只有美国的一半，仅为5%。如何改变现状，将生产资源转移到需求更高的行业或部门是日本提高经济潜在增长率的重要途径，但在这个问题上货币政策的作用是非常有限的（白川，2010）。

第四节　非传统货币政策的退出战略

目前，非传统货币政策全面退出的时机尚不成熟，不能排除个别国家甚至还需要继续投入大量公共资源。但这并不影响政策主管部门及早考虑退出战略的时机和顺序，退出战略的目标是恢复对金融机构和市场健全运行的信心。明确地提出退出行动，对于维护市场稳定和市场预期十分重要。当市场仍处在“实体经济与金融市场的负反馈”时，讨论非传统货币政策的退出机制为时尚早，但等到经济形势转好，出台退出机制迫在眉睫之时再发布相关信息，金融市场很可能出现混乱，退出战略也难以发挥作用。

一　退出战略的基本原则

（一）国际货币基金组织的退出战略原则

国际货币基金组织在2009年9月的《国际金融稳定报告》中论述了关于非传统政策退出方式和时机。该报告认为，首先要退出的是那些成本偏高或成本收益不匹配并严重扭曲金融市场的政策，可通过提高某项政策的实施成本或逐步降低其可得性而逐步取消该政策，应该以渐进方式逐步取消对私人部门的支持。同时还要注意退出政策的跨境影响。

20世纪90年代日本的教训是，泡沫经济后由于过早解除了非传统货币政策导致了景气的长期低迷。21 世纪美国 IT 泡沫危机的教训是，错过了退出战略的最佳时机，低利率为今天的泡沫埋下了隐患。针对退出战略，国际货币基金组织提出了七项原则。

1. 根据经济以及金融体系的现状决定出台退出战略的最佳时机。

2. 如有例外，优先考虑的应该是重建财政。应该采取更具有弹性的货币政策。

3. 财政退出战略应保持财政中期的可持续性，财政退出战略要更加透明、更加全面，信息披露更要充分。

4. 要认识到通过财政政策应对危机只是暂时性的，最重要的是完善财政基础收支的平衡。

5. 非传统货币政策退出，未必就一定意味着必须采取传统的紧缩性货币政策。

6. 如何选择中止救助金融机构的时间、方式，要根据经济形势、金融市场是否稳定作出判断，要通过市场机制作出决定。

7. 一国的退出战略还要考虑到对他国的影响，各国的政策协调并不等于各国要在同一时间落实退出战略，但如果各国在实行退出战略之前不进行国际协调则可能产生恶劣影响。

（二）金融稳定理事会关于退出战略的指导原则

1. 事前公布：应该给市场参加者一定的时间，使他们适应救援措施的中止。提前公布退出战略能够降低市场的不确定性。

2. 弹性：应根据市场、经济环境的变化调整退出计划。

3. 透明度：让所有相关者都能充分理解退出战略的目的、时间表以及实施标准。

4. 信赖性：应根据现实前提制定退出计划。

5. 国际协调：要考虑到退出战略的影响将是跨越国境的。

当然，准确判断退出战略的最佳时机是非常困难的，但努力更早地解决问题、明确中期计划、提高透明度是可以做到的，也是最为重要的。

在制定退出战略之初，中央银行必须思考的问题如下：金融体系逐步稳定后如何收缩央行的资产负债表，因为民间金融机构恢复中介职能后，如果央行仍然进行干预就会扭曲资金的分配。[①]

二 美国的退出战略

关于退出战略与操作工具的讨论，美联储内部取得共识的有以下几点。

第一，提高联邦基金利率或存款准备金率是解除宽松货币政策的关键。

第二，在提高利率之前应适当回收准备金账户存款。[②]

第三，关于债券操作，希望按照到期日减持政府住宅金融机构债券和政府住宅金融机构债券 MBS（到期后不希望继续持有）。美联储公开市场委员会（FOMC）中绝大多数委员都希望将美联储持有的债券限制在美国国债的范围内。政府住宅金融机构不是银行，其资金不能长期留在美联储账户内。所以政府住宅金融机构的大量资金要进入联邦基金市场寻找投资者，这可能成为降低联邦基金利率的因素。为防止联邦基金利率的下降，美联储将讨论回收政府住宅金融机构资金的具体方式，例如采取回购方式卖出这些债券。美联储已对一级交易商进行了测试，并努力完善基础条件促成以政府住宅金融机构债券 MBS 为担保的交易。

如果经济和金融环境出现变化要求美联储快速转变货币政策时，美联储可双管齐下，在大量回收资金的同时也将提高准备金率。美联储从提高准备金账户存款率开始向从紧的货币政策过渡。美联储主席伯南克提出了以下操作顺序：先尝试在一定的范围内回收准备金，以便留给市场参加者一定的时间熟悉这种政策操作方式。之后当真正解除宽松货币政策时再扩大这种操作规模，回收更多的准备金，通过这种操作顺序进一步严格控制短期利率。美联储公开委员会已开始讨论退出战略的工具和方式（见表2—13）。

---

① 就是随着金融市场形势的复原，非传统货币政策要有一个自然不被使用（self—characteristic）的制度设计。

② 包括两个方面：一是吸收超额的准备金账户存款，二是吸收银行以外金融机构持有的大量流动性。

表 2—13　　美国退出战略的工具和顺序

退出战略的工具	对准备金的影响	对 BS 的影响	现状与预测（共识事项）	论点
RRP*（对一级交易商）	缩小	中立	已完成了以美国国债和政府住宅金融机构债券为担保的实证测试。预定 2010 年春进行政府住宅金融机构债券 MBS 为担保的实证交易测试	①将提高利率与回收准备金组合起来，选择最佳时机 绝大多数委员意见：在提高准备金率和 FF 利率前，在一定程度上适当地回收准备金 数位委员：应在适当提高 FF 利率之前回收准备金 少数委员：应在提高 FF 利率和提高准备金率的同时回收准备金 ②操作目标 绝大多数委员意见：只要 FF 利率保持与其他短期利率的联动就应以 FF 利率为操作目标 数位委员：与 FF 利率比较用准备金率更合适 ③资产负债表规模和结构 委员们的共识：适当调整缩小资产负债表的时间。最后应持有美国国债 多数委员：要适当地部分地或全部地调整所持国债的期限 数位委员：大部分资产应是短期国债 ④出售持有的债券 绝大多数委员意见：应适当地分阶段出售 多数委员：担心过早卖出债券会引起市场混乱，对经济产生恶劣影响 数位委员：为降低对资产价格和市场利率的影响，应尽早开始并实施多年 多数委员：要根据情况调整债券的出售
RRP（扩大交易对手）	缩小	中立	预定以上测试完成后迅速实施	
存款工具（TDF）	缩小	中立	预定最早 2010 年 5 月份实施	
持有的债券在到期日或到期前偿还	缩小	缩小	实施以美国国债、政府住宅金融机构债券、政府住宅金融机构债券 MBS 为担保的交易 美国债继续延期，但是否继续是存在争论的	
卖出持有的债券	缩小	缩小	尚无决定的事项 但存在争议	
提高准备金率	中立	中立	尚无决定的事项 但要与提高 FF 利率结合起来操作，转入退出战略时这是最重要的工具	

注：* 回购交易操作。

资料来源：美联储 1 月公开市场委员会会议记录（2010 年 2 月 17 日）。[日] 日本瑞穗综合研究所：《美国经济信息》2010 年 2 月 19 日。

如果短期金融市场上金融机构对超额准备金账户存款的需求不断减弱，说明金融体系正在逐渐恢复，这时央行须压缩资产负债表。如果央行资产负债表中资产方的非传统资产中多是长期资产的话，这笔资产将有可能被长期、固定地保存在中央银行。中央银行要运用各种吸收资金的操作手段，包括进行回购操作吸收短期金融市场上的过剩流动性，控制资产负债表的规模，逐步出售那些已购买的非传统资产，退出战略中最后的工具就是卖出美联储持有的债券。

当然，一国中央银行应根据本国经济状况采取适时的合理的退出战略和退出顺序，并不存在统一模式但需要进行国际协调。这包括协调退出战略的时机和方式以及对市场预期的管理，沟通退出战略的启动时间。要防止投资机构利用退出战略实行期间出现的套利机会（部门间或国家间的套利机会）扰乱国际金融市场的秩序。例如在可能的情况下，各国应协调撤销政府对银行债务发行的担保。应优先退出对金融市场造成扭曲并给政府带来大量债务的支持计划。但要择机而行，如果金融市场仍缺乏流动性或处于脆弱状态还需慎重。

总之，在金融危机早期，非传统货币政策有效控制了金融市场的流动性风险，消除了人们对市场不确定性和对手风险的恐惧。非传统货币政策通过货币工具的发行量和总体价格的变动为市场价格不断趋稳、债务发行逐步回升提供了保证。但当危机从流动性危机演变成清偿力危机时，单纯依靠非传统货币政策就会受到限制。中央银行非传统货币政策退出的最终目的是恢复投资者对金融机构和市场健康状况的持久信心。

第五节 金融危机后美国存在重蹈日本覆辙的风险

20 世纪 90 年代日本经济泡沫破灭，之后虽然经历了长达 20 年时间，但是日本经济仍未走出通货紧缩的泥潭，即景气持续低迷和物价持续下跌。美国非常担心本国经济重蹈日本覆辙，2011 年 7 月以来，欧美媒体频繁出现关于经济将陷入“日本化”（Japanization）的报道。[①] 例如，Forbes “The Japanisation of the world economy”（2011 年 7 月 29 日），The Economist “Tuning Japanese”（2011 年 7 月 30 日）等。正如《福布斯》杂志所指出的，今天欧美国家热议的“日本化现象”是指信用收缩引起的经济长期停滞，而不是公司破产带来的短期冲击即类似雷曼兄弟公司破

---

① http：//www. forbes. com/sites/panosmourdoukoutas/2011/07/29/the - japanization of the worldeconomy/； http：//www. economist. com/node/21524874； http：//online. wsj. com/article/SB10001424053111904823804576504684049286002. html； http：//www. ft. com/intl/cms/s/0/c86470b2 - ca7b - 11e0 - 94d0 - 00144feabdc0. html#axzz1bqbQy4Bw.

产。之所以冠以“日本化”的称谓，是由于日本早在20世纪90年代就曾经历过经济停滞的长期化。所以，2011年下半年起市场参加者开始担心欧美国家经济是否也会陷入长期停滞，市场甚至认为经济停滞问题很可能从2012年或2013年开始显现（日本瑞穗综合研究所，2011）。

一 美国宣布延长零利率政策实施时间

美联储于2012年1月24日和25日在联邦公开市场委员会上提出要继续维持零利率政策，迫于经济形势压力美联储不得不承诺延长量化宽松货币政策的实施时间。

美联储从2008年开始实施了实际上的零利率政策，通过2009年的QE1和2010年的QE2之后进一步扩大了流动性供给。2011年夏季承诺要将联邦基金利率为零的政策延长到2013年中期，同时，为降低长期利率美联储实行了扭曲操作，这次公开市场委员会会议决定进一步顺延量化宽松货币政策的实施时间到2014年下半年。

（一）量化宽松货币政策、扭曲操作、政策承诺

2008年金融危机爆发后美联储已紧急推出了第一轮量化宽松货币政策，从2008年底开始到2009年3月结束，其中买进风险资产的措施更是执行到2010年3月才结束。第一轮量化宽松货币政策中美联储为向市场提供流动性共购入资产1.7万亿美元，这对稳定金融市场的混乱局面发挥了积极作用。2009年9月，全美经济研究所（NBER）公布这次危机导致的景气衰退到2009年6月已跌至谷底。2009年秋季后，美联储各项宽松货币政策逐渐转向“退出战略”。

但2010年8月以后美国经济复苏乏力，核心消费者物价上升率跌幅加剧，经过数月的酝酿，美联储于2010年11月3日出台了第二轮量化宽松货币政策即加大货币供给，方式是追加买进长期国债。实际操作此业务的是美国纽约联邦储备银行，根据该银行测算到2011年6月需要购买8500亿—9000亿美元国债，其中2500亿—3000亿美元国债可用已偿还的MBS的本金购买，其余的还需追加购买6000亿美元国债。日前，美联储主席伯南克甚至提出不排除推出第三轮、第四轮量化宽松货币政策。

所谓的扭曲操作即卖出较短期限国债，买入较长期限国债，从而延长所持国债资产的整体期限，这样的操作将压低长期国债收益率，2011年9月21日美联储公开市场委员会宣布，维持0%—0.25%的现行联邦基金利率不变，

并推出价值4000亿美元的扭曲操作。扭曲操作的目的是压低较长期利率，从而刺激抵押贷款持有人进行再融资，降低借贷成本刺激经济增长。美联储本次4000亿美元扭曲操作的具体措施是在2012年6月底之前购买4000亿美元的6年期至30年期国债，而同期出售规模相同的3年期或更短期国债，该措施将压低长期利率及与之相关的按揭贷款利率。由于此项操作不会导致美联储资产负债表扩大，从而避免了推高通胀。

（二）担心经济持续下滑

美国之所以重复日本央行方式多样化地采取非传统货币政策是出于美国对国内经济的担心。2009年美国经济开始回升已一年有余但消费者物价上升率却在持续下跌，从2010年9月份开始市场上实际交易的货物和服务的价格上升率与上年同期相比已出现下滑。2010年10月14日美国旧金山联邦银行在报告中已明确提出警告，美国通缩率曲线几乎与90年代日本的通缩率曲线相重合，美国出现通缩的风险很大（见图2—9）。[①]

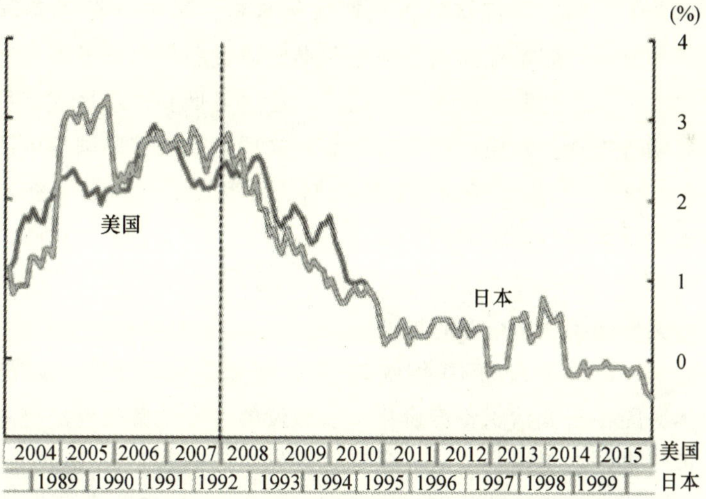

图2—9 美日通货紧缩风险比较

资料来源：Federal Reserve Bank of San Francisco：FedViews October 14，2010，www. frbsf. org/publications/economics/fedviews/index. html.

① http：//www. frbsf. org/.

根据国际货币基金组织1999年关于世界经济预测报告，当物价持续下跌两年以上，就可以认定为发生了通货紧缩。通货紧缩是一种与通货膨胀相反的经济现象，其弊端主要表现在：（1）所得从债务者向债权者转移，增加了债务者实际偿债负担，导致债务违约率上升，不能偿还债务的人增加，最终使金融机构经营恶化。（2）名义工资不能下降，从而使企业成本上升。（3）当物价持续下跌时，企业或家庭会推迟现实的购买导致需求减退。（4）通缩恶性循环。（5）零利率制约。通缩条件下实际利率（名义利率扣除物价上升率）始终高企，因此利率政策的效果会被大幅度削弱。

经济泡沫崩溃到景气真正恢复需要经历相当长的时间，日本经济真正露出复苏萌芽是在2003年，此时距离泡沫经济的崩溃已有十多年时间。就在失去的10年中，日本经济也曾经历过三次景气循环，也就是经历了三次经济复苏和三次衰退。每当出现经济复苏迹象时，市场都对彻底摆脱泡沫经济阴影抱有很高的预期，但每次刚刚露出复苏迹象的经济又很快重陷衰退。

这次金融危机之后，美国经济仍然低迷，失业率不断高升，美国非常担心成为第二个日本，即经济陷入长期通货紧缩。2010年冬季美国政府希望通过增加货币供应量提高通货膨胀预期，通过股价上升增加家庭财富以刺激消费增长，通过美元贬值带动出口，通过降低利率水平支持房地产销售和企业设备投资。希望这些措施在数年之后能带动美国国内生产总值上升0.5个百分点。[①] 也正是为了延续前期的政策效果，2012年初美国决定延长宽松货币政策的实施时间。

二 日美非传统货币政策趋同

日本之所以出现失去的10年或20年，部分原因在于泡沫经济的崩溃，但根本原因在于低估了资产价格下跌和调整过剩债务问题的严重性和长期性。近年来，在美国甚至欧元区和英国发生的问题与20世纪90年代的日本比较相似点占主导地位（Masaaki Shirakawa，2012）。

（一）日美政策的相似点

1. 政策反应滞后

无论日本还是美国，在泡沫经济崩溃之初，政策主管部门和经济学家

---

① 美国金融机构经济学家在面向投资者的说明会上所强调指出的内容。《日本经济新闻》2010年11月5日。

最初的反应或是否认问题的存在，或是低估了问题的严重性。在日本，人们一直以为不动产价格下跌后还会反弹回升，即使是不动产跌价已成常态后也仍在否认价格的下跌意味着严重的金融危机和宏观经济的停滞。同样，在美国住宅地产泡沫崩溃甚至最近欧洲债务危机爆发的第一时间，各国政策主管部门最初的反应都是对问题的严重性估计不足。当事态进一步恶化，在经济理论上已经明确了必须动用公共资金援助金融机构的必要性时，一般大众仍然低估问题的风险，特别是在向金融机构注资的问题上，无论日本还是欧美都遭到了舆论的严厉诟病。

2. 中央银行“最后的贷款者”作用

遭受危机冲击的国家都采取了超低利率政策，日本银行是在20世纪90年代开始逐步采取了以下措施：零利率政策、对继续实行零利率政策的承诺、量化宽松货币政策、购买风险资产等各种非传统的货币政策。美国次贷危机爆发后美联储采取的措施多是日本银行曾经用过的政策，这些政策在本质上是一致的。

效果最明显的就是央行发挥“最后的贷款者”作用，充分提供流动性，避免金融系统性危机。处理交易对手风险对日本来说最大的考验就是1997年处理日本山一证券公司的破产事件。山一证券的资产规模达3.7万亿日元（根据当时汇率约为190亿英镑），在国际金融市场上特别是在欧洲金融市场上占有一席之地。当时的情况与2008年美国雷曼兄弟公司破产相似，日本没有法律允许证券公司能够无秩序破产，因此，当时日本银行采取的措施就是无限制地向山一证券公司提供流动性。通过提供流动性将市场参与者（包括海外的市场参与者）对山一证券公司的风险敞口全部置换成对日本银行的风险敞口。最终完成了有序破产，有效防止了金融体系性风险。日本银行决定无限制地向山一证券提供流动性时并不知道山一证券是否资不抵债，这对日本银行来说是一个非常重大的决定。山一证券破产数年之后日本银行才知道当时的山一证券已经资不抵债。尽管日本银行蒙受了损失，但由于日本银行无条件地提供了流动性，从而防止了系统性危机，日本本国金融危机并未导致全球性危机，日本国内经济也未出现急剧大幅度的下跌。

在美国次贷危机爆发的第一时间金融机构的交易对手风险骤起，美联储也发挥了“最后的贷款者”作用，快速采取措施抑制系统性金融风险蔓延。

3. 政策有效性受到限制：新增货币难以转化为银行贷款

面对去杠杆化过程中的经济（资产负债表失衡情况下的经济），货币政策的有效性受到很大制约。

经济之所以很难从泡沫崩溃后的衰退中摆脱出来，一个重要的原因就是要消除泡沫经济时期累积的各种“过剩”，无论家庭、企业或政府，都要通过资产负债表的调整迫使经济活动趋向平衡。当然，“过剩”的具体表现各国有所不同，日本表现为三大过剩，即雇佣过剩、设备投资过剩、债务过剩。[①] 在泡沫经济崩溃之后，任何国家经济真正恢复都需要一个漫长的调整期，直到失衡的资产负债表调整完毕之前，经济不可能出现真正复苏。

在资产负债表深度调整的经济环境下，企业或家庭为消化过剩资产而压抑了新增投资，因此银行贷款增长困难。日本在泡沫经济崩溃之后，持续为负的贷款增长率直到2005年才转为正增长。这次金融危机后，欧美国家的银行贷款急剧减少，在危机刚刚爆发之时，银行贷款减少速度甚至高于泡沫经济崩溃之后的日本。根据日本的经验，即使中央银行增加基础货币供给也未必能够带动广义货币和银行贷款的增加。图2—10以1995—2005年日本的情况为参照，对比美国和欧元区的现状。日本是从1998年开始出现通货紧缩的，1999年2月采取了零利率政策，2001年3月开始实行量化宽松货币政策，但至今也未完全实现政策目标。对比美国基础货币与银行贷款、广义货币走势与当时的日本惊人的相似，这说明美国、欧洲资产负债结构同样需要深度调整。

非传统货币政策是否对美国有效，我们断下结论为时尚早。但从日本泡沫经济崩溃之后的经验看，在危机发生后的初期阶段作用明显，但拉动经济走出通货紧缩的效果在日本至今仍未显现。就日本实际GDP增长率来看，20世纪70年代的年均增长率为4.6%，80年代为4.4%，但在饱受泡沫经济崩溃困扰的90年代日本实际GDP年均增长率只有1.5%。日本的经验是，直到失衡的资产负债表调整完毕之前，经济不可能出现真正复苏。

---

① 日本银行《日本经济物价展望报告》，2003—2005年各期。陈虹：《消除三大过剩，构筑新型风险管理秩序》，《世界经济》1999年11月，第66—76页。

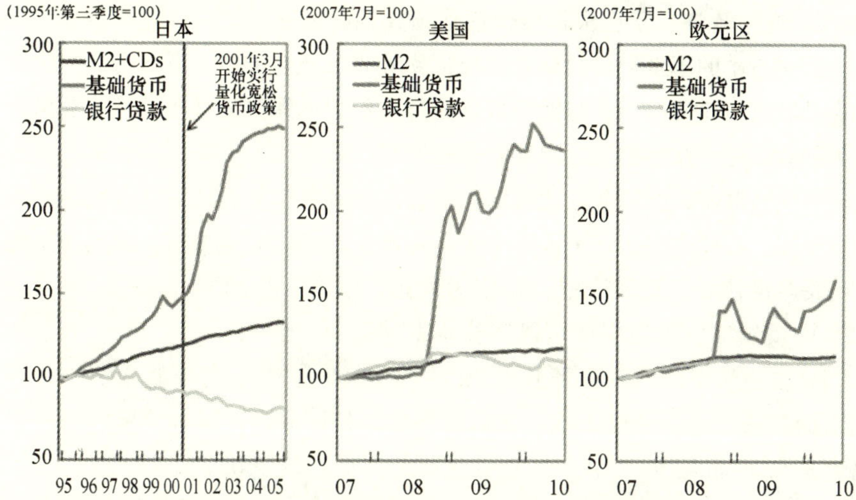

图 2—10　日本、美国、欧元区的基础货币、广义货币和银行贷款

资料来源：日本银行、Board of Governors of the Federal Reserve System、European Central Bank。转引自 Masaaki Shirakawa “*Uniqueness or Similarity? — Japan's Post—Bubble Experience in Monetary Policy Studies — Keynote Address at Second IJCB Fall Conference entitle*,” Monetary Policy Lessons from the Global Crisis, hosted by the Institute for Monetary and Economic Studies September 16, 2010.

（二）日美政策背景的不同点

1. 日本的金融危机没有导致全球性金融危机

原因是日本的信用工具主要是银行贷款。20 世纪 80 年代日本的企业——主要是建筑业、不动产业和非银行业金融机构大量投资于股市和楼市导致经济泡沫的膨胀。日本是以企业为核心调整资产负债表的，根据企业倒闭法，从 21 世纪开始通过合并或重组，日本对主要 30 家企业进行了债务处理和企业重组。

日本出问题的多是通过非银行金融机构贷出的资金。在日本，20 世纪 90 年代组建的整理回收机构和产业重组机构介入企业合并重组，最终处理不良债务的是与各企业保持长期经营关系的“主银行”。日本与美国最大的差异是，日本的贷款资产尚未市场化，也没有美国式的完全市场化的金融媒介（通过证券化的金融商品），日本金融市场上没有出现类似银行“挤兑”的交易对手风险。日本只是为处理不良债权才推出少量的证券化商品，而不是像美国那样将证券化商品作为扩大信用规模的手段。

2. 泡沫经济崩溃后根据市价评估损失耗时较长

因为日本的不良债权主要是银行贷款等非市场性资产，而不是证券化金融商品等市场性资产，因此银行贷款通过市价评估损失的过程较长，从出现损失到确认时价评估损失之间存在较长时滞。相对而言，美国的次贷危机是由证券化金融商品引发金融危机的，金融市场很快就能确认这些金融商品的市价损失，与日本相比，美国资产损失暴露于市场的时间要短。因此美国的问题暴露后，由于国际金融市场的广泛传递，迅速酿成全球性危机。

3. 美国家庭部门资产负债调整尚需时日

日本泡沫经济时期，股价是在 20 世纪 80 年代中期开始暴涨，1989 年末达到峰值之后急剧下跌，之后经济陷入长期低迷。日本公示不动产价格也是在 20 世纪 90 年代初期达到顶峰，之后持续下跌了近 20 年。

2000 年初美国 IT 泡沫崩溃后，为带动经济复苏，当时的布什政权出台了新的住宅政策。这使不具备还款能力的低收入阶层也能得到住宅贷款信用，美国的不动产担保低息贷款制度（home equity loan）推高了住宅资产价值，正是从那一时期开始各种衍生金融工具不断推高金融杠杆率。住宅资产升值又引起信用扩张和消费扩大，而家庭部门的自身债务正是通过这一渠道不断被推高的，2006 年中期住宅市场价格达到顶峰后转入跌势，但次级贷款债券定价前提是住宅价格将会不断上升，住宅市场价格的下跌导致了次贷危机。2007 年以后持有住宅资产的个人其资产负债表上资不抵债的情况急剧增加。因此，美国资产负债表调整的核心是家庭。

随着住宅价格不断下跌，美国家庭部门资产负债表受到了巨大损失。由于住宅价格大幅度下跌，仅 2007 年到 2009 年的两年间，美国家庭部门的住宅资产贬值了 6 万亿美元，如果加上其他金融资产的损失，美国家庭部门损失了约 14 万亿美元。2000 年 IT 泡沫崩溃时美国家庭部门损失仅 2 万亿美元，对比之下，这次危机对于美国家庭部门造成的冲击是巨大的。这次危机前，美国家庭部门净资产是可支配收入的 6.5 倍，危机后降低到 4.7—4.8 倍。经历了次贷危机之后，美国家庭部门被迫压缩贷款。美国住宅贷款家庭的资产中 1/4 是负资产，也就是说，这些住宅的市场价值已低于贷款余额（日本瑞穗综合研究所，2011）。

但因美国总统大选依靠的选民来自美国各个家庭，如果在大选之前推出治理家庭不良资产政策定会引起美国选民的反对，因此，2012 年美国大选之前政府不愿得罪选民，尽管美国针对金融机构的各种政策出台十分迅速，但处理家庭不良资产的政策却没有真正出台。美国信用中介是以市场化金融产品为主的，在危机爆发的第一时间金融机构的交易对手风险骤起，类似银行的挤兑风潮。政府可快速采取措施抑制系统性金融风险蔓延，但处理家庭部门债务则还需要时间。

三　央行政策的局限性

各国中央银行的主要作用是稳定物价和金融体系。央行作为“最后的贷款者”提供流动性的本质就是“买时间”。如果金融急剧收缩，经济活动在短时间内就会出现自由落体式的大幅度下跌。

由于形势紧迫，央行实行非传统的货币政策的核心就是现在不得不将未来的政策功能借来用于现在发挥作用。换言之，也就是借用将来的需求提前到现在消费，或是将海外需求转化为国内的需求。央行采用非常规政策措施、花费巨额成本买到的时间决不能被浪费，各国必须在花钱赢得的时间内推动结构改革。

（一）危机前累积的过剩债务的规模

在央行买来的时间内结构改革能否成功，取决于各国在危机前累积的过剩债务的规模。如果过剩债务数额巨大，进行调整则不得不花费更长的时间。例如，全球性的信用泡沫是从21世纪初开始形成的。而这次的欧债危机实际上是欧元诞生以来形成的欧元信用泡沫，因此，仅依靠央行货币政策是无法从根本上解决信用泡沫的。

在欧元这个统一货币诞生之前，欧洲曾是一个从不过度借贷的区域，但欧元诞生后信用急剧扩大，其信用扩张量甚至达到了前所未有的规模。

希腊1830年获得独立，在以后180年间的几乎一半时间里，希腊国家实际上始终处于破产状态，在加入欧盟之前希腊就连借款都非常困难。但加入欧元区后希腊也迅速接近德国的生活水平，是什么改变了希腊？使其能够借债的原因就是欧元泡沫。自20世纪90年代欧盟建立后，希腊等国家的财政赤字不断攀升。财政赤字不断扩大的结果就是，从资产负债表上看经常收支逆差在扩大，逆差方是以希腊为代表的“欧猪五国”，另一方就是经常收支顺差的德国。从宏观上看，这种内外不均衡支撑了欧洲过去10年的欧元泡沫，这是欧洲经济增长的发动机。2007年欧元泡沫之下欧洲不均衡的扩大达到顶点，世界陷入信用泡沫，原因就在于美国和欧洲的金融杠杠率过大。目前全球经济急剧减速，世界很可能将同时失去这两大发动机。

（二）各国潜在增长率水平

不同经济体即使持有相同数额的债务，潜在增长率较高的经济体抵消过剩债务的速度会更快。但是，潜在经济增长率的高下取决于在泡沫经济崩溃后的政策和社会反应。

1. 避免保护主义和过度干预

在这个意义上说，重要的问题就是尽量避免由于泡沫崩溃而使经济遭受追加的打击（collateral damage）。追加的打击有各种形式。例如，在去杠杆化过程中经济低速增长，导致社会不满情绪上升，政府更容易采取保护主义和过度干预的政策。或者出于政治的或社会的考虑，继续向附加价值很低的企业提供贷款等，在这种情况下企业生产率就会下降，潜在增长率必然很低。

低利率政策和提供充沛流动性的政策的确是危机之后必须采取的措施，但是如果长期实行就会保护非效率的企业降低企业的生产率。低利率还会推迟政府财政健全性改革的进程，这样也会延误整个经济体制的改革与调整。

2. 高度关注人口因素

人口出生率的下降和人口数量的减少也会通过降低潜在的经济增长率而延长过剩债务的调整期间。人口增长率的下降与人口老龄化是发达国家的共同问题，但是日本的问题更加严重，日本劳动人口增长率是负数，潜在经济增长率大幅度降低。美国尽管劳动人口增长率也有下降但持续保持正增长。与欧美比较，日本的人口增长率最低，人口增长率降速加快就会对经济和社会造成巨大负担（Kiyohiko G. Nishimura，2011）。

3. 全球经济发展前景

自21世纪初开始，日本逐渐从债务调整的影响中摆脱出来，一个重要的因素就是过去几十年中全球经济实现了未曾有过的高速增长。当然，现在回想起来这个经济高速增长的过程也是世界性的信用泡沫不断发生、扩大的过程，同时也是新兴市场经济体经济快速发展的过程。现在发达国家总体正处在一个去杠杆化的过程中，各国经济不得不低速发展，因此，未来新兴市场经济体能否平稳过渡健康增长直接影响着美国和欧洲国家能否顺利渡过难关。

面对复杂多变的全球经济形势，各国央行的货币政策不能解决所有问题，特别是在零利率政策限制下，日美等主要发达国家都面临着债务调整，同时承诺延长量化宽松货币政策的期限越长，对金融机构投资行为的影响也就越大，市场利用利差进行套利交易的动机就会越强，因为预期价格越低，资产负债调整压力也就越大。长期利率预期下降也会影响金融商品投资的回报率，并对股价和不动产价格预期造成很大冲击，而 2011 年 7 月以来欧美股价大幅度下跌，股市预期收益率的下降已经引起资产向债券的转移和套利交易的增加。

这次席卷全球的金融危机可能引发多国同时发生信用紧缩即引起日本化现象的蔓延。因为这次金融危机导致全球以美国为代表的实物需求引擎熄火，金融业的扩张需求受到抑制，发达国家金融机构开辟新兴市场国家新领域也受到了限制（日本内阁府，2011）。尽管各国对经济走势独立地作出了政策判断，但总结危机时期非传统货币政策的利弊得失仍有待经济复苏的实际效果给出答案。

主要参考文献

1. ［日］水野温：《国内外金融经济形势与货币政策操作——景气复苏依赖于危机政策，目前仍然非常脆弱》，日本银行政策委员会审议委员讲演，日本银行，2009 年 8 月 20 日。

2. 日本瑞穗综合研究所：《美国经济信息》2010 年 2 月 19 日。

3. ［日］白川方明：《如何预防金融危机：金融市场、金融机构、中央银行》，日本银行总裁在伦敦证交所国际研讨会上的发言，2009 年 5 月 13 日。

4. 国际货币基金组织：《国际金融稳定报告》。BIS，"Developments in repo markets during the financial turmoil"，*BIS Qurterly Review*，December，2008.

5. International Conference：Financial System and Monetary Policy Implementation May 27—28，2009，Institute for Monetary and Economic Studies，Bank of Japan（http：//www. boj. or. jp/en/type/press/koen07/ko0905e. htm）.

6. 日本瑞穗综合研究所：《日本化现象的全球化》，2011 年（http：//www. mizuho—ri. co. jp/publication/research/pdf/report/report11—1027. pdf）。

7. Bernanke，Ben S. &Vincent Reinhart R.，"Conducting Monetary Policy at Very Low Short—Term Interest Rates"，*American Economic Review*，Vol. 94，No. 2，2004.

8. ［日］山口绫子：《美国的通货紧缩风险：是否将会日本化?》，2010 年 11 月 17 日，日本国际通货研究所（http：//www. iima. or. jp/pdf/newsletter2010/NLNo_ 36_

j. pdf)。

9. Masaaki Shirakawa, *Deleveraging and Growth: Is the Developed World Following Japan' s Long and Winding Road?* Lecture at the London School of Economics and Political Science (Co—hosted by the Asia Research Centre and STICERD, LSE), http://www.boj.or.jp/announcements/press/koen_ 2012/ko120111a.htm/.

10. Masaaki Shirakawa, Globalization and Population Aging: Challenges Facing Japan Speech to the Board of Councillors of Nippon Keidanren (Japan Business Federation) in Tokyo, December 22, 2011, http://www.boj.or.jp/en/announcements/press/koen_ 2011/ko111222a.htm/.

11. Kiyohiko G. Nishimura, Macro – Prudential Policy Framework from an Asian Perspective Speech at ADBI—FSA Conference in Tokyo, September 30, 2011, http://www.boj.or.jp/en/announcements/press/koen_ 2011/ko110930b.htm/.

12. FedViews, October 14, 2010, www.frbsf.org/publications/economics/fedviews/index.html.

13. 日本瑞穗综合研究所：《美国住宅市场的问题与政策》，2011 年（http://www.mizuhori.co.jp/publication/research/pdf/report/report11—1201.pdf）。

14. 日本内阁府：《世界经济的潮流，2011 年度》（http://www5.cao.go.jp/j—j/sekai_ chouryuu/sa11—02/index—pdf.html）。

15. ［日］日本银行金融研究所：《新日本银行——其职能与业务》（增补版），有斐阁 2004 年版，第 126 页。

16. ［日］白川方明：《非传统货币政策——中央银行面临的挑战和学习》，在中国人民银行与国际清算银行共同召开的研讨会（上海）上的演讲，2009 年 8 月 12 日，日本银行主页。

17. 日本银行金融市场局：《次级住宅贷款问题引发的短期金融市场的动荡与中央银行的政策对应》，2008 年 7 月。

18. 日本银行企划局：《当前金融危机中主要国家中央银行的政策操作》，2009 年 7 月。

19. ［日］鹈饲博史：《数量宽松政策实证分析综述》，日本银行金融研究所，2006 年 10 月。

20. ［日］植田和男：《与零利率斗争》，日本经济新闻社 2005 年版。

21. ［日］深尾光洋：《通货紧缩、不良债权问题与货币政策》，日本经济新闻社 2002 年版，第 11—80 页。

22. ［日］深尾光洋：《平成泡沫的研究：1980 年代下半期资产价格泡沫的发生与 1990 年代经济衰退的原因——从金融体系职能受损的观点分析》（上），日本东洋经济新报社 2003 年版。

23. ［日］日本野村金融经济研究所:《日本经济报告》, 2010 年 2 月 19 日, 第 13 页。

24. ［日］白川方明:《最近的金融经济形势与货币政策运营》, 日本银行总裁讲话, 2010 年 1 月 29 日。

第三章　日本泡沫经济前后的财政政策及其效果*

20 世纪 80 年代后期爆发的泡沫经济，彻底改变了日本经济的增长态势，使之陷入一场旷日持久的萧条。日本的泡沫经济由诸多因素合成，其中，不适当的财政政策也是助推泡沫膨胀的因素之一。泡沫破灭后，日本竭尽财政之力，反复大规模实施刺激政策，非但未能将经济从萧条隧道中拖出，反而使财政深陷债务泥淖。自 1999 年以来，日本成为主要发达国家中政府债务余额对 GDP 之比最高的国家。美国和欧洲已相继爆发债务危机，身为世界第三大经济体且政府债务包袱最大的日本会否爆发债务危机，成为世人关注的焦点之一。

第一节　财政政策变调与泡沫膨胀

20 世纪 80 年代，日本政府大张旗鼓地搞了一次“财政重建”。一般认为，日本为实现重建财政目标，实行了从紧的财政政策，似乎泡沫膨胀与财政无关。事实上，从 1986 年起，日本财政政策已经转向。泡沫膨胀不仅与财政有关，而且关系密切。

一　国库空虚与财政重建

在日本，“财政重建”问题的提出，源于财政对国债依赖程度急剧上升，已经到了再也不能放任的程度。

---

* 本文成稿之前，特请美国哥伦比亚大学统计系研究生杜哲对文中数据进行验算，该研究生还承担了部分表格的制作工作，在此谨表谢意。

第一，财政收支缺口急剧扩大。财政收支预算缺口 1970 年度为 5.4%，1975 年度为 9.4%，1979 年度上升至 39.6%。[①] 将近 40% 的财政资金来源靠发行国债解决，这种状况很不正常，不能再放任下去。

其二，国债余额飞速增长，1965 年度为 2000 亿日元，1970 年度为 28112 亿日元，1975 年度为 149713 亿日元，1979 年度为 562513 亿日元。1965—1979 年度，国债余额年均增长速度高达 49.6%，几乎每两年翻一番。国债余额对 GDP 之比 1965 年度为 0.6%，1970 年度为 3.7%，1975 年度为 9.8%，1979 年度上升至 25%。[②] 照这种速度发展下去，后果不堪设想，必须阻止财政赤字快速膨胀之势。

当时，包括政治家在内，许多日本人对战后初期的恶性通货膨胀尚记忆犹新。在战争结束后的不长时间里，许多商品的价格上涨了几十倍甚至上百倍。一些老人指望安度晚年的大半生积蓄，变得仅够几个月的口粮钱。导致那场恶性通货膨胀的重要根源，在于滥发国债引起的货币增发。从 20 世纪 30 年代起，随着日本对外侵略战争升级，军费开支急剧膨胀，财政入不敷出，于是，便靠大量发行国债筹措财政资金，并由中央银行承购政府发行的国债，即滥发国债直接导致滥发钞票。到 1944 年末，日本的国债余额达 1520 亿日元，相当于当年 GNP（754 亿日元）的两倍以上，[③] 财政规模的膨胀大大超过国民经济的承受能力。战后初期的恶性通货膨胀，便是这样被孕育出来的。

为了避免重蹈战后初期恶性通货膨胀的覆辙，时任内阁首相大平正芳决定通过征收一般消费税，缩小财政收支缺口，恢复财政收支平衡。大平首相的这一主张遭到党内外的强烈反对，以至于不得不解散国会，重新进行选举。1980 年 6 月 2 日，大平正芳死在了重新选举的路上，为他所坚持的重建财政主张献出了生命。

在大平正芳之后，日本执政党提出了“不增税重建财政”的原则，

---

① ［日］《我国的财政事情》，第 9 页（www.mof.go.jp/budget/budger_ workflow/budget/fy2011/seifuan23/yosan004.pdf）。

② ［日］参议院预算委员会调查室编：《财政关系资料集》（1998 年度），大藏省印刷局 1998 年 4 月 8 日发行本，第 2 页。

③ ［日］东洋经济新报社编：《昭和国势总览》，1981 年 10 月 30 日发行本，上册第 90 页、下册第 60 页。

并为此展开了声势浩大的“行财改革”[①]。日本政府最初制定的财政重建计划（第一个重建计划）设定的期限是1980—1984年度，重建目标是：在第一个偿债周期到来（1985年度）之前，摆脱对赤字国债的依赖，[②]对1985年以后到期的赤字国债，逐笔清偿，防止借新债还旧债现象的出现。这里所说的逐笔清偿，并不是要将国债余额减至零。日本政府将国债分为两大类：一类是《财政法》第4条允许发行的建设国债；另一类是《财政法》禁止发行的赤字国债。日本重建财政计划要逐笔清偿的是赤字国债，而非全部国债。

为实现重建财政目标，日本政府要求各个部门从编制财政概算开始，就压缩支出规模，压缩幅度如表3—1所示，1980—1982年度，经常性财政开支保持“零增长”，投资性开支的增长幅度1980年度控制在10%以下，1981年度控制在7.5%以下，1982年度为“零增长”。

第一个重建财政计划的实际执行情况如表3—2所示，1980年度、1981年度、1982年度和1983年度，经常性财政支出决算分别比上年度增加11.9%、8.1%、0.7%和7.2%。也就是说，表3—1所列的压缩财政支出要求一次也没有实现。鉴于这种情况，1984年，日本政府又提出了第二个重建计划。

第二个重建财政计划将目标年限锁定在1990年度，要求在这一年度摆脱对赤字国债的依赖。为确保实现重建财政目标，日本政府对压缩支出的要求也更加严厉。对于经常性财政开支，每年削减10%；对于投资性支出，前4个年度（1984—1987年度）每年削减5%，后几个年度保持“零增长”（见表3—1）。

日本20世纪80年代进行的“行财改革”，最大的成果是对国有铁路、电信电话公社、专卖公社等三家国有企业进行了民营化改造。在战后日本的政治经济体制中，国有企业被定性为“国家有关机构”，凡是在国有企业工作的正式员工，都享有国家公务员待遇。对三家国有企业的改

---

① “行财改革”是一个日语专用词汇，这里的“行”是指行政，“财”则指财政。这一日本式表述有其特定的含义。日本通常认为，财政只是政府行政活动在财务上的表现，财政改革的实质是行政改革。因此，日本将这种改革统称为“行财改革”，它表达了财政改革与行政改革之间存在着密不可分的关系。

② 赤字国债是为弥补政府经常性财政收入不足而发行的国债，属于“财政为吃饭而借的债”。战后日本的《财政法》禁止发行赤字国债。因此，若要发行赤字国债，需要通过特别立法程序，方可在国会批准的额度内发行。

造，成为“行财改革”的重要组成部分，特别是对亏损严重的国有铁路的改造，明显带有“甩包袱”的意味。

表 3—1　　日本重建财政期间对概算要求增长幅度的限制标准

年度	经常性财政开支	投资性开支
1980	0	10%
1981	0	7.5%
1982	原则上为 0	
1983	-5%	
1984—1987	-10%	-5%
1988—1993	-10%	0

资料来源：［日］宫岛洋：《重建财政研究》，有斐阁 1989 年版，第 66 页；［日］林宜嗣：《财政危机的经济学》，日本评论社 1997 年 12 月 10 日发行本，第 29 页。

据测算，1984 年度，日本国有铁路平均每天实际增加的亏损额约 63 亿日元，这就是说，国有铁路一年新增亏损约 2.3 万亿日元，① 相当于 1984 年度日本经常性财政当初预算总额（506272 亿日元）的 4.54%，相当于当年度计划发行赤字国债（64550 亿日元）的 35.62%。国有铁路已经成为日本财政的大包袱。

现在重新审视 20 世纪 80 年代日本搞的重建财政以及“行财改革”，包括对三家国有企业的改造，可以清楚地看出，那次改革并不是出于改造趋于陈旧的经济体制这样的问题意识，而是一次非常表层的改革，即使是这种肤浅的改革，也包含着不少虚假动作。由于重建财政要达到的目标是停止发行赤字国债，压缩支出的范围主要是经常性财政预算。于是，在重建财政期间，各个行政部门积极寻找变通办法。例如，将经常性财政支出项目划入特别会计项目（类似于我国的“财政专项”）；将经常性财政项目借款转为特别会计项目借款；本应由经常性财政负担的对地方财政的补贴，转而让地方财政借款解决，等等，其中最典型的一个例子是改变国库

① ［日］吉田震太郎：《80 年代的国家与财政》，同文馆出版有限公司 1988 年 3 月 5 日发行本，第 281 页。

负担的计算日期。①

表 3—2 的数据显示，1984—1986 年度，经常性财政开支快速增长的态势得到一定控制。但是，真正压缩的主要不是行政性支出，而是减少对地方财政的转移支付，停止对偿债基金（全称是“国债调节基金”）的拨款等。

表 3—2 **重建财政时期的经常性支出预算与决算（1980—1990 年度）**

单位：亿日元,%

年度	当初预算	比上年度增减	决算	比上年度增减
1980	425888	10.33	434050	11.90
1981	467881	9.86	469212	8.10
1982	496808	6.18	472451	0.69
1983	503796	1.41	506353	7.18
1984	506272	0.49	514806	1.67
1985	524996	3.70	530045	2.96
1986	540886	3.03	536404	1.20
1987	541010	0.02	577311	7.63
1988	566997	4.80	614712	6.48
1989	604142	6.55	658589	7.14
1990	662368	9.64	692687	5.18

资料来源：［日］财务省主计局调查课编：《财政统计》（2006 年度），独立行政法人国立印刷局 2006 年 8 月 25 日发行，第 50—51 页。

偿债基金是为偿还国债而设立的拨备制度，日本专门设立了“国债调节基金特别会计”（类似于我国的“财政专项”）来管理国债的偿债资

① 这件事情的大致经过如下：临时行政调查会在“紧急建议”中提到，国民健康保险具有区域医疗保险的性质，且在实际运营和医疗费的监督管理上，责任和权限主要在都道府县，主张改革原有制度，由地方政府负担，但因财源问题不落实，厚生省提出了一个折中建议，在国民健康保险医疗费支出方面，将国库负担的 40% 中的 5% 改由地方政府负担。但地方政府反驳说，社会保险是国家应负的责任，上述建议不是改革，而是转嫁负担。最后，在编制 1982 年度财政预算时，厚生省拿出的办法是：从 1982 年度起，对国库补贴国民健康保险的计算改为从当年 3 月至次年 2 月。这样做的用意是显示 1982 年度减少财政开支的业绩。因为 1982 年 3 月的财政补贴已经计入 1981 年度的预算，这样改一下计算日期，1982 年度国库在这方面的负担实际变成 11 个月，由此可得到削减 1800 亿日元开支的“业绩”。

金。下面对日本的国债偿还制度作一简要介绍。

从 1949—1964 年度的 16 年间，由于日本一直处于平衡财政状态，建立偿债制度的必要性并不突出。1965 年以后，随着国债的发行，健全偿债制度的问题也被提了出来。日本现行的偿债制度是 1967 年通过修改《国债调节基金特别会计法》而建立的，这一制度的基本框架如下。

（1）经常性财政按法定比例向国债调节基金拨款，法定比例为上年度初国债余额的 1.6%，也就是国债余额的 1/60。

（2）对于贴现国债，[①] 偿债基金的划拨比例是：（上年度初未偿还余额 - 发行价差）/从发行日到偿还日的年数。这里的发行价差是指国债的票面值与实际成交值之差。

（3）将财政决算剩余额划拨给偿债基金，划拨比率不少于决算剩余额的 1/2。

（4）为使偿还国债工作顺利进行，必要时，在编制预算时确定财政划拨给偿债基金的数额。

上述四条中，除第四条可视情况定夺外，第一、第二、第三条都是法定划拨率。

从字面上看，日本有一套严格的国债偿还制度，其实，在日本的偿债制度中，存在明显的漏洞。其一，上述偿债制度所针对的是建设国债，而未包含赤字国债。这是由于，日本在制定这套制度时，发行的只是建设国债，而没有想到发行赤字国债会成为日本财政的经常性行为。其二，上述第三条所说的决算剩余额，并不是一个确定的量，有的年度很可能没有剩余。即使在有决算剩余的年度，政府也可以挪作他用，例如用于减税和刺激景气等。从实际执行情况来看，1975—1984 年度的 10 年间，有 7 年出现决算剩余，其中按规定比率划拨偿债基金的有 4 年，其余 3 年的剩余额全部充作减税的财源。1982 年度、1983 年度和 1984 年度，上述第一、第二条规定的划拨偿债基金制度完全停止执行。由此可见，上述制度对于日本政府偿还债务并没有严格的制约作用。

人所共知的一点是，国债是不可以不还的。日本政府停止向偿债基金拨款，只不过是暂时减少经常性财政支出的技术性手法，这种手法实质上

---

① 贴现国债又称贴息发行国债，指国债券面上不附有息票，发行时按规定的折扣率，以低于债券面值的价格发行，到期按面值支付本息的国债。

是将问题往后推。

日本学者的研究表明，单纯靠改变分类（用中国话说，就是“改头换面”）“压缩”的财政支出约占1/3。① 这对扭转国库空虚局面没有实质意义，只是将支出负担推迟到重建财政计划目标年度（1990年度）以后。

二 日元升值与财政政策转向

日本的财政重建计划并没有贯彻始终。1986年度，财政支出的紧缩力度开始松动，1987年度更是推出了大规模的刺激经济方案。至此，日本的财政政策已经掉转方向。致使日本财政政策转向的重要诱因是“广场协议”② 后的日元大幅度升值。

从事件发生的顺序和表面的因果关系看，“广场协议”后的日元升值，成为改变日本经济政策基调的一个重要转折点。这一转折点恰恰也是日本泡沫经济的重要背景事件，以致不少著述在谈到日本泡沫经济的成因时，将“广场协议”后的日元大幅度升值也视为重要原因。但是，进一步分析便会发现，事情并非如此。

就日元升值而言，“广场协议”不是第一次，也不是最后一次。1971年的“尼克松冲击”③，就开始了日元升值的历史。但是，除“广场协议”以外的历次日元升值，都没有出现泡沫经济大幅度膨胀的现象。

如果说，“广场协议”后的日元升值幅度比任何一次都大且促成了泡沫经济膨胀，这种观点也难以令人信服。要知道，在“广场协议”之后，货币大幅度升值的并非只有日本一家，世界主要货币对美元汇率都有不小的升幅。就年平均汇率来看，如图3—1所示，1987年12月末与1985年6月末相比，英镑的升值幅度为43.9%，法国法郎的升值幅度为42.2%，

---

① ［日］宫岛洋：《重建财政研究》，有斐阁1989年1月30日发行本，第155页。

② 1985年9月22日，五国财长（美、日、英、德、法）会议在美国纽约的广场饭店举行。会后发表联合声明，决定五国联合行动，有秩序地使主要货币对美元升值，以矫正美元定值过高的局面。这项联合声明被称作“广场协议”。

③ “尼克松冲击”系指1971年8月15日尼克松发表的《关于紧急经济政策的声明》。该声明的要点是：（1）美元同黄金以及其他货币脱钩；（2）对进口商品一律征收10%的临时附加税；（3）削减10%的援助；（4）国内工资和物价冻结90天；（5）通过减税来刺激景气。这些政策对日本经济的影响主要有两点：一是使日元升值，由360日元兑1美元上升为308日元兑1美元，升幅为14.44%；二是美国征收进口附加税，打击了日本的出口产业。

德国马克的升值幅度为48.2%。但是，这些国家并没有发生像日本那样严重的泡沫经济。这证明，本币升值与泡沫经济没有必然联系。

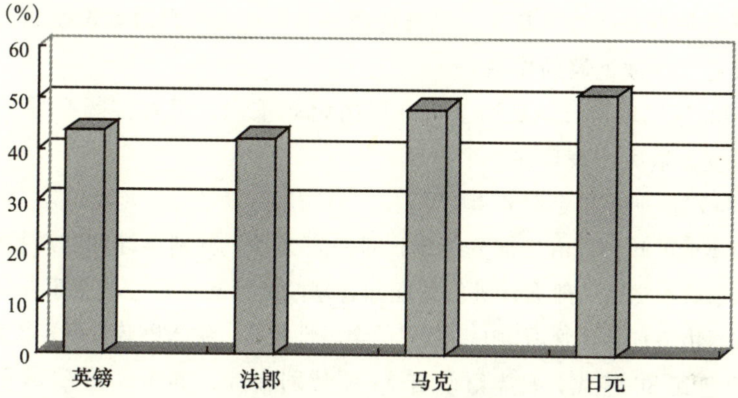

图3—1　“广场协议”前后世界主要货币对美元升值情况

资料来源：据［日］东洋经济周刊编发《经济统计年鉴》，1993年版，第445页资料绘制。

到1987年末，日元升值告一段落。1988年1月以后，日元汇价开始回落，这个过程持续到1990年4月。日元汇率由1987年末的122日元兑1美元贬至159.08日元兑1美元，贬值幅度为30.4%。[①] 然而，日本的泡沫经济却仍在继续膨胀。这从另一个方面证明，泡沫经济与日元升值没有必然联系。

但是，如果说日本的泡沫经济与“广场协议”后的日元升值丝毫无关，也有失客观。应该说，将这两者联系起来的是日本政府的教条式政策思维。

本来，日元升值对日本经济的影响是双重的，一方面会影响日本的出口，从而对景气有抑制作用；另一方面则意味着日元购买力提高，进口资源和能源会变得相对便宜，从而有助于降低日本的生产成本和提高产品的竞争力。但是，日本政策当局和舆论界多是看重前一方面的不利影响，形成了“日元升值必然导致经济萧条”的教条式思维。这种思维定式还形成了一个日语专业词汇，即“円高不况”，意思是“日元升值萧条”。日本财政政策转向和金融政策的调整，都是为了对付“日元升值萧条”。

① 据［日］东洋经济周刊编发《经济统计年鉴》，1993年版，第445—446页资料计算。

三　财政刺激助推泡沫膨胀

20 世纪 80 年代后期，日本经济的最大问题是泡沫膨胀。导致泡沫经济的原因是多方面的，其中，以维持经济增长优先的财政政策模式，对泡沫膨胀起了推波助澜的作用。

1986 年以后，日本表面上仍在坚持财政重建，但在实际掌握上已经大为松动。这突出表现在三个方面。

（一）增加特别会计预算

日本的财政预算由三部分构成，即一般会计、特别会计和财政投融资。经常性财政收支由一般会计进行分配和管理。国家常年经办的企事业和投资性收支，由特别会计管理。中央政府的金融性收支，纳入财政投融资预算。①

20 世纪 80 年代，日本财政有 38 项特别会计，其中，18 项属于国有企业性质，20 项属于政府一般事业性质。以 1986 年度为例，特别会计的支出规模（扣除重复计算后的决算净额）相当于一般会计的 2.42 倍。在实施刺激经济政策方面，特别会计具有非常重要的作用。

将表 3—3 和表 3—4 结合起来看，1986 年度，虽然经常性财政支出的增幅不大（该年度决算额仅比上年度增加 1.2%），但是，特别会计支出的增幅已达 16.12%（见表 3—3）。

表 3—3　　日本的特别会计与财政投融资规模（1986—1990 年度）

年度	特别会计支出决算纯计		财政投融资计划规模	
	（10 亿日元）	同比增减（%）	（10 亿日元）	同比增减（%）
1986	129789	16.12	22155	6.22
1987	145205	11.88	27081	22.23
1988	147492	1.58	29614	9.35
1989	152802	3.60	32271	8.97
1990	168584	10.33	34572	7.13

资料来源：［日］总务省统计局主编：《日本长期统计总览》第 1 卷，日本统计协会 2006 年 3 月发行，第 444、488 页。

① 日本中央政府的金融性收支，主要是指政府经办的邮政储蓄、国民年金、厚生年金、简易人寿保险等筹措的资金及其运用。此外，还有少量的政府担保债和政府担保借款。由于日本财政实行全额预算制度，即凡是政府的收支活动都必须纳入预算。按照制度规定，日本政府从事的上述金融活动，纳入“财政投融资预算”，该预算又有“第二预算”之称。

从表面上看，日本政府于1990年度停止了赤字国债的发行，实现了重建财政目标，但实际上，经常性财政支出仍在一定程度上靠借债维持，只不过是将公开发行债券变成了隐形债务。前述的日本各个行政部门为"压缩开支"而搞的虚假动作和变通办法，大多是利用特别会计的制度空子，将公开债务隐形化。从这个角度来看，在"重建财政"期间，特别会计制度实际上充当了掩盖和逃避问题的"暗道机关"。

（二）加大财政投融资规模

日本的财政投融资本质上是政策性贷款，由于它是政府的融资行为，所以必须纳入预算，因而，财政投融资预算又有"第二预算"之称。

以泡沫经济膨胀前的1986年度为例，按支出决算额计算，财政投融资的规模约相当于日本经常性财政的41.3%。在实施宏观经济政策、扩大内需方面，财政投融资是日本政府的另一个重要政策手段。

表3—3的数据显示，1986—1990年度，财政投融资的规模每年都在扩大，其中以1987年度最为突出，这一年度，财政投融资规模在上年度增加6.22%的基础上，又增加了22.23%。增加的政策性贷款主要用于扩大道路公团、住宅振兴建设公团等特殊法人的投资规模。1988年5月末，日本政府又公布了《第十个道路建设五年计划》，道路建设投资总额达53万亿日元，比《第九个道路建设五年计划》增加38.74%。[①]

（三）大幅度追加经常性预算

1987年7月17日，日本政府确定了"紧急经济对策"，并为实施该对策而追加财政预算，明确宣告了财政政策方向的转变。需要指出的是，此次追加预算规模非同小可，经常性财政净投入20793亿日元。在战后日本财政史上，如此大规模的追加预算此前仅有一次，那是为对付石油危机而于1974年度一次性追加的20987亿日元预算支出。然而，1987年度追加预算却不止一次，而是接连两次。第二次追加预算规模为20338.6亿日元。就单年度追加财政支出规模而言，创造了历史最高纪录。日本财政政策的这一转变与泡沫经济膨胀在时间上高度吻合。

根据日本对经济周期的界定，1986年11月，日本经济到达上一循环

---

① ［日］公共投资综研编辑部编：《公共投资长期计划与面向21世纪的关键词》，公共投资综研1998年6月15日发行，第47页。

周期的谷底，这年的12月开始步入复苏期。1987年7月，日本政府第一次追加财政预算时，经济已处于复苏之中。财政突然掉转方向，连续大规模追加预算支出，给处在复苏中的经济以强烈刺激，很快将经济由复苏推向过热。

1987年下半年，日本经济过热的表现已经非常明显。这年的9月，建筑业因劳动力不足而拖延工期的情况很突出，建筑材料也由于供应紧张，价格上涨。但是，日本政府在编制1988年度财政预算时，仍将克服“日元升值萧条”作为首要政策课题。1988年度的财政支出比上年度增长了6.5%，其中公共事业规模比上年度当初预算增长了17.7%，是1979年度以来的最高水平。① 1989年度，不仅当初预算规模比上年度增长6.55%，而且，追加预算的规模再次突破历史最高纪录（见表3—4）。

表3—4　　泡沫膨胀时期的补充预算（1987—1990年度）　　单位：亿日元,%

年度	补充预算	占当初预算比重	备注
1987　（1）	20793（接近1974年度）	7.60	此前最高纪录为1974年度追加的20987亿日元，其目的是应对石油危机后的经济滑坡
（2）	20338.6（接近1974年度）		
1988	51520（刷新历史纪录）	9.09	
1989	58977（刷新历史纪录）	9.76	
1990　（1）	22810（超过1974年度）	5.15	
（2）	11334		

资料来源：［日］财务省主计局调查课编：《财政统计》（2006年度），独立行政法人国立印刷局2006年8月25日发行，第50—51页。

日本1988年度和1989年度的财政政策，不仅不具有反周期作用，反而是给过热的景气“火上浇油”，将泡沫经济推上了膨胀的顶峰。然而，由于通货膨胀率始终维持在低水平，日本政府并没有意识到发生了泡沫经济。

（四）财政刺激政策助推泡沫经济的路径

政府为实施刺激政策而增加的财政投入是有限的，而且，这些财政资金均有规定的实际用途，一般不会流入股市，流入房地产市场的也很少。

① ［日］东洋经济新报社编发：《东洋经济统计月报》1988年第3期，第109页。

但是，这并不等于说财政刺激政策与泡沫膨胀无关。财政刺激助推泡沫的路径主要有两条：其一，日本财政投资的相当大部分用于公共基础设施建设，而这类设施建设需要征用土地，从而强化了地价上涨预期，助长房地产泡沫。其二，大规模的财政投资增强了投资者对未来经济增长的信心，从而推动股价进一步上升。

日本泡沫经济膨胀的突出表现之一是地价上涨。表3—5的数据显示，20世纪80年代，各种用途的土地价格都在上涨，80年代后期的涨势更加凌厉。1987年、1988年和1989年，全国平均地价分别比上年上涨了9.7%、7.4%和7.2%，其中，商业用地的涨幅更为明显，1987年、1988年和1989年的涨幅分别为15.0%、8.0%和7.5%。作为日本政治、经济、金融中心的东京，地价上涨不仅幅度大，而且具有先导性，1986年的平均地价涨幅就已达10.4%，1987年和1988年的涨幅更大，分别达到57.5%和22.6%。东京商业用地的涨幅更大，1986年和1987年分别上涨23.6%和76.1%。

表3—5　**日本20世纪80年代地价上涨情况**　单位：%

年份	全国				东京圈			
	平均	商用	住宅	工业	平均	商用	住宅	工业
1980	8.8	6.7	9.9	5.8	15.4	11.2	18.0	8.1
1981	7.4	5.8	8.1	5.8	8.8	6.7	10.0	6.0
1982	5.8	4.8	6.2	4.8	5.2	4.7	5.6	3.6
1983	3.5	3.2	3.7	2.9	3.2	4.3	2.9	2.2
1984	2.5	2.8	2.5	2.0	2.6	5.4	1.9	1.5
1985	2.0	3.0	1.8	1.4	3.2	8.6	2.0	1.8
1986	2.7	5.2	2.2	1.4	10.4	23.6	8.0	5.3
1987	9.7	15.0	9.2	3.9	57.5	76.1	57.1	35.6
1988	7.4	8.0	7.4	5.0	22.6	15.8	24.1	35.2
1989	7.2	7.5	6.8	5.8	3.5	1.9	2.7	11.9

资料来源：［日］总务省统计局主编：《日本长期统计总览》第3卷，日本统计协会2006年3月发行，第360—361页。

日本泡沫经济的另一个突出表现是股票价格扶摇直上。表3—6的数据显示，20 世纪 80 年代以后，日经平均股价持续上升，10 年中有 7 年的升幅达两位数。80 年代后半期的升势更是凌厉，1986 年、1987 年、1988 年和 1989 年，日经平均股价的年涨幅分别达 42.6%、15.3%、39.9% 和 29.0%。

表 3—6　　20 世纪 80 年代日经平均股价变化情况　　单位：日元，%

年份	年初	最高	最低	年末	比上年末涨幅
1980	6560.16	7188.28	6475.93	7116.38	8.33
1981	7150.95	8019.14	6956.52	7681.84	7.95
1982	7718.84	8026.99	6849.78	8016.67	4.36
1983	8021.40	9893.82	7803.18	9893.82	23.42
1984	9927.11	11577.44	9703.35	11542.60	16.66
1985	11558.06	13128.94	11545.16	13113.32	13.61
1986	13136.87	18936.24	12881.50	18701.30	42.61
1987	18820.55	26646.43	18544.05	21564.00	15.31
1988	21217.04	30159.00	21217.04	30159.00	39.86
1989	30243.66	38915.87	30183.79	38915.87	29.04

资料来源：http：//www3. nikkei. co. jp/nkave/data/year4. cfm.

当然，导致日本泡沫膨胀的因素，不只是财政政策的刺激，持续宽松的金融政策可能是更为重要的原因（参见第一章）。

然而，日本政府却仍期待着前一时期的财政投入带来增长效果，津津乐道地数着景气的持续时间。1991 年 10 月，经济企画厅发布月度报告称：截至 8 月份，景气已持续 57 个月，成为战后持续时间最长的繁荣期。这表明，直到此时，日本政府对泡沫经济的破灭仍处于浑然不知状态，因而，针对泡沫破灭的财政经济对策尚无从谈起。相对于经济形势的变化，财政对策严重滞后。直到泡沫破灭第三个年头的 8 月份，日本政府才推出第一个景气对策。

第二节　泡沫经济崩溃后的财政对策及其效果

关于日本经济泡沫的膨胀程度，日本冈山商科大学教授土生芳人以日本泡沫膨胀期间股票和土地资产增值合计额对GDP之比，对日本泡沫经济的膨胀程度进行了测算，其结果显示，日本泡沫经济的膨胀程度远远超过20世纪20年代后期的美国。20世纪20年代后期，美国泡沫经济的膨胀程度为185%，而日本80年代后期的泡沫经济膨胀程度高达723%，接近美国的4倍。[①]

泡沫吹得越大，市场中投资者的心态越不稳，一阵风袭来，就会将泡沫吹破。在日本，吹破泡沫经济的“风”有三股。一是中央银行货币政策的收紧（参见第一章）。二是日本政府为抑制土地投机，于1990年开始筹划征收“地价税”。三是1990年3月27日大藏省向金融业界发出通知，要求控制对不动产的融资总量。这些政策的叠加，使膨胀的泡沫被捅破。1990年末，日经平均股价为23848.71日元，与上年末相比跌去了38.72%。1991年以后，股市仍延续跌势。与此同时，东京的地价也开始了长达十几年的下跌。

一　财政对策

1992年8月以后，日本政府接连出台大规模的刺激经济政策。第一章表1—9列出了历次对策的时间、核心内容以及资金规模。应该说，1992年以后，日本政府在运用财政政策刺激经济方面，无论是频度还是力度，都是前所未有的。那么，日本政府投入财政资金的规模，究竟大到什么程度？将1998年度与1977年度的情况作一比较，便可以清楚。

1977年度，日本也曾出现经济衰退。如表3—7所示，该年度追加预算规模相当于GDP的0.4%，而1998年度追加预算规模相当于GDP的2.1%。就追加预算占GDP之比来看，1998年度是1977年度的5.25倍。或许有人会说，20年的物价上涨会使货币本身的价值发生变化，时隔20年的财政投资规模没有可比性。因此，这里有必要交代一下此间的物价上涨情况。就日经42种商品价格指数来看，若以1970年为100，则1999年为103.23。[②] 这个数据至少表明，即使是将物价上涨因素考虑在内，泡沫破灭后动用的财政资金，在规模上仍是前所未有的。

---

① ［日］《时下的法令》第1639期，第4页。

② ［日］东洋经济周刊编发：《东洋经济统计月报》2000年第3期，统计篇，第8页。

表 3—7　　1998 年度与 1977 年度财政刺激规模比较　　单位：亿日元，%

	政策规模		占 GDP 的比重	
	1977 年度	1998 年度	1977 年度	1998 年度
经常性财政当初预算	285142.7	776691.8	15.0	15.5
追加预算	8323.5	103223.1	0.4	2.1
经常性财政决算	290598.4	843918.0	15.3	16.8
政府支出规模*	486045.4	1865500.0	25.6	37.2
当年度国债发行额	95612.5	340000.0	5.0	6.8
政府债务余额**	600021.0	5527948.0	31.6	110.3
名义 GDP	1900945.0	5013835.0	—	—

注：* 政府支出规模是经常性财政与特别会计决算合计净值。

** 政府债务余额是中央财政与地方财政长期债务合计净值。

资料来源：［日］财务省主计局调查课编：《财政统计》（2006 年度），独立行政法人国立印刷局 2006 年 8 月 25 日发行，第 49—52、400 页；［日］总务省统计局主编：（新版）《日本长期统计总览》第 1 卷，日本统计协会 2006 年 3 月发行，第 444、449 页。

其实，1998 年度出台的财政措施所涉及的资金规模，远大于表 3—7 中所列的数据。因为，表 3—7 中没有包括为稳定金融秩序而提供的 60 万亿日元财政支持，而 60 万亿日元相当于 1977 年度日本经常性财政实际支出总额的 2.1 倍。

就政策实施方式来看，如表 3—8 所示，1998 年度的财政刺激措施，除通常采用的扩大公共投资外，还有减税，为中小企业投资和个人住宅投资等提供贴息贷款，加大对中小企业融资的担保力度，甚至直接向个人发放消费券（日语称“地域振兴券”），等等。

在财政加大刺激力度的同时，日本还实施了宽松的金融政策，中央银行实施了“零利率政策”，将投放货币的“水龙头”旋至最大限度。日本政府似乎是在以更高的频度、更大的力度、更多样化的刺激方式来抵补政策滞后的影响。

二　财政对策的效果

与高频度、大力度的财政刺激政策相比，政策效果却极其有限。以下从四个方面考察泡沫经济破灭后日本财政对策的效果。

（一）GDP 增长率

1992 年以后，随着日本政府推出的财政刺激措施，GDP 增长率也出现过回升迹象，特别是1996年，日本的实际GDP增长率达2.6%。[①] 其实，1996年出现的较高增长率，是"提前消费"带来的结果。由于下一年的消费税率将由3%提高到5%，从而引发了一波"提前消费"。这波"提前消费"过后，经济重归低迷。表3—9的数据显示，1992—2010年，日本实际GDP年均增长率为0.9%，远没有恢复到泡沫经济前年均3.8%的增长水平。

表3—8　**1998年度日本的财政对策**　单位：亿日元

对策出台时间	当任内阁	对策内容	对策规模
1998年4月（第一次追加预算）	桥本	公共投资	77000
		对居民个人的特别减税	40000
		调节就业补贴	500
		推动结构调整，邮政储蓄资金还流市场	40000
		盘活土地和债权	23000
		向亚洲提供多种形式的援助	7000
		合 计（扣除重复计算）	166500
1998年10月（第二次追加预算）	小渊	建立"早期健全金融机能账户"*	250000
		建立"金融复生账户"**	180000
		向"特别业务账户"拨款***	170000
		合 计	600000
1998年11月（第三次追加预算）	小渊	增大对中小企业的融资担保，促进缓解"惜贷"问题等	126000
		社会基础设施建设	81000
		促进住宅投资	12000
		增加就业（计划目标：100万人）	10000
		发放消费券（也称"地域振兴券"）（发放对象为65岁以上老人、15岁以下儿童）	7000
		向亚洲开发银行提供资金（帮助克服亚洲金融危机）	4000
		合 计	240000

注：1998年第二次追加预算有别于通常的刺激景气政策，其用途是健全金融制度，因而，

① ［日］内阁府编：《经济财政白皮书》，日经印刷株式会社2010年8月6日发行，第455—456页。

在记述财政对策的文献中，一般不将此次追加预算列为财政刺激政策。

* 建立“早期健全金融机能账户”的目的是防银行破产于未然，在银行等金融机构尚未走到破产境地之前，就向其注入资本。

** 建立“金融复生账户”的目的是收购破产银行的不良债权，并为其客户中的优良企业提供贷款等。

*** 向“特别业务账户”拨款的目的是保护存款者利益，当银行因破产而无法偿付存款者的存款时，由该账户代为偿付。

资料来源：《经济政策信息》第161期，1998年6月发行，第34页；《东京新闻》1998年10月17日、1998年11月17日。

表3—9　日本实际GDP年均增长率的变化轨迹　单位：%

年份	实际GDP年均增长率	发展阶段	实际GDP年均增长率
1956—1960	8.8	高速发展时期（1956—1973）	9.2
1961—1965	9.2		
1966—1970	11.1		
1971—1975	4.5	中速发展时期（1974—1985）	3.8
1976—1980	4.4		
1981—1985	4.3		
1986—1990	5.0	泡沫经济时期	5.0
1991—1995	1.4	泡沫经济破裂后（1992—2010）	0.9
1996—2000	1.0		
2001—2005	1.3		
2006—2010	0.4		

资料来源：1956—1985年数据源自［日］东洋经济周刊编发《经济统计年鉴》2002年版，第232页；1986—2005年数据源自［日］内阁府经济社会综合研究所国民经济计算部编《国民经济计算年报》，传媒园（media land）株式会社2010年6月发行，第23页；2006—2010年数据源自［日］《东洋经济统计月报》2011年第8期，第30页。

（二）居民消费

日本国内市场的55%左右是由居民消费支撑的，能否拉动居民消费，对经济增长意义重大。1994年以后，日本政府实施了大范围的减税措施，甚至直接向居民发放消费券。但是，图3—2显示，个人消费的增加并不显著，反倒是由于提高消费税率而引发的“提前消费”，使1996年的民间最终消费出现了2.5%的增幅。但是，“提前消费”过后，又重归低迷。1992—2010年，日本民间最终消费的年均增长率仅为1.1%。①

（三）企业设备投资

以往，在拉动日本经济增长方面，企业设备投资起着“火车头”的作用。泡沫破灭后，尽管财政一而再、再而三地增大公共投资，尽管基准利率连续12次下调，利率降到了接近0，民间设备投资却并未真正被调动起来。如图3—2所示，虽然1997年和2000年一度出现过8.4%和7.5%的增长率，但是，短暂脉冲之后又归于低迷。1992—2001年，民间企业设备投资的年均增长率为-1.4%。显然，增加公共投资并没有真正起到拉动民间投资的作用。

小泉内阁上台后，着力推行结构改革，削减公共投资。从2003年起，民间企业设备投资转为回升，并连续五年保持正增长。2003—2007年，在公共投资年均减幅将近8%的同时，民间企业设备投资却保持了年均3.1%的正增长。这被视为“非凯恩斯效应”。

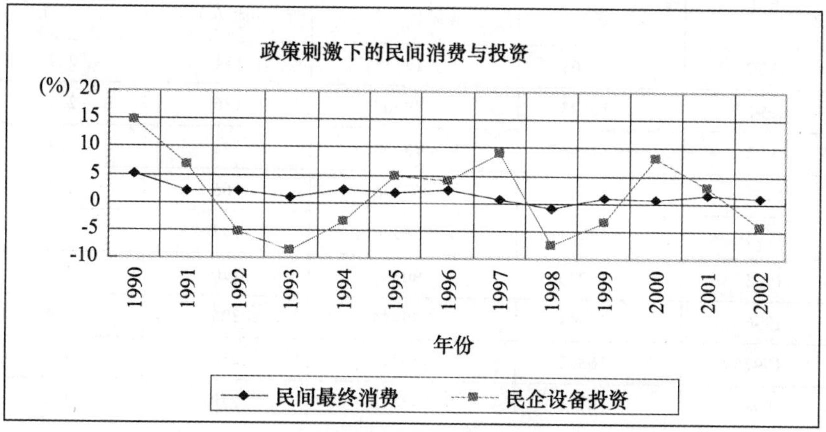

图3—2　政策刺激下的民间最终消费与民间企业设备投资

资料来源：［日］内阁府编：《经济财政白皮书》，日经印刷株式会社2010年8月6日发行，第455—456页；［日］《东洋经济统计月报》2011年第8期，第30页。

① ［日］内阁府经济社会综合研究所国民经济计算部编：《国民经济计算年报》，传媒园（media land）株式会社2010年6月发行，第23页；2006—2010年数据源自［日］《东洋经济统计月报》2011年第8期，第30页。

（四）企业倒闭与失业

实施财政刺激政策的重要目的之一是创造需求，减少企业倒闭和失业。然而，泡沫经济破灭后，尽管日本政府一次次发动刺激政策，但是企业倒闭数并未明显减少。

表 3—10 的数据显示，负债额在 1000 万日元以上的企业倒闭数，1990 年度为 6468 家，1995 年度增加到 15086 家。在财政刺激力度最大的 1998 年度，企业倒闭数增至 19171 家，接近 1990 年度的 3 倍。考虑到刺激政策发挥作用会有一定的时滞，在 1999 年度以后，企业倒闭数应该趋于减少。然而，这种减少却是短暂的，企业倒闭数仅在 1999 年度减至 15460 家，此后的 2000 年度、2001 年度和 2002 年度，企业倒闭数重回 1.9 万家之上，倒闭企业的负债总额也呈增大之势，由 1990 年的 19455 亿日元增大到 2000 年的 239874 亿日元，增大了 11.33 倍。

表 3—10　**泡沫破灭后企业倒闭与失业状况**

年度	企业倒闭数（家）	倒闭企业负债总额（亿日元）	完全失业人数（万人）	完全失业率（%）
1990	6468	19445	134	2.1
1991	10723	79600	136	2.1
1992	14167	75630	142	2.2
1993	14041	67142	166	2.5
1994	13963	54996	192	2.9
1995	15086	90335	210	3.2
1996	14544	79944	225	3.4
1997	16365	140210	230	3.4
1998	19171	143812	279	4.1
1999	15460	135522	317	4.7
2000	19071	239874	320	4.7
2001	19441	162130	340	5.0
2002	19458	137557	359	5.4
2003	16624	117700	350	5.3
2004	13837	79274	313	4.7
2005	12988	67035	294	4.4

续表

年度	企业倒闭数（家）	倒闭企业负债总额（亿日元）	完全失业人数（万人）	完全失业率（%）
2006	13245	55006	275	4.1
2007	14091	57279	257	3.8
2008	15646	122920	265	4.0
2009	15480	69301	336	5.1
2010	13321	71608	334	5.1

注：对倒闭企业的统计，仅限于负债额在1000万日元以上的企业。

资料来源：［日］总务省统计局主编：《日本长期统计总览》，日本统计协会2006年3月发行，第2卷，第90页；第4卷，第52—53页；《东洋经济统计月报》2011年第1期，第38页；第8期，第39、43页。

企业倒闭的直接后果之一是失业者增多。表3—10的数据显示，日本完全失业人数由1990年的134万人上升到2002年的359万人，完全失业率刷新1955年以来的最高纪录。此后就业状况虽然有所改善，但完全失业率仍处在战后的历史高位。

三　财政投资的作用：由“启动器”退化为“替身”

积极财政政策在战后日本经济中的运用始于1965年。此后，每遇经济不景气，日本政府都会发动“景气对策”，以维持经济增长。

在战后日本经济增长过程中，民间企业设备投资起着“引擎”的作用。当“引擎”遭遇经济危机而“熄火”时，财政政策所起的作用就是“点火”，使“熄火”的引擎重新发动起来。我们观察到，在周期性经济危机中，至多一年左右的时间，民间企业设备投资便由降转升。在“撬动”民间设备投资增长方面，财政政策曾发挥过“四两拨千斤”的功效。但是，泡沫破灭后的财政刺激措施，却很难将“熄火”的“引擎”发动起来。于是，不少人认为，日本的财政政策已经失灵。

客观地说，日本泡沫经济崩溃后的财政对策，并非毫无效果。它虽未使日本经济摆脱萧条状态，但却对阻止经济出现更大幅度的滑坡起了一定作用。

民间设备投资持续低迷的主要原因在于设备已经严重过剩。尽管日本政府采取了鼓励处理过剩设备的政策措施，但效果并不明显。

一般而言，处理过剩设备必然会使企业蒙受一定损失，只有当这种损失有望通过新投资获得的更大收益得到弥补时，企业才会对处理过剩设备的政策措施予以积极响应。如今的问题是，日本产业结构升级的空间比过去大大缩小，有利可图的投资机会减少，投资回报的不确定性却在增大。在这种情况下，增大公共投资所起的作用，不是激活民间投资，而只是在量上部分抵补民间投资的减少。也就是说，大量财政投资所起的作用，不再是发动“引擎”的“启动器”，而只是弥补民间投资不足的“替身”。表 3—11 的数据显示，在日本国内生产总值的基本构成中，民间需求所占比重趋于下降，由 1990 年的 79.01% 降至 2010 年的 74.58% 。与此形成对照的是，公共需求所占比重则由 1990 年的 19.46% 升至 2010 年的 24.27% 。

表 3—11　　**日本国内总生产的基本构成（占比）**　　单位：亿日元，%

年份	国内生产总值	民间需求	民间最终需求	民间投资	公共需求	政府最终消费	公共投资	净出口
1990	4401248	79.01	53.22	25.79	19.46	12.93	6.53	0.95
1995	4969222	75.39	55.71	19.68	22.76	14.65	8.11	1.40
2000	5114623	75.45	55.87	19.58	23.19	16.43	6.76	1.43
2005	5017345	75.94	56.99	18.75	22.68	18.06	4.57	1.39
2010	4791758	74.58	58.58	16.00	24.27	20.05	4.19	1.15

注：（1）2010 年为速报数据。

（2）各项目所占比重相加不总是等于 100%，因为没有计入库存增减数据。

资料来源：1990—2000 年数据源自［日］总务省统计局主编《日本长期统计总览》第 1 卷，日本统计协会 2006 年 3 月发行，第 284—285 页；2005—2010 年数据源自［日］《东洋经济统计月报》2011 年第 8 期，第 30—31 页。

1991—2001 年度，公共需求的“替身”作用主要表现在投资方面。2002 年度以后，小泉政权推行结构改革政策，削减了传统的公共投资，增加公共需求的“替身”作用主要表现在消费方面。在日本国内生产总值中，政府最终消费所占比重由 1990 年的 12.93% 升至 2010 年的 20.05% 。

但是，公共需求的增加不可能完全弥补民间需求的减少。以 2000 年为例，民间需求每下降 1% 所减少的支出规模为 38590 亿日元，而公共需求每增加1%对应的支出规模仅为11860亿日元，在量上不及民间的1/3。因此，公共需求的“替身”作用不可能是“全替”，只能是“小部分替代”。

政府“部分替代”民间投资和消费也付出了沉重的代价，其突出表现之一便是财政收支严重失衡，以致陷入可持续性危机。关于这方面的情况，将在本章第三节展开分析。

四　财政政策效果弱化的原因

刺激经济复苏是财政政策当局的主观愿望。能否如愿以偿，取决于诸多客观条件。泡沫破灭后，日本的财政刺激政策之所以收效甚微，正是由于国内外条件发生了许多变化。

（一）经济全球化减弱本国财政政策效果

一般而言，采取扩张性的财政政策，会导致利息率上升，招致资本流入，推高汇率，抑制本国出口，而出口减少则会抵消财政扩张对经济增长的刺激作用，形成财政政策失效。这是经济学中蒙代尔—弗莱明模型的结论。然而，日本的情况则与传统理论有所不同。日本刺激景气的财政政策，只是为国内剩余资金提供一条出路，并未带来利息率的上升，日本的资本仍旧是净流出状态。

值得注意的是，日本政府增加的财政投资，并不能全部形成对国内产业的需求。随着经济全球化的进展，国家间的人员、资本和物资流动日趋活跃，特别是在内外价格差悬殊的情况下，日本的消费者通过网上订购等，购买物美价廉的外国产品；日本企业也通过外包加工等方式来降低生产成本。因此，由政府减税政策而增加的民间收入，有一部分转变为对国外产品和产业的需求，从而弱化了财政政策对本国经济的刺激效果。

（二）国内市场需求潜力下降

当经济发展尚处于较低阶段时，居民的消费结构和消费水平也处在较低层次，消费具有巨大的增长潜力。在传统消费品市场趋于饱和后，新的更高层次的消费品又涌现出来，市场在消费结构的升级中不断得到扩大。因而，萧条时期出现的需求不足只是暂时现象，财政政策稍一刺激，就可以打开需求不足的局面，使经济恢复增长。

然而，随着经济追赶时代的结束，消费结构难以再像以前那样快速升级，市场趋于饱和。无论政府怎么刺激需求，日本居民都不会去买多余的东西。这与负债消费的美国人很不一样。国内消费低迷，是20世纪90年代以来日本财政政策收效甚微的根本原因之一。

（三）传统公共投资乘数效应下降

表3—12是对公共投资带来的乘数效应的测算。由于所使用的模型不同，各次测算的结果没有绝对的可比性，只是提供一个大致的变化趋势。从表3—12可以看到，1967—1977年，政府每单位公共投资对实际GDP增长的乘数第一年为1.19，第二年为1.99，第三年为2.51。1985年以后，日本每单位公共投资对经济增长带来的乘数效应，无论是用名义GDP还是实际GDP观察都在下降。1990—2005年前后，公共投资的乘数效应第一年为1.02，第二年为1.06，第三年为0.89。公共投资对经济增长的带动效应之所以下降，一个很重要的因素是日本产业结构本身发生了变化。

表3—12 日本公共投资的乘数效应

测算模型②	测算期间	实际Ig①对实际GDP的乘数效应			名义Ig对名义GDP的乘数效应		
		第一年	第二年	第三年	第一年	第二年	第三年
世界经济模型第1版	1967—1977③	1.19	1.99	2.51	1.27	2.25	2.72
世界经济模型第2版	1966—1982④	1.11	1.62	1.84	1.47	2.25	2.72
世界经济模型第3版	1975—1984	1.16	1.56	1.65	1.35	1.95	2.18
世界经济模型第4版	1979—1988	1.33	1.57	1.63	1.39	1.88	2.33
世界经济模型第5版	1983—1992	1.24	1.40	1.40	1.32	1.75	2.13
短期日本经济宏观计量模型	1985—1997	1.21	1.31	1.24	1.31	1.65	1.97
短期日本经济宏观计量模型（2006年版）	1990年至最近⑤	1.02	1.06	0.89	1.19	1.64	1.92

注：①Ig代表1单位公共投资；②前4版测算乘数效应用的是GNP数字；③为日本财年数据；④为1966年一季度到1982年一季度数据，其余为西历年数据；⑤根据原文出版时间推测，这里的“最近”一词应是指2005年或2006年。

资料来源：转引自［日］内阁府政策统筹官编《日本的社会资本2007》，独立行政法人国立印刷局2007年3月30日发行，第13页。

传统的公共投资主要是用于修建道路、桥梁、河川等，由此增加的主要是对水泥、沙石、钢铁等建筑材料和建筑机械的需求。建筑机械的生产波及链虽然比建材长，但因其更新周期较长，且增加的只是对特定产业的需求，波及面比较有限。在经济发展的初期阶段，钢铁、水泥等建材业在整个经济中占的比重较大，因此，传统公共投资对经济的拉动效果也比较明显。但是，随着产业结构的升级，第三产业所占比重上升，在第二产业中仍保持上升势头的是电器、电子、电脑、精密化学等深加工工业，第三产业和深加工工业成为经济增长的主体。然而，传统公共投资几乎波及不到作为增长主体的这些产业。

（四）巨额财政赤字抑制国民消费

日本的“少子高龄化”（即低出生率和老年人所占比重上升）问题越来越突出。原有的社会保障体系能否维持下去，成为许多国民忧虑的问题。因而，储蓄防老的意识更加强烈。在这种情况下，政府采取的减税措施，有相当大一部分转变成了居民储蓄，难以收到刺激需求的效果。针对这一问题，日本政府在1998年度转变了刺激方式，即直接向居民发放商品券，并规定商品券只能用于购物，不得兑换现金。这固然可以使政府投入的资金最大限度地变为有购买力的需求，但是，这一做法的刺激作用似乎并不理想。因为居民用商品券购买生活必需品，将由此节省下来的钱转为储蓄。

日本国民知道，政府本身并不创造价值，财政赤字最终要用国民和企业交纳的税款偿还。因此，政府债务规模越大，国民对未来的社会负担和生活前景越是感到不安，越是不敢放开消费。1992年以来，日本政府接连不断扩大财政支出，然而，居民实际消费支出自1993年后连续七年下降，其中，财政支出规模大幅度增加的1998年和1999年，日本全国家庭实际消费支出分别比上年下降了2.2%和1.2%。①

（五）财政投资本身的弊端

日本财政投资中的最大弊端是受制于既得利益集团的制约，支出结构僵化。在日本，增加公共投资往往与地区开发、促进后进地区发展相结合。政治家们巩固“票田”的竞争，也往往体现在能给本地区争取到多少公共投资。因此，刺激景气的政策在决策程序上很容易获得通过。但是，在经济恢复景气之后，要削减公共投资，则会受到顽强抵制。这种情况在土木建筑业表现尤为突出。

① 《东洋经济统计月报》2000年第5期，统计篇，第13页。

随着技术的进步，土木建筑施工不再主要是人力、铁锹和镐头，而是大型的机械装备。如果因为经济恢复了景气而压缩公共投资，一些大型建筑装备就会闲置，建筑企业的经营将面临极大困难。于是，建筑业企业便通过政治家进行活动，将经济景气时期增加的税收用于公共投资，由此使公共投资丧失了反经济周期的机能。扩大公共投资的政策，与其说是反经济周期的需要，不如说是政治家们维护“票田”、建筑业维持经营的需要。于是，日本公共投资中重复建设、大而不当、华而不实的问题越来越突出。例如，在东京大栗川一处100多米的河段上，建有两座公路桥。再比如，将旧河堤毁掉，重新修筑一遍……类似这种公共投资，均是既得利益集团“为自己制造工作与需求”。

随着社会基础设施逐步趋于完善，公共投资的结构和投资方向也需相应进行调整。然而，由于既得利益集团的制约，日本在这方面的调整举步维艰。例如，每年近3万亿日元的汽油税收入，只能用于修建道路，而不能用在其他方面。以致日本的有识之士指出，如果这项特定财源制度长期维持下去，日本早晚有一天会被道路埋起来。① 但是，这项特定财源制度却一直维持到了2009年3月。

第三节　金融经济危机演化为财政危机

泡沫经济崩溃，严重打击了日本的金融业，对原有金融体系造成巨大冲击。关于这方面的情况，前两章已作了较全面的分析。这里要指出的是，表面上看，经过政策救助和一系列运作，金融危机趋于平伏，实际上，危机并未完全释放，也未真正化解，而只是转变了表现形式，由金融危机演化为财政危机。泡沫经济崩溃后，日本在财政危机的泥淖中越陷越深。

一　税收萎缩

在经济萎靡的背景下，日本政府的税收显著减少。日本国税的主力税种有三个：一是个人所得税，二是法人税，三是消费税。这三个主力税种合计占日本国税收入的71%以上。

---

① ［日］小此木洁：《财政结构改革》，岩波书店1998年1月20日发行本，第35页。

表3—13的数据显示，1990年度以后，个人所得税和法人税的税收规模持续萎缩。2010年度与1990年度相比，个人所得税减少了51.5%，法人税的减幅高达67.6%，只有消费税增长了108.5%。

表3—13　　日本国税及主力税种的税收规模　　单位：亿日元,%

年度	国税总额	个人所得税	法人税	消费税	三税合计（占比）
1990	627798	259955	183836	46227	490018　（78.1）
1995	549630	195151	137354	57901	390406　（71.0）
2000	527209	187889	117472	98221	403582　（76.6）
2005	522905	155859	132736	105834	394429　（75.4）
2008	458309	149851	100106	99689	349646　（76.3）
2009	383685	127640	51750	93810	273200　（71.2）
2010	394623	126140	59530	96380	282050　（71.5）
2010/2000增减幅度	-25.2	-32.9	-49.3	-1.9	-30.1　（—）
2010/1990增减幅度	-37.1	-51.5	-67.6	+108.5	-42.4　（—）

注：2008年度以前为决算数据，2009年度为修正后预算数据，2010年度为当初预算数据。

资料来源：［日］财务省财务综合政策研究所编：《财政金融统计月报》2010年第4期，第28—29页。

其实，消费税的增长包含两个不可比因素。其一，消费税是1989年度新开征的税种，随着征收的逐步到位，税收自然增加。其二，自1998年度起，日本将消费税率由3%调高到了5%，由此带来消费税的大幅度增加。就可比较的年度来看，消费税的税收规模也在萎缩，只是萎缩的幅度不像个人所得税和法人税那么大，2010年度同2005年度相比，消费税的税收规模缩小了8.9%。

就三大主力税种合计的税收规模来看，2010年度比1990年度减少了42.4%。主力税种收入规模大幅度萎缩，拉动国税收入总额下降。2010年度，国税收入规模比1990年度减少了37.1%。

税收萎缩还表现为税收在整个经济中所占比重下降。如表3—14所示，包括地方税在内的税收总规模占国民收入和GDP的比重，1990年度分别为27.7%和21.3%，2010年度分别降至21.5%和15.2%，降幅均超过6个百分点。

导致税收萎缩的直接因素是泡沫崩溃后的经济长期低迷。但是，20余年的持续经济低迷，却不能简单地全部归因于泡沫经济崩溃，不能把泡沫经济崩溃的影响无限扩大化。应该看到，包括泡沫膨胀以及泡沫崩溃后20余年的长期经济低迷，有着共同的根源，这个共同的根源就是“后发优势”消失后，缺乏继续拉动经济增长的火车头产业。这也是导致税收萎缩的根本原因。

表3—14　**日本税收在国民收入和GDP中所占份额**　单位：亿日元,%

年度	国民收入（A）	GDP（B）	税收总额（C）	地方税	（C）/（A）	（C）/（B）
1990	3468929	4516830	962302	334504	27.7	21.3
1995	3689367	4977400	886380	336750	24.0	17.8
2000	3718039	5041188	882673	355464	23.7	17.5
2008	3515221	4941987	853894	395585	24.3	17.3
2009	3332000	4731000	725848	342163	21.8	15.3
2010	3364000	4752000	723944	329321	21.5	15.2
2010/2000 增减幅度	-9.5	-5.7	-18.0	-7.4	-2.2	-2.3
2010/1990 增减幅度	-3.0	-5.2	-24.8	-1.6	-6.2	-6.1

注：国民收入和GDP数值，2008年度以前为实际数，2009年度和2010年度为预估值。税收规模数据，2008年度以前为决算数，2009年度为修正后预算数据，2010年度为当初预算数据。

资料来源：［日］财务省财务综合政策研究所编：《财政金融统计月报》2010年第4期，第18页。

二　财政基础收支严重失衡

所谓财政基础收支，是不含债务收入和国债利息等费用的财政收支。财政基础收支能够比较真实地反映税收等正常财政收入能够在多大程度上满足财政支出的需要。

表3—15的数据显示，自20世纪70年代以来，日本绝大部分年度的财政基础收支是负数。这表明，日本政府的财政收入与支出之间存在缺口已成为常态。

日本财政收支缺口的显著扩大始于20世纪70年代中期。受石油危机影响，日本经济一下子由高速增长跌至负增长，税收大幅度萎缩。与此同时，政府为刺激经济回升而实施扩大支出政策，致使财政基础收支缺口急剧扩大。如表3—15所示，1979年度，日本财政基础收支缺口达32.4%。不过，经过20世纪80年代的“财政重建”，加之经济恢复增长，财政基础收支缺口很快收缩，1990年度预算甚至出现16.7%的盈余。从20世纪70年代中期到90年代初，日本的财政运营形成了如下演进过程，即石油危机→税收减少+实施财政刺激→财政收支缺口扩大→经济回升+重建财政→财政基础收支转为盈余。

表3—15 **日本财政基础收支规模与缺口** 单位：亿日元，%

年度	基础收入			基础支出合计	基础收支余缺	
	税收	其他收入*	合计		金额	占比
1965	32877	3704	36581	36360	221	0.6
1970	69384	5813	75197	76589	-1392	-1.8
1975	173400	19488	192888	202494	-9606	-4.7
1979	214870	18431	233301	345218	-111917	-32.4
1980	264110	19078	283188	372784	-89596	-24.0
1985	385500	22696	408196	422754	-14558	-3.4
1990	580040	26396	606436	519482	86954	16.7
1995	537310	46581	583891	577658	6233	1.1
2000	486590	37181	523771	630217	-106446	-16.9
2001	507270	36074	543344	654818	-111474	-17.0
2002	468160	44140	512300	645588	-133288	-20.6
2003	417860	35581	453441	649910	-196469	-30.2
2004	417470	37739	455209	645423	-190214	-29.5
2005	440070	37859	477929	637407	-159478	-25.0
2006	458780	38350	497130	609245	-112115	-18.4
2007	534670	40098	574768	619100	-44332	-7.2
2008	535540	41593	577133	628981	-51848	-8.2
2009	461030	91510	552540	683043	-130503	-19.1
2010	373960	106002	479962	709319	-229357	-32.3
2011	409270	71866	481136	708625	-227489	-32.1

注：本表数据均为当初预算数字。

*其他收入指除税收和债务之外的收入，诸如国有财产收入、国营事业单位上缴、罚没收

入等。

数据来源：[日] 财务省主计局编：《我国的财政事情》(2011 年度政府预算案)，第 9—10 页 (http://www.mof.go.jp/budget/budger_workflow/budget/fy2011/seifuan23/yosan004.pdf)。

然而，泡沫经济崩溃后，上述演进过程却没有再现。到 2010 年度，泡沫崩溃已达 20 年，追加预算的财政刺激措施频繁实施，经济却依旧萎靡，财政基础收支缺口常常高达两位数。到 2010 年，税收等基础财政收入仅为 479962 亿日元，相对于 709319 亿日元的基础财政支出需要而言，收支缺口高达 32.3%。2011 年度，受大地震、海啸、核泄漏等多重灾害影响，财政基础收支的实际缺口将远远大于 32.1% 的预算缺口，失衡程度更加严重。

同其他主要发达国家相比，日本的财政状况也是每况愈下。图 3—3 显示，在 1995 年以来的多数年份里，日本财政赤字占 GDP 的比重往往名列主要发达国家前茅。

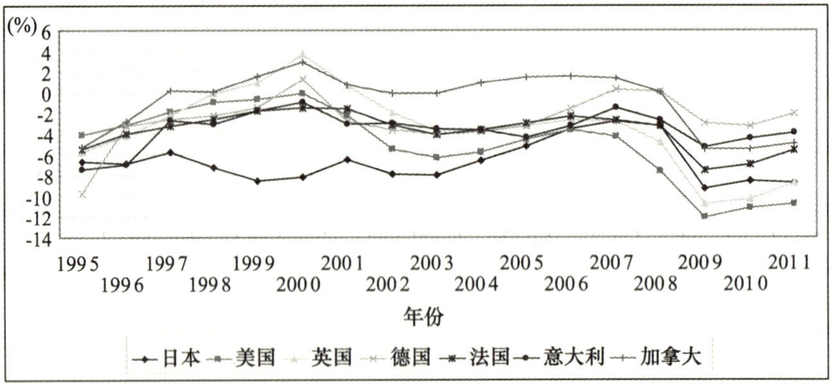

图 3—3 主要发达国家财政赤字对 GDP 之比

资料来源：OECD：*Economics Outlook*。转引自［日］财务省编《日本财政相关资料》，2011 年 9 月版，第 18 页 (http://www.mof.go.jp/budget/fiscal_condition/related_data/sy014_23.pdf)。

就政府债务余额占 GDP 的比重来看，如图 3—4 所示，日本自 1999 年度以来一直高居主要发达国家之首。

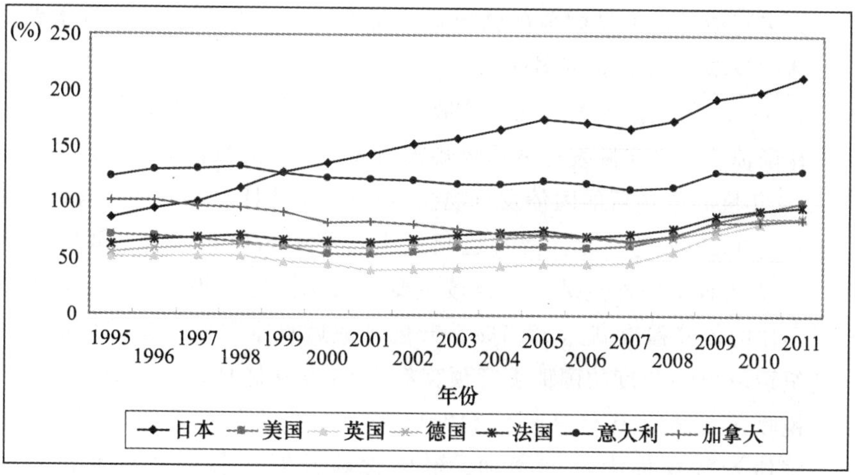

图 3—4　主要发达国家政府债务余额对 GDP 之比

资料来源：OECD：*Economics Outlook*（2011 年 6 月）。转引自［日］财务省编《日本财政相关资料》，2011 年 9 月版，第 19 页（http：//www. mof. go. jp/budget/fiscal_ condition/related_ data/sy014_ 23. pdf）。

三　财政对债务依赖程度快速上升

经过 20 世纪 80 年代的“重建财政”，日本中央财政对债务的依赖程度（国债发行额/经常性财政收入预算）由 1979 年度的 39. 6% 下降到 1991 年度的 7. 6% 。然而，以泡沫经济崩溃为转折点，财政对债务的依赖程度重拾升势。表 3—16 的数据显示，2000 年度，日本中央财政对国债的依赖程度已升至 38. 4% ，2003 年度以后动辄高达 40% 以上。

由于经济持续萎靡和税收减少，国债的发行结构也在发生变化。1974 年度以前，日本政府发行的全部是建设国债。顾名思义，建设国债主要是为公共设施等建设项目筹资而发行。与之对应的概念是赤字国债，即为弥补政府经常性财政收入不足而发行的国债，赤字国债属于“政府为吃饭而借的债”。

日本政府发行赤字国债始于 1975 年度。经过 20 世纪 80 年代的财政重建，赤字国债在 1990—1993 年度曾一度停止发行。然而，自 1994 年度起，日本政府重新开始发行赤字国债，且发行规模越来越大。不过，在 1995 年度以前，除极个别年度外，赤字国债一直处于次要地位。1996 年度，赤字国债所占比重跃升至 57. 1% 。1999 年度以后，在新发行的国债中，赤字国债超过建设国债的情况成为常态。2003 年度以后，日本新发行国债的 80% 左右为赤字国债。

表 3—16 的数据均为当初预算数。需要指出的是，由于追加预算和追加发行国债，日本实际发行的国债规模与表 3—16 的数据是有出入的。例如 2009 年度，修正后的国债发行规模达 534550 亿日元，不仅大大超过当初预算的 332940 亿日元，而且也超过当年度的国税收入（368610 亿日元），[①] 成为日本经常性财政资金最主要的来源。这一年，日本经常性财政对国债的依赖程度高达 52.1%，开创了战后日本政府主要靠借债度日的新纪录。2010 年度的国债发行预算额为 443030 亿日元，仍高于当年度的国税收入（396430 亿日元）。[②] 2011 年度，受千年一遇的地震灾害影响，国债发行规模大幅度增加，经常性财政对国债的依赖程度约达 52.5%（第三次修正后预算数字），再创历史新高。

表 3—16　**日本财政债务结构与国债依存度**　单位：亿日元，%

年度	财政收入规模（A）	国债发行额（B）	建设国债占比	赤字国债占比	国债依存度（B）/（A）
1970	79498	4300		—	5.4
1975	212888	20000		—	9.4
1979	386001	152700		52.8	39.6
1980	425888	142700		52.5	33.5
1985	524996	116800		49.1	22.2
1990	662368	55932	100.0	—	8.4
1991	703474	53430	100.0	—	7.6
1992	722180	72800	100.0	—	10.1
1993	723548	81300	100.0	—	11.2
1994	730817	136430	77.0	23.0	18.7
1995	709871	125980	77.4	22.6	17.7
1996	751049	210290	42.9	57.1	28.0

① ［日］财务省财务综合政策研究所编：《财政金融统计月报》2010 年第 5 期，第 38 页。

② 同上刊，第 42 页。

续表

年度	财政收入规模（A）	国债发行额（B）	建设国债占比	赤字国债占比	国债依存度（B）/（A）
1997	773900	167070	55.3	44.7	21.6
1998	776692	155570	54.2	45.8	20.0
1999	818601	310500	30.1	69.9	37.9
2000	849871	326100	28.1	71.9	38.4
2001	826524	283180	29.9	70.1	34.3
2002	812300	300000	22.6	77.4	36.9
2003	817891	364450	17.6	82.4	44.6
2004	821109	365900	17.8	82.2	44.6
2005	821829	343900	18.0	82.0	41.8
2006	796860	299730	18.3	81.7	37.6
2007	829088	254320	20.6	79.4	30.7
2008	830613	253480	20.6	79.4	30.5
2009	885480	332940	22.8	77.2	37.6
2010	922992	443030	14.3	85.7	48.0
2011	924116	442980	13.7	86.3	47.9

注：本表数据均为当初预算数字。

资料来源：［日］财务省主计局编：《我国的财政事情》（2011 年度政府预算案），第 9—10 页（www. mof. go. jp/budget/budger_ workflow/budget/fy2011/seifuan23/yosan004. pdf）。

四　政府债务余额高居主要发达国家之首

本来，日本政府在 20 世纪 80 年代的重建财政期间，就隐藏下来一部分债务。随着财政刺激措施的频繁出台，国债余额越积越多。表 3—17 的数据显示，到 1999 年，日本政府的债务余额已相当于其 GDP 的 127%，超过意大利（126.4%），成为主要发达国家中政府债务余额最多的国家。不过，若从政府净债务余额的角度看，这时的日本财政还不是最糟糕的，因为日本政府手中还握有相当多的金融资产。从政府债务余额中扣除政府拥有的金融资产等，就政府净债务余额占 GDP 的比重来看，1999 年，日本是 53.8%，仅为意大利（101.1%）的一半多。然而，不到 10 年时间，这种局面便发生了变化。

表 3—17　　主要发达国家政府债务余额占 GDP 的比重　　单位:%

年份	美国	英国	德国	法国	意大利	加拿大	日 本
1995	70.7	51.6	55.7	62.7	122.5	101.6	86.2
1996	69.9	51.2	58.8	66.3	128.9	101.7	93.8
1997	67.4	52.0	60.3	68.8	130.3	96.3	100.5
1998	64.2	52.5	62.2	70.3	132.6	95.2	113.2
1999	60.5	47.4	61.5	66.8	126.4	91.4	127.0
2000	54.5	45.1	60.4	65.6	121.6	82.1	135.4
2001	54.4	40.4	59.8	64.3	120.8	82.7	143.7
2002	56.8	40.8	62.2	67.3	119.4	80.6	152.3
2003	60.2	41.5	65.4	71.4	116.8	76.6	158.0
2004	61.2	43.8	68.8	73.9	117.3	72.6	165.5
2005	61.4	46.4	71.2	75.7	120.0	71.6	175.3
2006	60.8	46.1	69.3	70.9	117.4	70.3	172.1
2007	62.0	47.2	65.3	72.3	112.8	66.5	167.0
2008	71.0	57.0	69.3	77.8	115.2	71.3	174.1
2009	84.3	72.4	76.4	89.2	127.8	83.4	194.1
2010	93.6	82.4	87.0	94.1	126.8	84.2	199.7
2011	101.1	88.5	87.3	97.3	129.0	85.9	212.7

资料来源：OECD：*Economics Outlook*（2011 年 6 月）。转引自［日］财务省编《日本财政相关资料》，2011 年 9 月版，第 19 页（http：//www. mof. go. jp/budget/fiscal_ condition/related_ data/sy014_ 23. pdf）。

表 3—18 的数据是扣除政府持有的金融资产等，就政府的净债务余额进行的国际比较。表 3—18 的数据显示，2008 年，日本政府的净债务余额对 GDP 之比达 96.5%，超过了意大利（89.9%）。这意味着，就政府净债务余额来看，日本也已成为主要发达国家中最糟糕的一个。

五　国债还本付息负担沉重

在日本财政支出中，全面反映国债还本付息负担的是“国债费”。所谓“国债费”，主要包括三项：一是到期国债本金，二是国债利息，三是发行和偿还国债而产生的事务费。

国债的利息负担与利息率成正比。泡沫经济崩溃后，日本的基准利率迭创历史新低，2001 年 9 月以后更是降至接近零的水平，国债的利息负担也相应减轻。但是，由于国债余额巨大，日本政府每年支付的国债利息仍相当可观。2000 年度、2010 年度和 2011 年度，国债利息支出分别为 107432 亿日元、97567 亿日元和 99238 亿日元，占经常性财政支出的比重分别为 12.6%、10.6% 和 10.7%。[①]

表 3—18　　主要发达国家政府净债务余额占 GDP 的比重　　单位:%

年份	美国	英国	德国	法国	意大利	加拿大	日本
1995	53.8	26.3	29.7	37.5	99.0	70.7	23.8
1996	51.9	27.9	32.7	41.8	104.5	70.0	29.2
1997	48.8	30.6	32.4	42.3	104.6	64.7	34.8
1998	44.9	32.6	36.2	40.5	107.0	60.8	46.2
1999	40.2	29.0	34.7	33.5	101.1	55.8	53.8
2000	35.3	26.8	33.9	35.1	95.6	46.2	60.4
2001	34.6	23.2	36.2	36.7	96.3	44.3	66.3
2002	37.2	23.7	40.3	41.8	95.7	42.6	72.6
2003	40.5	23.9	43.1	44.2	92.7	38.7	76.5
2004	42.1	25.9	47.2	45.3	92.5	35.2	82.7
2005	42.5	27.1	49.3	43.2	93.8	31.0	84.6
2006	41.7	27.5	47.4	37.2	90.7	26.3	84.3
2007	42.6	28.5	42.2	34.8	87.1	22.9	81.5
2008	48.2	33.0	43.9	42.7	89.9	22.4	96.5
2009	59.8	44.0	47.9	40.3	100.5	28.4	110.0
2010	67.3	56.3	50.1	56.6	99.1	30.4	116.3
2011	74.8	62.4	51.2	60.2	100.6	33.7	127.8

资料来源：OECD：*Economics Outlook*（2011 年 6 月）。转引自［日］财务省编《日本财政相关资料》，2011 年 9 月版，第 20 页（http：//www. mof. go. jp/budget/fiscal_ condition/related_ data/sy014_ 23. pdf）。

① 此处均为预算数据。数据源自［日］财务省财务综合政策研究所编《财政金融统计月报》2011 年第 5 期，第 41 页。

表3—19的数据显示，“国债费”支出总体上呈上升之势。1990年度、2000年度和2011年度，“国债费”支出预算分别为142886亿日元、219653亿日元和215491亿日元，占经常性预算支出的比重分别为21.6%、25.8%和23.3%。

按照2010年度末东京银行间外汇市场汇率（1美元=85.7日元）折算，[①] 日本2010年度的“国债费”（206491亿日元）相当于2409.5亿美元，这比世界上许多国家的国内生产总值还要高。2010年，一些经济状况不错的国家的GDP为：新西兰1405亿美元，爱尔兰2070亿美元，智利2033亿美元，新加坡2227亿美元，菲律宾2392亿美元，马来西亚2380亿美元。[②] 日本政府支付的“国债费”，超过这些国家全年的国内生产总值。

2011年度，日本政府的“国债费”支出预算为215491亿日元。如果按一年365天计算，日本政府平均每天的“国债费”支出为590.39亿日元。这意味着，在1天24小时里，每过1小时，政府就得支出24.6亿日元用于国债还本付息。如果按1年250个工作日（扣除节假日和每周两天休息日）、每个工作日8小时计算，日本政府平均每个工作日应支付的“国债费”为861.96亿日元，平均每小时的支付额达107.75亿日元。这对日本政府和日本经济发展是一个沉重的负担。

六　政府发债面临国内资金不足的制约

日本国债的持有者结构与欧美不同，外债所占比重很小，截至2010年仅为5%稍强，即日本国债的95%左右在国内消化。[③] 形成这种状况的一个重要前提是：日本国内有较充裕的储蓄。如今，这一前提已经或正在趋于消失。

随着日本人口结构的快速老龄化，居民储蓄率显著下降。表3—20的数据显示，日本居民储蓄率已由1998年的10.7%降为2008年的3.3%。仅仅10年时间，储蓄率的降幅达69.2%。日本作为资金剩余国的时代行将结束，日本政府发行国债将面临国内资金不足的制约。

---

① 汇率数据引自［日］《东洋经济统计月报》2011年第8期，第58页。

② 以美元计价的世界各国名义GDP排名（http：//ecodb.net/ranking/imf_ ngdpd.html）。

③ 日美国债的持有状况和欧洲圈的GDP与债务构成（http：www.mito.co.jp/FILE/topics/110815.pdf）。

表 3—19　　日本“国债费”支出增长状况　　单位：亿日元，%

年度	经常性财政支出（A）		“国债费”支出（B）		“国债费”占比（B）/（A）
	数额	增长率	数额	增长率	
1965	36581	12.4	220	-51.5	0.6
1970	79498	18.0	2909	4.3	3.7
1975	212888	24.5	10394	20.6	4.9
1980	425888	10.3	53104	30.2	12.5
1985	524996	3.7	102242	11.7	19.5
1990	662368	9.6	142886	22.5	21.6
1995	709871	-2.9	132213	-7.9	18.6
2000	849871	3.8	219653	10.8	25.8
2005	821829	0.1	184422	5.0	22.4
2010	922992	4.2	206491	2.0	22.4
2011	924116	0.1	215491	4.4	23.3

注：本表数据均为当初预算数字。

资料来源：[日] 财务省主计局编：《我国的财政事情》（2011 年度政府预算案），第 9—10 页（http：www. mof. go. jp/budget/budger_ workflow/budget/fy2011/seifuan23/yosan004. pdf）。

表 3—20　　日本家庭消费与储蓄率的变化　　单位：万亿日元，%

年度	可支配收入	领取年金增减	最终消费支出	储蓄	储蓄率
1998	307.5	3.0	277.3	33.2	10.7
1999	306.8	2.6	278.4	31.1	10.0
2000	299.0	2.6	277.9	23.7	7.9
2001	291.0	1.9	277.8	15.1	5.2
2002	289.7	1.1	277.6	13.2	4.6
2003	287.2	0.6	276.6	11.2	3.9
2004	288.4	-0.4	278.0	9.9	3.4
2005	291.8	-0.4	280.8	10.7	3.7
2006	295.4	-0.4	283.6	11.4	3.9
2007	293.5	-1.1	287.3	5.1	1.7
2008	292.8	-1.6	281.7	9.6	3.3

资料来源：1998—2008 年数据源自 [日] 内阁府经济社会综合研究所国民经济计算部编《国民经济计算年报》，传媒园（media land）株式会社 2010 年 6 月发行，第 12 页。

提及日本的资金状况，不可回避的一个数字是日本拥有1400万亿日元的国民个人金融资产。这一提法源于日本内阁府经济社会综合研究所编制的2001年版《国民经济计算年报》。这部年报披露，到2000年3月末，日本居民个人金融资产余额超过1400万亿日元。

表3—21的数据显示，日本居民金融资产余额最多时曾达到1565.6万亿日元（2006年末）。

表3—21 **日本居民个人金融资产余额的变化** 单位：万亿日元

年度	金融资产余额	负债余额	金融纯资产余额
1990	990.4	321.7	663.6
1995	1235.8	391.9	843.9
2000	1414.7	404.8	1009.9
2001	1391.6	396.1	995.5
2002	1380.0	388.8	991.2
2003	1416.6	382.6	1034.0
2004	1445.7	379.3	1066.4
2005	1540.4	383.9	1156.5
2006	1565.6	384.0	1181.6
2007	1511.1	374.9	1136.2
2008	1419.7	373.3	1046.4

注：1990年和1995年数据源自［日］内阁府经济社会综合研究所编《国民经济计算年报》，财务省印刷局2001年版，第514—515页；2000—2008年数据源自［日］内阁府经济社会综合研究所国民经济计算部编《国民经济计算年报》，传媒园（media land）株式会社2010年6月发行，第410—411页。

不过，单纯谈论金融资产并无实质意义，因为，日本居民不单拥有资产，同时还有负债。冲减居民负债余额后，日本居民拥有的净金融资产最多时为2006年末的1181.6万亿日元，按照当年平均汇率（116.31日元=1美元）折算，约合10.21万亿美元，其规模超过同年欧洲四个主要发达国家（德、法、英、意）GDP之和（9.47万亿美元）。

泡沫经济崩溃20年来，日本政府每年推出的巨额国债之所以能够发行出去，而且95%左右的国债是以较低利率在国内消化，与日本居民拥有庞大的净金融资产密不可分。

日本居民金融资产余额的结构如表3—22所示。2008年，日本居民金融资产余额为1419.7万亿日元。其中，现金和存款占55.8%，股票以外的有价证券占6.5%，股票和出资占6.1%，保险和年金积金占28.1%。已经作为出资和投入保险、年金积金的资金，个人是无权随意支配的。即使是个人存款，也已经通过银行、邮政储蓄等，运用到包括国债、地方债、企业贷款等方面。

还需指出，日本的居民金融资产统计中包含个体企业。常识告诉我们，个体企业的营运资金和销售货款等，与作为消费剩余的个人金融资产在本质上是不同的。保守估计，个人企业营运资金等约达100万亿日元。[①] 若将这部分资金从居民金融资产中扣除，再减去负债余额，2008年，日本居民净金融资产余额约为946.38万亿日元。

另据日本银行2011年12月21日发表的《资金循环统计（2011年第三季度速报）》，截至2011年9月末，日本居民金融净资产为1117万亿日元，[②] 比2008年末增加70.6万亿日元，增幅为6.7%。但是，公债余额的增加幅度更大。

表3—22　**日本居民金融资产与负债余额的构成（2008年）**　单位：亿日元，%

金融资产			负债		
项目	金额	构成比	项目	金额	构成比
现金和存款	7915436	55.8	借款	3160140	84.7
有价证券（不含股票）	922331	6.5	金融衍生品	4650	0.1
股票与出资 （其中：股票）	872244 （826821）	6.1 （5.8）	其他负债	567887	15.2
金融衍生品	4475	0.03	—		—
保险、年金积金	3986559	28.1	—		—
其他金融资产	495468	3.5	—		—
金融资产余额合计	14196513	100.0	负债余额合计	3732677	100.00

资料来源：［日］内阁府经济社会综合研究所国民经济计算部编：《国民经济计算年报》，传媒园（media land）株式会社2010年6月发行，第411页。

① 闲置个人金融资产1400万亿日元不过是虚数（http://homepage2.nifty.com/niwaharuki/jpp0st3-1.htm）。

② 日本银行调查统计局2011年12月21日发布的《资金循环统计（2011年第三季度速报）》参考表第1页（http://www.boj.or.jp/statistics/sj/sjexp.pdf）。

表3—23的数据显示，同泡沫经济崩溃前的1989年度相比，2011年度，国债余额由188万亿日元增至693万亿日元，12年间增大了2.69倍，年均递增11.5%。同期，地方债余额由66万亿日元增大至201万亿日元，增大了2倍多，年均增长9.7%；国债和地方债余额合计由254万亿日元增至894万亿日元，增大了2.52倍，年均增长11.1%。

表3—23　　日本中央和地方债务余额及其对GDP之比　　单位：万亿日元,%

年度	国债		地方债		国债 + 地方债	
	余额	对GDP比	余额	对GDP比	余额	对GDP比
1989	188	38.7	66	16	254	61
1993	242	39.9	91	19	333	69
1998	390	58.7	163	32	553	110
2003	493	92.6	198	40	692	140
2008	573	111	197	40	770	157
2009	621	125	198	42	819	173
2010	662	134	201	42	862	181
2011	693	141	201	42	894	189

资料来源：［日］财务省编：《日本财政相关资料》，2011年9月版，第17页（http://www.mof.go.jp/budget/fiscal_ condition/related_ data/sy014_ 23.pdf）。

需要指出的是，表3—23所列是日本政府的长期债务，而不是政府的全部负债。就地方政府来看，2011年度，除表3—23中所列的201万亿日元地方债余额外，还有26万亿日元的各类借款。就中央政府来看，除表3—23中所列693万亿日元国债余额外，还有三项负债，其一是59万亿日元的各类政府借款；其二是114万亿日元的财政投融资债（政府金融系统的负债）；其三是156万亿日元的政府短期证券。这里的所谓政府短期证券，事实上却是周而复始地续借，成为财政长期占用的资金。如果加上这几项负债，同时扣除其中的重复部分，到2011年度末，包括地方在内的政府债务余额约达1200万亿日元，已经超过日本居民净金融资产余额。

由于“3·11”大地震和灾后重建的需要，今后几年内，日本政府仍将维持较高的发债规模，消化国债的资金从哪里来，便成为一大悬而未决的问题。

七 日本主权债务危机一触即发

“3·11”大地震造成的破坏以及灾后重建，在相当程度上增加了日本的内需，从而有益于拉动经济增长。不过，日本经济能否就此恢复持续增长，仍存在很大的不确定性。至于今后日本政府债务对GDP之比能否降下来，主要取决于经济增长率与利率的走势。若经济恢复较快增长，则可带来税收增加，减少政府的发债规模。但是，包括日本财务省在内的不少人士担心，经济恢复增长首先带来的将是利率上升，而不是税收增加，即税还没收上来，国债的利息负担却先升上去了，或者是税收的微小增加远远抵不上增加的国债利息。

在“吃光”国内居民金融资产的情况下，日本政府要继续扩大国债发行量，解决途径只有两条：一是挤压民间企业债市，二是引进国际资本购买日本国债。

事实上，挤压企业债市的情况已经发生。民间非金融法人企业的负债余额由1990年度末的1403万亿日元降至2000年度末的1186万亿日元，2010年末进一步降至850万亿日元。① 在日本国内债券市场中，公司债②所占比重由1990年度的近30%降至2000年度的不足20%，2010年度进一步降至8%。与此同时，公债③所占比重由1990年度的不足70%升至2000年度的80%，2010年度进一步升至92%。④ 如果继续挤压企业债市，则不利于日本经济的真正复苏。

既要避免过度挤压企业债市，又要保障国债发行，便只能更多地引进国际资本消化日本国债。2011年，日本10年期国债的平均年利率为1.147%。⑤ 这一超低利率水平显然缺乏对国际资本的吸引力。同样是10年期国债，美国的年利率接近3%。若要吸引更多的国际资本购买日本国

---

① ［日］内阁府经济社会综合研究所国民经济计算部编：《国民经济计算年报》，2001年度，第555页，2010年度，第376页；日本银行调查统计局2011年12月21日发布的《资金循环统计（2011年第三季度速报）》参考表第7页（http：//www. boj. or. jp/statistics/sj/sjexp. pdf）。

② 这里的公司债包括金融债、一般公司债、可换股公司债和资产担保型公司债。

③ 这里的公债包括国债、政府短期证券、地方债和政府担保债。

④ http：//www. stat. go. jp/data/nenkan/zuhyou/y1425000. xls； http：//www. stat. go. jp/data/nenkan/zuhyou/y1426000. xls；http：//www. stat. go. jp/data/chouki/zuhyou/14—23—b. xls；http：//www. mof. go. jp/jgbs/reference/gbb/data. htm.

⑤ http：//www. e—pbo. jp/bond/bond10/.

债，势必要提高日本国债的利息率。

若按照狭义政府债务口径（即表3—23的统计口径）计算，利率每提高1个百分点，日本国债和地方债合计的年利息支出额将增加近9万亿日元。若按照广义政府债务口径（即将政府借款、短期证券、财政投融资债等包括在内）计算，利率每提高1个百分点，公债的年利息支出将增加12万亿日元左右。2010年度，政府税收（国税+地方税）总额约为72.39万亿日元。[①] 若平均利率水平由目前的1.3%升至2.3%，按照广义政府债务口径计算的利息支出将达27万亿日元以上，约相当于政府税收总额的38%。一旦利率转趋上升，日本随时可能陷入主权债务危机。

IMF发表的《世界财政调查》显示，2008年以来，除加拿大和德国以外，主要发达国家的政府债务余额均显著扩大。IMF预测，到2016年，日本一般政府债务对GDP之比将上升到250.5%，大大高于其他主要发达国家。[②]

为应对金融海啸带来的冲击，欧美等国都不同程度地学习和借鉴了20世纪90年代泡沫经济崩溃后日本应对金融危机的做法和经验教训。其结果，欧美也都在不同程度地重蹈日本的覆辙，从金融危机走向财政危机。与日本不同的是，欧美没有那么厚的家底——国内储蓄，它们需要更多的国际资本消化政府债务。但是，国际资本是逐利的。疲弱的经济表现和欠佳的政府财务状况，使国际资本提高购买公债的要价，例如意大利的公债利率被推高至7%以上，达到政府难以承受之重。于是，主权债务危机呈不断蔓延之势。其中教训，值得汲取。

主要参考文献

1. ［日］石弘光主编：《财政结构改革白皮书》，东洋经济新报社1996年10月10日发行本。

2. ［日］伊东光晴：《凯恩斯政策及其问题》，《1989年日本经济政策学会年报》。

3. ［日］岸田俊辅编：《图解日本的财政》，东洋经济新报社1979年7月19日发行本。

4. ［日］经济企划厅编：《经济白皮书——日本经济的新次元》，大藏省印刷局

---

① ［日］《财政金融统计月报》2010年第4期，第18页。

② IMF《世界财政调查》2010年4月版及6月更新版。转引自［日］财务省编《日本财政相关资料》，2011年9月版，第21页（http：//www.mof.go.jp/budget/fiscal_ condition/related_ data/sy014_ 23.pdf）。

1970 年 8 月 20 日发行本。

5. ［日］经济企划厅编：《经济白皮书——实现内外均衡之路》，大藏省印刷局 1971 年 7 月 30 日发行本。

6. ［日］小宫隆太郎编：《战后日本的经济成长》，岩波书店 1963 年 12 月 25 日发行本。

7. ［日］小宫隆太郎：《现代日本经济研究》，东京大学出版会 1975 年 11 月 25 日发行本。

8. ［日］财务省网站（http：//www. mof. go. jp）。

9. ［日］参议院预算委员会调查室编：《财政关系资料集》，1998 年版。

10. ［日］东洋经济新报社编发：《国势总览》上、下册，1981 年版。

11. ［日］日本银行网站（http：//www. boj. or. jp）。

12. ［日］日本银行统计局编：《本邦经济统计》，1965 年版。

13. ［日］《以日本经济为中心的国际比较统计》，1977 年、1990 年、1998 年版。

第四章　日本金融机构不良资产处理及救助政策

20 世纪 90 年代初，日本资产泡沫的严重程度和泡沫崩溃形成的不良资产规模，远远超出日本社会各界的预期。基于对金融危机前景的错误估计、缺乏社会公众的支持和“护送船队”体制的滞后作用，日本政府迟迟未能采取果断措施来解决银行的不良资产问题，如动用公共资金购买不良资产或向银行注资等。银行的不良资产和资本金不足问题久拖不决，成为导致日本经济“十年不况”的重要原因。就日本而言，90 年代被称为“失去的 10 年”。在日本危机初期，问题金融机构主要为小规模的信用合作社，日本政府主要通过与民间金融机构共同出资的方式解决城市信用合作社等机构的不良资产问题。随着日本金融危机的恶化，资产损失问题传递至大型银行和证券公司，所需资金规模越来越大，日本政府处理金融机构不良资产的方式也趋于多元化，如协助兼并、设立资产管理公司、注入公共资金甚至国有化等。本章试图从历史的视角，对日本政府处置不良资产和救助问题金融机构的政策作深入考察与全面回顾，总结日本政府应对金融危机的经验教训。在此基础上，对当前美国政府恢复金融稳定的有效性和可能后果作出评估。

第一节　日本银行业监管制度背景

一　“护送船队”体制

日本银行业的“护送船队”式监管体制形成于战后经济高速增长时期，对维持战后日本金融系统的稳定和经济高速增长作出了重要贡献。然而，20 世纪 70 年代以来，随着日本面临的国内外经济、金融形势的显著变化，“护送船队”式监管体制赖以有效运行的前提条件开始丧失。20 世纪80年代后期及90年代初，尽管日本进行了金融自由化改革，但“护送船队”体制的一些基本特征仍得以维持，如金融机构破产问题仍被回避。1995年，东京共同银行的成立，才标志着日本“护送船队”体制的真正终结。

所谓“护送船队”，是指政府的行政指导和金融监管措施是为了保护船队的所有成员都不掉队，顺利到达胜利彼岸。为了维护金融系统的稳定，日本实行长短期金融业务分离、银行与证券业务分离的原则，对银行和证券业的市场准入实行许可制，对金融机构的新建网点和新开发的金融服务产品进行严格审查，限制金融机构在利率和金融服务等方面开展竞争。因此，在“护送船队”体制下，日本监管当局对银行实行监管的重要目标是使竞争力最弱的银行免于破产。这意味着，当银行发生危及生存的财务危机时，监管当局将提供资金支持以帮助其走出困境。作为对政府保护的回报，银行扮演一个金融中介的角色，将居民的储蓄剩余转移并配置于产业部门。在这一体制下，银行实际上是一个公共金融服务的提供者，而不是竞争性的民间中介部门。从而，“适者生存”的市场竞争法则并不适用于银行部门。利率和金融产品受到高度管制，银行缺乏开发新金融产品或服务以获取相对竞争优势或利润的动力。对于银行的储户和股票持有人而言，银行是无差别的，没有倒闭风险。[①] 日本的“护送船队”体制，不仅导致一批经营不善的金融机构长期存在，严重影响了日本金融系统的效率，而且淡化了日本全社会的金融风险意识，以至于出现金融机构破产时，金融机构及其利益相关者，既没有抵御风险的能力，也缺乏分担风险的责任意识。

二　存款保险制度

20世纪70年代初，日本逐步实行规制缓和政策，以促进银行业的竞争。为应对银行业规制缓和所带来的风险上升，日本于1971年初步建立了银行存款保险机构。1986年，随着金融规制缓和的深入，日本对《存款保险法》作了大幅度修订。根据新《存款保险法》，在解决经营失败金

① Nakaso H., “The Financial Crisis in Japan during the 1990s: How the Bank of Japan Responded and the lessons Learnt”, *BIS Papers*, No. 6, October, 2001.

融机构问题上，存款保险机构有两种政策选择：一是破产清偿（Payoff）。当一家银行因经营失败而破产清算时，每个储户的存款保险规模的上限为1000万日元。若储户的存款金额超过这一上限，能否获得部分补偿将取决于银行的清算残值。二是财务援助。当一家银行经营失败时，其资产负债将被转移至一家承接银行（Assuming Bank）。由于失败银行资不抵债，存款保险机构将向承接银行提供赔付资金，以弥补经营失败银行资产和负债的缺口。鉴于“护送船队”的传统，存款保险机构主要采用财务援助方式来处置经营失败的银行。而且，财务援助方式通常被认为对金融系统稳定性的负面冲击较小。

显然，日本政府设立存款保险机构的意图，是在为银行因竞争趋于激烈而可能破产做准备。鉴于日本战后从未有大型银行破产的经历，且“护送船队”体制为大型银行提供了免于破产的隐性保证，以至于日本各界认为，日本的银行破产问题不具备迫切性，从而存款保险机构不受重视。1987年3月，存款保险机构的资金仅为3000亿日元，远不足以应对一家较大银行的破产。而且，存款保险机构的人员配备和办公条件均较差，难以满足大量不良资产处置的要求。[①]

三 银行资本充足率

1993年3月，日本全面实施国际清算银行（BIS）的巴塞尔资本协议。日本的银行资本充足率要求是不同的，取决于其是国际活跃银行或纯粹的国内银行。国际活跃银行要严格遵守巴塞尔资本协议，资本金占风险加权资产的比率至少为8%，而日本国内银行的资本充足率仅为4%。日本国际活跃银行的资本充足率公式可表示为：

$$BIS = \frac{Tier\ I + Tier\ II + Tier\ III - Goodwill}{RWA}$$

其中，一级资本（Tier I）为核心资本，二级资本（Tier II）和三级资本（Tier III）构成附属资本。一级资本基本由商业银行的权益资本

① Nakaso H., “The Financial Crisis in Japan during the 1990s: How the Bank of Japan Responded and the lessons Learnt”, *BIS Papers*, No. 6, October, 2001.

（普通股、盈余公积、资本公积和未分配利润）组成，还包括永久优先股①，减去扣减项（Goodwill）②。二级资本包括银行持有股票的潜在收益、银行持有土地重估价值（公允价值与账面价值之间的正差额）的45%、一般贷款损失准备金、期限超过5年的优先股和次级债。在二级资本中，股票潜在资本收益、一般贷款损失准备金占二级资本价值的最高比例分别为45%、1.25%。③ 计入二级资本的优先股和次级债的总额不应超过一级资本的50%。三级资本包括期限为2年以上5年以下的短期次级债（Montgomery & Shimizutani，2005）。RWA（Risk Weighted Assets）为风险加权资产。例如，国债为无风险资产，权重为0，贷款、公司债和股票为风险资产，权重为100%，而抵押贷款、地方政府债券介于中间。

日本国内银行的资本充足率要求较为宽松，只需满足4%的资本金率要求。大藏省（MOF）制定的资本充足率公式为：

$$MOF = \frac{Tier\ I + Tier\ II(MOF) - Goodwill}{RWA(MOF)}$$

大藏省的资本充足率公式与巴塞尔协议类似，其区别在于：二级资本不包括持有证券的潜在收益；2年以上5年以下的短期次级债不计入三级资本。

银行可通过调整风险资产（分母）和资本（分子）来满足资本充足率要求。通常认为，调整风险加权资产相对于资本来得比较容易。若银行受资本不足困扰，可将高风险的商业贷款、公司证券调整为无风险国债，从而，风险加权资产减少，资本充足率提高。

现在，我们借助商业银行的资产负债表（见表4—1），来考察政府或中央银行不同的财务援助方式对银行资本充足率的影响。若一家银行陷入财务困境，如资本金不足、融资渠道不畅等，政府或中央银行可通

---

① 永久优先股也称为“不可赎回优先股票”，是指发行后根据规定不能赎回的优先股票。永久优先股一经投资者认购，在任何条件下都不能由股份公司赎回。这种股票的发行保证了公司资本的长期稳定。

② 根据巴塞尔协议，在核定银行资本时，须进行以下扣减：一是从核心资本中扣减商誉；二是从资本总额中扣减对不合并报表的银行及金融附属公司的投资；三是从资本总额中扣减对其他银行和金融机构的资本投资。

③ 一般贷款损失准备金与资产减值损失准备金存在明显的区别。一般贷款损失准备金指银行为防备目前无法确定的贷款损失或其他损失而提取的准备金，而资产减值损失准备金是为已确认的损失或价值明显下降的特定资产而设立的准备金。资产减值损失准备金不能用于防备未确定的损失，从而不具备资本的特征。

过发放贷款、购买不良资产和直接注资等方式向该银行提供财务援助。若中央银行向一家商业银行发放一笔贷款，则该银行负债方的"借款"项和资产方的"准备金"项（在中央银行的准备金存款）的余额均有一个等额的增加，从而，该银行可在满足储户的提款要求的同时，增加商业贷款的发放。这将导致该银行负债方"存款"项的规模下降，而资产方"商业贷款"项的余额上升。因此，中央银行向商业银行提供贷款，对商业银行的"所有者权益"项不产生影响，但很可能导致商业银行的资产规模上升，从而，商业银行的资本充足率将有所下降。不过，如果商业银行获得的中央银行贷款，全部用于满足储户的提款要求和支付到期的其他债务（如银行的商业票据、同业借款等），即商业银行负债方的"借款"（中央银行）项的增加额等于其负债方的"存款"项和"借款"（商业票据、同业存款）项等两项的下降额之和，从而，商业银行的资本项和资产项的规模均不发生变化，其资本充足率显然也不会发生变化。

政府购买商业银行的不良资产对银行资本充足率的影响取决于会计记账方法和购买价格。商业银行向政府出售不良贷款，导致该行资产方的"商业贷款"项的余额下降，而"准备金"存款项的规模上升。在历史成本法下，银行的资产账面价值不随其实际价值的变化而变动，从而，银行不良贷款的账面价值和实际价值将产生显著偏离，不良贷款将可能以较大的折扣售出。这将导致银行产生资本损失，即银行"准备金"存款项的增加额明显低于"商业贷款"项的下降额，而这一损失通过减记银行"所有者权益"中的"贷款损失准备"项来予以确认。从而，银行的资本充足率下降。在"以市定价"（mark to market）记账方法下，银行的贷款资产的账面价值随着其实际市场价值的变化而变动，"贷款损失准备"项已减记了银行的贷款资产损失。若不良资产的出售价格高于其实际市场价格，则商业银行资产方的"准备金"项的增加额将大于"商业贷款"项的减少额，从而，银行"贷款损失准备"项的金额上升，银行的资本充足率将提高。反之，银行资本充足率下降。

政府对商业银行的注资，可增加银行的核心资本（购买普通股或永久优先股）或附属资本（购买次级债），致使商业银行负债方的"所有者权益"项和资产方的"准备金"项的余额均等额上升，进而导致银行的资本充足率提高。从而，商业银行可增加风险资产规模，如发放新的商业贷款，也可调整风险资产结构，如减持国债、增持公司债券等。

表 4—1 商业银行的资产负债表

资产	负债
准备金（如法定准备金存款）	存款
政府债券（如国债）	借款
公司（金融）证券	所有者权益
商业贷款（如信用贷款、抵押贷款）	核心资本（如股本、未分配利润）
其他资产（如固定资产）	附属资本（如次级债、贷款损失准备）

四 银行贷款损失准备金

1964 年，日本的商业银行被允许建立一般风险准备金（贷款损失准备金）账户，主要用于弥补正常类贷款和次级类（Substandard）贷款的损失。一般风险准备金享受税收减免待遇。由表 4—1 可知，银行新提取 1 单位贷款损失准备金将导致未分配利润发生等额下降，从而，在贷款损失准备金不超过二级资本 1.25% 的条件下，贷款损失准备金的提取，导致银行的一级资本账户的余额下降，二级资本账户的余额上升，但银行总资本账户余额不变。否则，银行贷款损失准备金的提取，将导致银行的核心资本和附属资本同时下降。

日本的商业银行可根据前三年的平均贷款损失来确定贷款损失准备金的提取水平，也可依照税务机关和监管当局推荐的准备金参考比率来选择提取规模。在 1989—1997 年，日本的贷款损失准备金提取参考比率保持不变，占总资产比率固定为 0.3%。银行倾向于选择当局推荐的准备金提取参考比率，因为参考值通常大于实际的贷款损失，银行可获得税收减免的好处。

在日本金融危机期间，在贷款损失迅速增加的情况下，银行并没有主动增加贷款损失准备金提取额，以享受税收减免的待遇。原因在于：一是银行担心增加贷款损失准备金提取将向市场发出不良贷款上升的信号；二是银行之间也有一个协调的问题，单个银行不愿意提高贷款损失准备金水平，以避免引起市场的关注。日本监管当局迟迟不调整贷款损失准备金提取参考比率，显然是对金融危机的错误估计。

对于可疑类和损失类贷款，银行应提取相应的损失准备金。这些贷款损失准备金的50%实行税收减免。不过，日本的贷款损失准备金税收减免政策非常严格。例如，银行提取的损失类贷款准备金可享受税收减免的资格条件是，借款企业维持净负资产状态至少两年。银行减记损失类贷款的速度非常缓慢。原因主要有：一是税收政策过于严苛，仅允许银行对处于破产或丧失抵押品赎回权程序的贷款实施减记；二是银行不愿意减记贷款直至其进入正式的破产程序，担心贷款减记向借款企业传递银行放弃收回贷款的信息，从而鼓励企业迅速停止偿还贷款。[①]

第二节 日本金融危机早期救助方式(1991—1997 年中期)

一 建立首家资产管理公司——共同债权收购机构

1991 年，资产泡沫崩溃之后，日本开始出现零星的小金融机构破产事件。日本当时的主流观点认为，这些小金融机构的破产是孤立事件，对日本金融系统影响非常有限。当时的日本政学界弥漫着一种乐观主义情绪，认为在经济泡沫挤干后，日本经济将重新步入一个更为平衡而持续的增长路径。当时日本经济也确实恢复了正增长，尽管增长速度很慢。从而，日本社会形成了一种认为资产价格进而银行抵押品价值将迟早上涨的预期，因而，威胁银行部门稳定的不良资产问题将随着经济增长和资产价格的恢复得以消除。同时，日本银行部门的服务态度和银行雇员的高薪，引发日本民众的反感情绪，他们强烈反对政府动用纳税人的钱来救助银行。因此，日本政府对银行不良资产问题采取了观望态度。

1993 年 1 月，在政府鼓励之下，日本民间金融机构共同出资建立了日本第一家资产管理公司——共同债权收购机构（Cooperative Credit Purchasing Company）。共同债权收购机构是一家民间性质的机构。尽管共同债权收购机构的功能是利用发起银行提供的资金，购买银行的不良贷款并销售出去，但设立该公司最为直接的目的是借贷款减记之机获得税收减免的利益。银行的贷款面额与贷款售价的差额可实行税收减免。共同债权收购机构销售不良贷款的速度非常缓慢，在设立后的前 5 年内，仅售出了 1/3 的不良贷款。该公司仅购买了面值 15.4 万亿日元、评估价值为 5.8

① Kanaya A. and Woo D.，"The Japanese Banking Crisis of 1990s：Sources and Lessons"，*IMF Working Paper*，WP/00/7，January，2000.

万亿日元的不良资产，于 2004 年清算。实际上，对于日本的银行来说，共同债权收购机构最大的价值，是向它们提供了税收减免的收益，而在促进不良贷款的回收方面，贡献极为有限。[①]

二　政府和民间银行“共同出资”方式

在金融危机的早期阶段，日本货币金融当局缺乏有效的政策工具去应对这一空前严重的危机。由于日本经济没有出现预期的复苏迹象，银行部门的不良资产损失和资本金不足的问题日趋严重。1994 年 10 月，当时日本银行总裁三重野康（Yasushi Mieno）发表了一个被认为在处理金融系统稳定问题上里程碑式的讲话。他指出，“中央银行职责不是挽救所有金融机构以使之免于破产，相反，从培育一个健康金融系统角度看，个别金融机构破产是必要的”[②]。这表明，与“护送船队”模式相比，日本银行在处理经营失败金融机构问题上的态度发生了显著变化。

1994 年 12 月，两家经营不善的城市信用合作社东京协和信用组合和安全信用组合资不抵债，存款资产总规模为 2100 亿日元。这是日本第一起经营失败的城市存款机构事件。东京都政府（东京的城市信用社的主要监管机构）、大藏省和日本银行合作处置了这两家信用社。日本监管当局当时的立场是，尽量避免采用破产清偿方式，担心对这两家信用社实行破产清算可能使得储户存款遭受损失，引发储户对那些财务状况不佳银行的挤兑行为，进而导致金融系统的不稳定。因此，由存款保险机构向这两家信用社的储户发放赔付资金，弥补信用社的资产和负债的缺口，以保护储户的所有存款安全，被认为是合适的方案。在实际操作过程中，存款保险机构的赔付款项并不直接发放给信用社和储户，而是提供给承接这两家信用社全部资产和负债的金融机构。

从理论上说，如果存款保险机构的赔付资金能完全弥补资不抵债金融机构的资产损失，那么经营失败金融机构的所有债务均可得到赔付。不过，存款保险机构在援助一个经营失败的金融机构时，通常面临着法定援助规模的限制——赔付成本上限。赔付成本上限等于银行的已保险存款额

---

① Kanaya A. and Woo D., “The Japanese Banking Crisis of 1990s: Sources and Lessons”, *IMF Working Paper*, WP/00/7, January, 2000.

② Nakaso H., “The Financial Crisis in Japan during the 1990s: How the Bank of Japan Responded and the lessons Learnt”, *BIS Papers*, No. 6, October, 2001.

乘以银行的资本金冲抵后的资产损失率（见图4—1），其中，存款包括企业的活期、定期存款和居民的活期、定期储蓄存款。若经营失败银行的资产损失超过赔付成本上限，就需寻求其他资金来源。日本法律之所以规定赔付成本上限，主要是基于最小化存款保险机构成本支出的考虑。日本存款保险机构在对资不抵债的银行（信用社）提供赔付资金时，一般采取以下三个步骤：首先，资不抵债银行的资本金用于冲抵该银行的资产损失。其次，经营失败银行的剩余资产损失将由存款保险机构的赔付资金来弥补，而赔付资金的规模不能超过赔付成本上限，若赔付资金不能完全弥补失败银行的资产损失，就寻求民间金融机构的资金援助。最后，失败银行的资产和负债将转移至一家承接银行，存款保险机构的赔付资金也转移至这家承接银行。

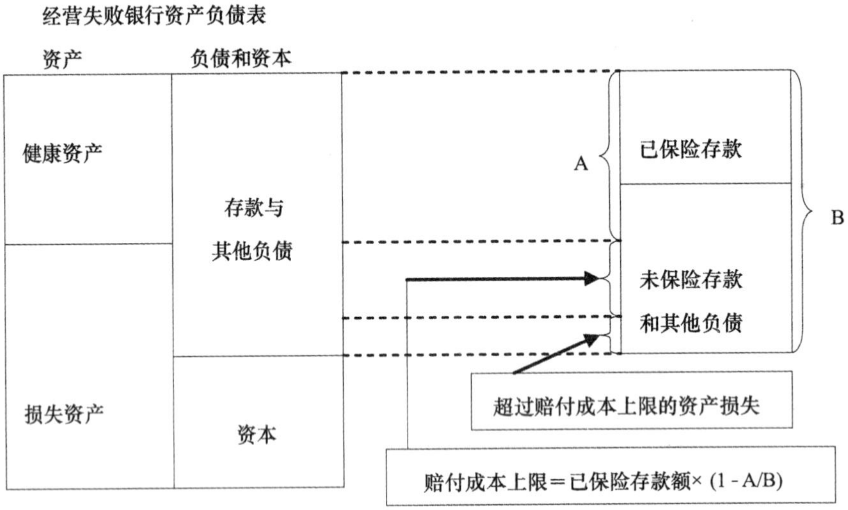

图4—1　日本存款保险机构的财务援助机制

注：A为银行健康资产，B为经资本金冲抵损失资产后的银行剩余资产规模，（1 - A/B）表示，在资本金全部冲抵损失资产后，损失资产占银行剩余资产的比例，即银行剩余资产损失率。赔付成本上限 = 已保险存款额 × 资产损失率 = 已保险存款额 ×（1 - A/B）。

资料来源：Nakaso H.，“The Financial Crisis in Japan during the 1990s：How the Bank of Japan Responded and the lessons Learnt”，*BIS Papers*，No. 6，October，2001.

由于东京协和、安全信用组合的资产损失规模超过了赔付成本上限，因此，需要寻求另外的资源。为解决救援资金不足问题，日本货币金融当局采取了下述三项措施：一是日本银行和民间金融机构共同出资建立了东京共同银行（Tokyo Kyoudou Bank），以承接这两家信用社的资产和负债。二是日本银行和民间金融机构各出资200亿日元，作为新银行的资本金。三是存款保险机构在赔付成本上限内，向东京共同银行提供赔付资金；民间金融机构向该银行提供低息贷款。通过这一方式，储户的所有存款资产得到保护。同时，为避免道德风险问题，信用社股本全部用于冲抵资产损失，管理层予以全部解聘。日本银行此举遭到日本民众和新闻媒体的强烈批评，他们认为，日本银行不应该拿中央银行的钱去救助经营不善的信用社。

民间金融机构通过向新成立的东京共同银行注入资金和提供低息贷款，实际上弥补了存款保险机构所存在的财务援助资金不足问题。尽管民间金融机构的出资和提供低息贷款行为是自愿的，但在当时日本监管当局的要求之下，民间金融机构事实上难以拒绝政府的这一要求。这是日本当局首次组织民间金融机构以共同出资方式来协助解决资不抵债金融机构的不良资产问题。这次救援活动的一个明显特征是，所有的日本民间金融机构，不论与这两家经营失败信用社有无利益联系，均被要求加入援助的行列。[①] 这种方法后来被称之为“共同出资”（奉贺账）（the hougachou approach）[②] 法。“共同出资”法作为一种政府和民间合作的不良资产处置方法，本质上是由政府组织、民间金融机构参与的解决方法。“共同出资”方法面临的一个挑战是，需要说服民间金融机构参与不良资产的处置与自身利益是一致的。例如，听任金融机构的破产，将可能产生传染效应，危及整个金融系统的安全，而金融机构的集体出资行为，将能有效阻止包括其自身在内的银行破产所引发的破坏性传染效应。

1995年7—8月，COSMO信用组合、木津信用组合和兵库银行相继宣布经营失败。日本监管当局沿用既定的“共同出资”方案解决COSMO信用组合和兵库银行的问题资产。1996年3月，COSMO信用组合的资产和负债转入东京共同银行。在处置兵库银行不良资产时，日本民间金融机构和当地工业企业共同出资，建立了一家资本金规模为800亿日元的承接

---

① Nakaso H.，“The Financial Crisis in Japan during the 1990s：How the Bank of Japan Responded and the lessons Learnt”，*BIS Papers*，No. 6，October，2001.

② “hougachou”一词的日文汉字为“奉贺账”，也可写为“奉加账”。“奉贺账”是指在日本的传统节日中，各社区从居民中筹集活动经费的一种典型方式，如庙会等。

银行——绿银行。为巩固绿银行的资本，日本银行购买了该银行发行的1100亿日元次级债。而且，在COSMO信用组合和兵库银行的资产负债转入承接银行之前，日本银行向它们提供了贷款支持，以维持其业务继续运转，包括向储户支付本金和利息。存款保险机构向上述两家资产承接银行提供了赔付资金，而民间金融机构出资弥补了这两家机构的贷款损失与赔付成本上限的资金缺口（见表4—2）。东京共同银行和绿银行利用存款保险机构的赔付资金偿还了日本银行的贷款。

表4—2 **绿银行的资产负债表**

资产	负债
兵库银行的资产	兵库银行的负债
存款保险机构的资金赔付	日本银行向兵库银行的贷款
民间金融机构的资金援助	所有者权益
	股本（民间金融机构和当地企业出资）
	日本银行购买的次级债

由于木津信用组合资产损失达1万亿日元，很难继续运用“共同出资”法来解决其不良资产问题。原因在于：一是监管当局不能从民间金融机构募集必要的巨额资金；二是民间金融机构对于继续出资援助失败金融机构的意愿低落，它们担心无休止地出资将对其利润产生负面影响，并损害其市场声誉。因此，旨在克服存款保险系统不足的“共同出资”法显然不具有可持续性。所以，存款保险系统的赔付成本上限规定已成为处理银行不良资产问题的障碍。

三 动用公共资金救助“住专”

1993年，住宅金融专门公司（Jusen，以下简称“住专”）问题开始浮现，并在1995—1996年演变成为一个重大事件。“住专”是由银行和其他金融机构在20世纪70年代建立的非银行金融机构，主要在银行房屋贷款上面发挥补充作用。20世纪80年代，“住专”贸然将贷款集中于地产开发商，在地产泡沫崩溃后遭受严重损失。

根据大藏省的调查，七家“住专”的贷款损失总额为6.41万亿日元。这一巨额损失显然不是“住专”的母银行所能承受的。日本政府在经过激烈争论后，决定动用纳税人的钱来救助“住专”。根据救助计划，“住专”的母银行、债权银行和农协系统金融机构各承担3.5万亿、1.7万亿和0.53万亿日元的“住专”贷款损失，剩下0.68万亿日元的“住专”信贷损失由政府承担。而且，日本政府还向存款保险机构提供了50亿日元的公共资金以增加其资本金。

日本银行为解决“住专”不良资产提供了资金支持。一是向新设立的承接“住专”不良资产的专门机构——住宅金融债权管理机构（Housing Loan Administration Corporation），提供1000亿日元作为资本金。二是向新金融稳定基金（New Financial Stability Fund）提供1000亿日元的资金。新金融稳定基金有两个账户。第一个账户的1000亿日元资金是由日本银行提供，用于强化银行的资本金，这将有助于日本银行系统的稳定。第二个账户资金规模为9000亿日元，由民间金融机构提供资金，该账户的资金投资于日本政府债券，投资收益归日本政府所有，用于偿还日本政府承担的6800亿日元“住专”债务，以降低纳税人的负担。

“住专”事件是日本政府第一次直接动用纳税人的钱去解决金融机构不良资产问题。日本政府这一政策引发了公众的强烈反对，以至于此后动用公共资金来解决银行问题成为一种政治上的禁忌。日本国民之所以反对政府动用公共资金救助“住专”，原因可能有：“住专”不是存款机构，与民众的日常生活联系不密切；银行雇员的过高工资收入；银行服务态度不尽如人意。

四　修订《存款保险法》

1996年6月，为维护日本银行系统的稳定性，日本大幅度修改了《存款保险法》。修改内容主要包括：

第一，暂时取消赔付成本上限直至2001年3月，这意味着存款保险机构提供的赔付资金将能完全弥补资不抵债金融机构的资产与负债的缺口。为向资不抵债金融机构提供超过赔付成本上限的资金援助（特别财务援助，Special Financial Assistance），存款保险机构在已开立普通账户的基础上，新开一个专门账户，专门用于向失败金融机构提供特别财务援助。

第二，为提高存款保险机构的收入来源渠道，存款的保险费率由0.012%提高至0.084%。从而，存款保险机构年预期保费收入将增至

4600亿日元。

第三，将东京共同银行的资产负债转入整理回收银行（Resolution and Collection Bank）。在承接失败城市信用组合不良资产方面，被赋予更为广泛而重要的角色。例如，若一家资不抵债信用组合难以找到一家民间承接银行，整理回收银行先购买其不良资产，然后再为其寻找民间承接银行。从而，整理回收银行为失败信用组合寻找民间资产承接银行将较为容易。

整理回收银行的不良资产购买和保险存款机构的赔付资金援助，将使得资不抵债信用组合的资产负债表发生积极的变化（见表4—3）。假定一家资不抵债信用组合的负债为300，冲抵资本金后的资产为200（健康资产和不良资产均为100），从而，该信用组合的资产负债缺口为100。存款保险机构将提供赔付资金100，以帮助该信用组合实现资产负债平衡，即净资产为0。整理回收银行的不良资产购买，将完全剥离该信用社的不良资产（准备金相应增加100，而不良资产降至0），这虽然不能改变信用组合的资本和负债，但成功消除了潜在资产承接银行对该信用组合资产质量的疑虑，从而促进该信用组合资产负债的转移。

表4—3 **信用社的资产负债表**

资产		负债	
健康资产	100	负债	300
不良资产（冲抵资本金后）	0	资本金	0
准备金（整理回收银行支付的不良资产购买款）	100		
存款保险机构的赔付资金	100		

《存款保险法》的修订，使日本监管当局能更为方便地处置失败金融机构不良资产问题。特别是赔付成本上限的废除，使当局有可能单独制定资不抵债金融机构的财务援助和资产重组方案，而不再依赖民间金融机构的出资。例如，假定一家资不抵债银行的资产负债缺口为100，赔付上限为50，在赔付上限存在的情形下，存款保险机构只能弥补一半的资产缺口，另一半的资产缺口需要寻求民间金融机构的资金救助，而在赔付上限废除的条件下，存款保险机构可单独赔付资金100以使该银行的资产负债相抵。从而，赔付成本上限的废除，为监管当局单独救助失败金融机构提供了可能。不过，新修订的《存款保险法》过于关注失败城市信用组合

的资产处理，而未预见到大型金融机构失败事件将发生，以至于存款保险机构的资金规模非常有限，无力应付随后大金融机构的倒闭事件。而且，存款保险机构处置不良资产的方式单一，只能提供赔付资金，而不能向失败金融机构注入资本金。

五　救助日本债券信用银行：缩小版“共同出资”方式

1997 年初，日本金融系统的不良资产问题严重恶化，已经威胁着一些大金融机构的生存。日本债券信用银行（Nippon Credit Bank）尤其脆弱，几乎接近资不抵债的地步。日本债券信用银行是日本三家长期信贷银行之一，1996 年资产规模约为 15 万亿日元。该行因贷款过度集中于房地产部门而遭受巨额信贷资产损失。由于存款保险机构的资金规模非常小，远不足以处理一个大的潜在金融机构的破产，因而，存款保险机构赔付成本上限的废除，对于解决日本债券信用银行这样大型金融机构的不良资产问题，没有实质性意义。所以，日本监管当局只得选择一种由政府和民间金融机构共同出资的救助方案。

1997 年 4 月，大藏省组织了日本债券信用银行的股东（主要为保险公司）和另外两家长期信贷银行——日本兴业银行（Industrial Bank of Japan）、日本长期信用银行（Long Term Credit Bank of Japan）向其注资。但民间金融机构的出资规模难以满足日本债券信用银行的需要，日本银行也向其提供资金支持。根据日本债券信用银行公布的重组方案，相关民间金融机构和日本银行共向该银行注入 2906 亿日元的新资本。其中，民间金融机构出资 2106 亿日元，日本银行通过新金融稳定基金以授让优先股的方式出资 800 亿日元。日本债券信用银行的注资方案本质仍为民间部门解决方案。不过，与“共同出资”方案的区别是，参与援救日本债券信用银行的民间机构的范围明显缩小，均为其利益相关方。日本债券信用银行在获得注资之后，赢利未有明显改善，且资产状况持续恶化，最终在 17 个月之后宣布倒闭并被国有化。

第三节　日本金融危机全面爆发期(1997 年 10 月—1998 年中期)

一　三洋证券：迅速破产方式

三洋证券（Sanyo Securities）的破产揭开了日本金融危机全面爆发

的序幕。与银行破产的可预见性不同，证券公司的破产突发性强，政府通常难以有足够的时间应对此类突发性事件。三洋证券是一家资产规模为2.7万亿日元的中等券商。作为一家证券公司，三洋证券受大藏省的业务监督，并被排除在存款保险系统之外。1997年11月3日，三洋证券向东京地方法院提出破产申请。法院立即向三洋证券发出资产保全命令，查封、扣押和冻结了该公司的财产，并勒令公司停止业务。当时，日本银行和大藏省认为，破产是处置经营失败的证券公司不良资产问题最为方便、道德风险成本最小的方式。而且，与银行不同的是，证券公司不提供支付和结算业务。因此，选择让证券公司破产对金融系统不会产生系统性影响。

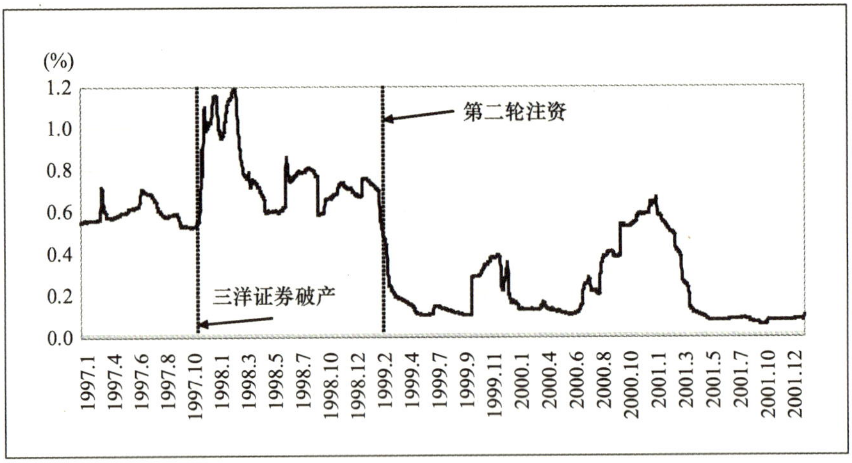

图4—2 东京银行间市场3月期拆借利率（TIBOR）

资料来源：CEIC.

与监管当局的预期大相径庭的是，三洋证券的破产迅速引发了日本银行间市场的连锁反应。三洋证券是同业拆借市场的借款人，一旦业务被中止，它将不能偿还非抵押的拆借贷款，从而产生了违约行为。尽管三洋证券的违约额（83亿日元）占日本银行间市场交易规模的比重很低，但这是日本银行间市场的首例违约行为，以至于市场参与者普遍预期违约行为将会继续出现，从而对银行间市场产生显著冲击。为避免遭遇违约，贷款借出行宁愿选择将资金存放在日本银行账户上，也不愿意在银行间市场上放贷。外国银行也选择削减对声誉不佳的日本各银行的授信额度。[①] 导致日本银行间市场出现明显的流动性[②]紧缩，市场利率急剧上升（见图4—2）。日本金融机构的接连倒闭，加剧了国内外投资者对日本金融机构财务报表的真实性和日本当局金融监管能力的质疑，导致日本的国际活跃银行在国际市场上支付的日本溢价（Japan Premium）急剧上升至40个基点（见图4—3）。

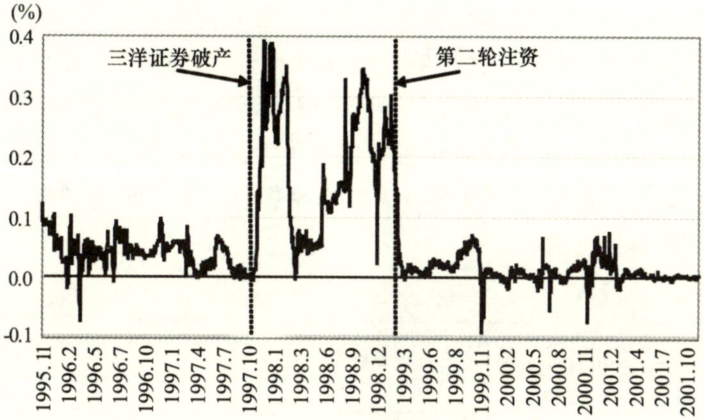

图4—3　日本溢价

资料来源：Bloomberg and CEIC.

注：日本溢价 Japan Premium = 3 month yen TIBOR - 3 month Euroyen LIBOR，即3个月期日元的TIBOR与LIBOR（London Interbank Offered Interest Rate）的利差。[③]

---

① 1995年9月，大和银行纽约分行宣布因员工欺骗性行为而遭受11亿美元的巨额损失。1995年11月3日，美国监管当局下令停止大和银行在美国市场上的所有业务活动。大和银行事件损害了日本国际活跃银行的声誉，动摇了国际社会对日本银行业的健全性和政府金融监管能力的信心。一个重要指标是日本溢价开始出现。如图4—3所示，当时的日本溢价约为10个基点。

② 流动性通常指某种金融资产在多大程度上能够在短时间内以全部或接近市场的价格出售，或该种资产转换为支付清偿手段或者说变现的难易程度。宏观经济层次上的流动性可理解为不同统计口径的货币信贷总量，即流通中现金（M0）、狭义货币供应量（M1）、广义货币供应量（M2）等。与通常意义上的流动性和宏观流动性不同，本章的流动性属于银行体系内的流动性，是指商业银行用于信贷投放、支付和结算的流动性金融资产。中央银行可通过现金投放、再贷款和公开市场操作等渠道影响银行体系的流动性，调控货币信贷总量。

③ 一些学者也用欧洲美元的TIBOR - LIBOR利差来度量日本溢价，而且，欧洲美元的TIBOR - LIBOR利差显著大于欧洲日元（Fukao，2000）。Ito和Harada（2004）利用在伦敦银行间市场参与出价的几家日本主要银行，如东京三菱银行、日本第一劝业银行和富士银行等，在伦敦银行间市场借入美元的报价与欧洲美元的LIBOR之间的利差，来计算日本银行系统的风险溢价。由于东京银行间市场不发布欧洲美元的拆放利率数据，本章只对日元的利差作了计算。

为缓解流动性紧缩状况，日本银行于1997年11月底介入了银行间市场。日本银行通过购买合格票据、回购和向商业银行提供抵押贷款等方式，向银行间市场注入大量流动性。在当时日本银行的资产负债表上，表现为日本银行对存款货币银行债权和对中央政府债权（国债）的规模急剧上升（见图4—4）。1997年11月，日本银行向存款货币银行发放的信贷规模净增达7.8万亿日元，导致日本银行持有的存款货币银行债权由10月底的4.8万亿日元陡升至11月底的12.6万亿日元。1998年4月，日本银行从银行间市场净逆回购国债规模达到惊人的33.2万亿日元，以至于日本银行对中央政府债权由1998年3月底的36.8万亿日元急剧升至4月底的70万亿日元。在日本银行倾注了大量流动性之后，银行间市场的功能逐渐有所恢复。1998年5月，东京银行间市场拆借利率基本恢复到三洋证券破产之前的水平。

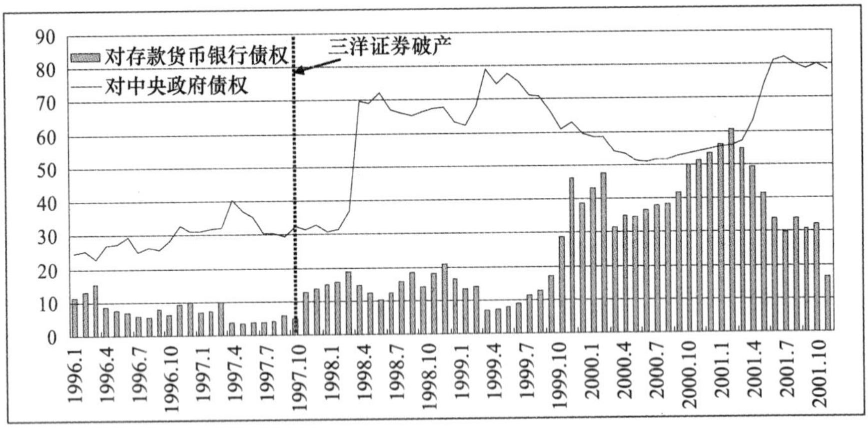

图4—4 日本银行的资产变化（单位：万亿日元）

资料来源：CEIC.

二 北海道拓殖银行破产

北海道拓殖银行是总部设在札幌的城市银行，资产规模约为9.5万亿日元，因大量投资于旅游度假项目而遭受巨额信贷损失。1997年9月，北海道拓殖银行在与北海道银行（Hokkaido Bank）合并谈判失败后，遭受了严重的存款挤提打击。显然，北海道拓殖银行若仅凭自身的力量，难以继续生存下去，因此，动用存款保险系统对其实施救援，便成为唯一的选择。鉴于北海道拓殖银行在北海道地区的主导地位，为尽量减少该行的破产对本已脆弱的金融系统的冲击，监管当局认为，在其宣布经营失败后，非常有必要继续维持业务经营，直至健康的资产和负债转移至一家健康的承接银行，因此，在北海道拓殖银行找到资产承接行之前，日本银行一直向其提供信贷资金支持，以维持基本运转。然而，日本当局苦于难以找到愿意承接北海道拓殖银行资产和负债的民间银行。而在当时日本的存款保险制度下，找到一家资产承接银行，是解决银行不良资产问题的一个关键步骤。

1997 年 11 月 14 日，当北海道拓殖银行可用于银行间市场融资抵押的合格票据耗尽、融资渠道枯竭、准备放弃继续经营的努力时，监管当局终于找到了一家承接银行。北洋银行（Hokuyo Bank），一个资产仅为 1.8 万亿日元的北海道地区性银行，最终成为北海道拓殖银行资产的承接银行。为解决北海道拓殖银行的不良资产问题，日本银行提供了 2.6 万亿日元的非担保信贷支持。

三　山一证券：渐进破产方式

在三洋证券破产后三周，山一证券宣布经营失败。日本政府吸取了三洋破产的教训，对山一证券采取了有序渐进的破产（Orderly Wind - down）模式。日本银行向山一证券提供了信贷支持，让其逐步削减业务规模，最终实现了有序、逐渐倒闭。山一证券为日本四大券商之一，资产规模达 22 万亿日元。引发山一证券破产的因素，是 2000 亿日元表外负债的披露。当时，由于日本银行系统备受不良贷款问题的长期煎熬，包括山一证券的主办银行——富士银行在内的任何一家银行均没有能力承接如此巨额资产。1997 年 11 月底，在表外负债披露一周后，山一证券宣布停止签订新的合约，从而为该公司走向渐进破产创造条件。

日本政府在处理山一证券问题上，与三洋证券存在着明显区别。三洋证券被命令立即停业，而山一证券被允许继续营业，可继续结算已签订的契约。日本政府对山一证券采取渐进破产的背景是当时的金融系统非常脆弱，担心山一证券的迅速破产将对脆弱的金融系统产生严重的破坏性影响。鉴于山一证券不隶属于存款保险系统，存款保险机构不能向其提供财务援助，大藏省要求日本银行扮演“最后贷款人”的角色。日本银行最终选择向山一证券提供信贷资金支持，信贷资金用于确保该公司的客户资产平稳收回、现有合同的有序结算和海外业务的稳步退出。在山一证券宣布经营失败之后的第1个工作日，日本银行便向其提供了8000亿日元的贷款。1997年底，日本银行向山一证券提供的信贷资金达1.2万亿日元。1999年6月，山一证券宣布资不抵债19个月之后，因资产迅速恶化而正式破产。山一证券的资产净损失约为1600亿日元，远远超过当初的预期。日本银行对山一证券的流动性支持，实际上是用自身对该公司的贷款，来置换民间金融机构对山一证券的已有债权。通过采取渐进式破产方式，日本政府成功避免了山一证券破产对日本金融系统造成剧烈的负面冲击。

四 扩大存款保险覆盖面

亚洲金融危机的爆发，使日本金融系统面临着国内外双重压力。1997年11月26日，位于仙台的一家地区性银行德阳城市银行宣布经营失败。这是日本在11月份第4起金融机构经营失败事件，引发了银行储户的心理恐慌。而且，市场关于一些银行即将破产的流言四起。银行储户纷纷到银行排队提取存款，一些资产负债表较为虚弱的地区性银行面临的存款挤提状况尤为严重。日本金融系统开始出现一些崩溃的迹象。在这一危机形势下，大藏省和日本银行发表紧急声明，宣布向所有银行存款，包括同业存款提供保护，并向银行系统提供足够的流动性以满足储户的提款要求。

五 第一轮银行资本注资

为稳定日益脆弱的银行系统，日本国会于1998年2月出台了《金融机能安定化紧急措施法》，明确规定动用公共资金解决金融危机，截止期限为2001年3月底。同时，日本政府制定了《金融功能稳定计划》（*Financial Function Stabilization Plan*）。根据《金融功能稳定计划》，日本政府拨款30万亿日元，其中，17万亿日元用于补充存款保险机构的一般账户（General Account），用于保护资不抵债金融机构所有储户存款资产的安全；13万亿日元配置于新设立的危机应对账户（Financial Crisis Management Account），用于向金融机构注资。在存款保险机构新增的17万亿日元的赔付资金中，7万亿日元为特别政府债券，存款保险机构可根据需要向日本政府要求将特别政府债券兑换为现金，另外10万亿日元为日本政府担保的来自日本银行或民间金融机构的贷款。用于金融机构注资的13万亿日元公共资金的来源与前者相类似，3万亿日元为特别政府债券，10万亿日元为政府担保信贷。

日本政府设立金融危机管理委员会负责处理向银行注入公共资金的相关事宜。该管理委员会负责选择或识别那些需要资本注入的银行，并决定注资的规模。但由于管理委员会不具备监督银行的权力，因此，其所能获得的关于银行资产负债状况的信息非常有限。而且，各银行因担心申请注资可能导致自身声誉受损，如可能向市场传递其资产负债表状况虚弱的信息，而不愿意申请注资。为避免被市场认为财务状况虚弱，所有主要银行均要求集体注资。1998年3月，银行集体注资的总额为1.8万亿日元，而且，几乎所有银行都接受了政府注资。虽然此轮注资有助于充实各商业银行的资本金，但由于每家银行所接受的注资规模太小，并且新注入资本的80%为次级债，属于二级资本，不足以缓解日本银行系统的不良资产问题。因此，日本第一轮银行注资对市场的正面影响极为有限，银行系统的资本金不足问题没有得到解决。

第四节　日本金融危机的系统管理（1998年中期—2001年）

一　日本长期信用银行和日本债券信用银行：国有化

日本1998年3月的第一轮银行注资对日本金融系统仅有暂时稳定效应。1998年中期，日本长期信用银行经营失败，为日本最大的银行失败案例。日本长期信用银行的资产规模约为26万亿日元，因过度从事金融衍生品交易而遭受重大损失。当时，日本长期信用银行的衍生品合同价值余额约为50万亿日元。

1998年6月，当日本长期信用银行问题浮出水面时，日本改革了银行业的监管体制。新设立了专门监管机构——金融监督厅（Financial Supervisory Agency）（2000年7月，金融监督厅改组为金融厅）。金融监督厅接管了大藏省对银行、证券公司和保险公司的监督权。同时，地方金融局对信用金库（Shinkin Bank）的监督权和县（都、府）政府对于信用组合的监督权也转移至金融监督厅。由金融监督厅统一行使金融机构监督权，将有助于改变地方政府对信用组合监管不力的局面。

鉴于日本长期信用银行的巨大规模，该行的破产将对金融系统产生系统性破坏效应。日本政府沿用了山一证券的不良资产处置方式，采用渐进方式来处理日本长期信用银行的不良资产问题。不过，与山一证券的渐进清算方式不同，日本长期信用银行是渐进地被投资者所购买。这是因为，该行提供了大量的支付和结算业务，其破产清算将对日本金融系统和实体经济产生严重的负面冲击。

日本当局最初寻求日本长期信用银行与住友信托银行（Sumitomo Trust Bank）合并，但住友信托因担心长期信用银行的巨额不良资产问题而拒绝了合并的建议。日本政府认识到，通过商业化途径显然无法解决日本长期信用银行的问题。1998 年夏，日本国会制定了一个重要的法律——《金融再生法》，允许对陷入困境中的银行实行临时国有化措施。1998 年 10 月，日本长期信用银行被国有化。该行国有化的步骤主要包括：一是更换银行管理层；二是对银行的资产负债表进行彻底清理，完全剥离了银行的不良资产；三是银行资本金首先全部用于冲抵资产损失，剩余资产损失由存款保险机构承担；四是向银行注入公共资金，使银行资本金状况恢复正常；五是监管当局将注资后的新银行在市场上招标出售。2000 年 2 月，日本长期信用银行被一个新战略伙伴——一家由 Ripplewood 设立的美国投资基金和海外投资者收购。在收购期间，日本长期信用银行继续经营。日本银行通过存款保险机构向日本长期信用银行提供了 3.7 万亿日元的信贷支持。随后，日本长期信用银行还清了日本银行的贷款。如表 4—4 所举的例子，在剥离不良资产，接受赔付资金、信用贷款和公共资金注入等国有化步骤之后，日本长期信用银行资产负债表已经非常健康，资本充足比率达到 8%。

表 4—4　　日本长期信用银行资产负债表

资产		负债	
健康资产	100	负债	300
冲抵资本金后的不良资产	0	存款保险机构（日本银行）的贷款	200
准备金存款	243.5	资本金（公共资金注资）	43.5
存款保险机构的赔付资金	200		

1998年12月，日本监管当局也依据《金融再生法》对日本债券信用银行实行国有化。日本债券信用银行在1997年7月接受2900亿日元注资后，经营状况并没有得到明显改善。1998年7月，金融监督厅根据严格的会计准则，对日本债券信用银行进行了现场检查，结果发现该行已经资不抵债。1998年12月，日本债券信用银行被国有化。当时，日本债券信用银行的股票价格已接近于0。这意味着日本银行拥有该行的800亿日元优先股和民间金融机构贷出的2100亿日元血本无归。对此，日本民众批评日本银行在救助日本债券信用银行问题上误判形势，滥用资金。

二 出台《金融再生法》和《早期健全化法案》

1998年底，日本长期信用危机导致日本颁布了两个重要的法律：《金融再生法》和《早期健全化法案》① （*Financial Function Early Strengthening Law*）。《金融再生法》是处置资不抵债的存款金融机构的专门法律。《早期健全化法案》主要关注向有生存能力但融资困难的金融机构注入公共资金，以恢复投资者和储户的信心。在银行注资方面，《早期健全化法案》实质上取代了1998年2月出台的《金融机能安定化紧急措施法》。

根据《金融再生法》，经营失败银行可交由“金融整理管财人”处置或者暂时国有化。对金融系统稳定能产生系统性影响，经营失败的重要银行通常采取国有化方式，如日本长期信用银行。在这两种情形下，银行的业务活动不会中断，银行客户包括储户和借款人的利益将得到完全保护。为实现这一目标，日本银行必须提供信贷支持。在金融重组情况下，日本银行直接向重组银行提供流动性。在国有化条件下，由存款保险机构向国有化后的银行发放贷款，而日本银行向存款保险机构提供信贷支持。《金融再生法》在充分保护银行客户利益的同时，对银行的股东和管理阶层实行严格惩罚，以让其承担经营失败的责任。银行的股本将用于冲抵贷款损失，而管理阶层将进行更换。从而，既避免了金融机构破产引发的负面冲击，又没有鼓励道德风险行为。

---

① 对于这两个重要法律，日本学者在英文表达上不尽一致。例如，Fukao（2000）将《金融再生法》、《早期健全化法案》分别称为《金融振兴法》（*Financial Revitalization Act*）、《银行注资法》（*Bank Recapitalization Act*）。相比较前者，后者显得更为直白。

为实施《金融再生法》和《早期健全化法案》，日本建立了金融再生委员会（Financial Reconstruction Commission）。它是一个独立的具有行政性职能的委员会，隶属于首相办公室。金融再生委员会由五位成员组成，其中包括一名内阁部长并出任委员会主席。与之前的金融危机管理委员会不同的是，金融再生委员会具有检查和监督金融机构的权力。

《金融再生法》和《早期健全化法案》赋予日本监管机构强大的权力和充足的资金来源，这是之前难以想象的。在新的法律框架下，日本政府可动用的公共资金规模由 30 万亿日元上升至 60 万亿日元。其中，17 万亿日元用于弥补失败金融机构的资产损失，18 万亿日元用于向资产重组或国有化的金融机构提供信贷支持，25 万亿日元用于向金融机构注资。政府有权动用这批公共资金的时间期限为 2001 年 3 月。① 在 17 万亿日元保险赔付资金中，7 万亿日元为特别政府债券，10 万亿日元为政府担保的民间金融机构或日本银行提供的信贷。这与 1998 年 2 月《金融功能稳定计划》的资金来源结构相同。剩余 43 万亿日元的注资和信贷资金来源于政府担保信贷。而且，存款保险机构实现了脱胎换骨式的发展壮大。1996 年初，存款保险机构仅有 16 名雇员和 3900 亿日元的资金。1999 年，存款保险机构和整理回收机构的雇员超过 2000 人，资金规模达 60 万亿日元。至此，日本 90 年代中期原始的存款保险系统已演变成为一个综合性的安全网。②

三　第二轮银行注资

1999 年春，日本进行了第二轮银行注资。根据《早期健全化法案》，日本政府可用于银行注资的公共资金规模为 25 万亿日元。银行注资的基本目标是恢复投资者对日本的银行和金融系统的信心。投资者对日本银行系统失去信心的一个重要表现，是怀疑银行财务报表数据的真实性和监管当局纵容银行的欺骗行为。例如，根据日本当时采用的历史成本会计方

---

① 有效期之所以确定为 2001 年 3 月（财政年度 2000 年底），是因为日本学者预期，日本金融系统将在 2000 财年底恢复正常。Fukao（2000）认为，《金融再生法》处置资不抵债的金融机构的效果较好，在期满之后，应适当修订予以永久化，以有效处置缺乏生存能力的金融机构的不良资产问题。

② Nakaso H.，“The Financial Crisis in Japan during the 1990s: How the Bank of Japan Responded and the lessons Learnt”，*BIS Papers*，No. 6，October，2001.

法，银行在计算资本充足比率时，不需要减记未实现的资本损失（如银行持有的证券等资产价格下跌），而根据“以市定价”的会计准则，银行必须减记未实现的资本损失，以真实反映银行当前的资产质量。同时，银行的资产减记和准备金提取严重不足。

为重建市场对日本金融系统的信心，金融再生委员会决定对日本15家主要银行的财务状况进行实地现场检查，并实行更为严格的会计标准，从银行资本金中减去未实现的资本损失和潜在的贷款损失。而且，银行财务的现场检查结果，作为确定这15家主要银行注资规模的依据。

1999年3月，金融再生委员会调查发现，15家银行的未实现资本损失为2.7万亿日元，不良贷款规模达9万亿日元。因此，为完全弥补这些银行的资本和贷款损失，日本政府需注入公共资金11.7万亿日元。考虑到这些银行在金融市场上获得规模为2.1万亿日元的民间企业的资本金融资，以及2.5万亿日元的净核心利润，银行的实际注资规模可大幅度低于其资产损失水平。最终，银行注入的公共资金规模为7.5万亿日元，其中，一级资本（优先股）6.2万亿日元。从而，民间企业和政府先后共计9.6万亿日元的资本注入，将足以弥补这15家主要银行的资本损失和贷款损失。

为保证政府的公共资金投资能够收回，金融再生委员会要求各银行在接受注资后提交“经营健全化计划”，并公之于众。“经营健全化计划”主要包括四个指标：一是巩固资本金；二是加速不良资产剥离；三是增加贷款，特别是对中小企业贷款；四是促进结构重组。金融再生委员会对银行落实“经营健全化计划”进行经常性检查监督。而且，金融再生委员会制定了一个时间期限（通常时间较短），若银行的经营业绩在此时间段内未有明显改善，政府有权将优先股转变为普通股。这意味着，若银行在注资后经营业绩不佳，政府可直接干预银行的日常经营管理。

1999年3月的第二轮银行注资规模是1998年3月的第一轮注资的4倍，并主要以优先股为注资方式，取得了明显的效果。第二轮银行注资解决了长期困扰日本各大型银行的资本金不足问题。注资之后，日本主要商业银行的资本金率达到10%。随后，日本监管当局将注意力转向规模较小的区域性银行。1999年4—10月，五家区域性银行的不良资产问题，依据《金融再生法》得到顺利解决。所以，1999年的第二轮银行注资，以及大型金融机构的渐进破产和国有化措施，表明了日本金融危机最严峻阶段已经过去，日本脆弱的金融系统已经稳定下来。日本银行间市场流动性状况出现了明显改善，3 月期 TIBOR 由第二轮银行注资前的 50 个基点迅速降至 20 个基点左右（见图 4—2）。而且，日本溢价大幅度下降，并在第二轮注资不久后消失了（见图 4—3）。从而，日本国际活跃银行无需再支付高于欧美同行的高同业借款利率了。

四　重组资产管理公司与银行兼并

在日本政府实行银行注资的同时，日本银行也采取了两个辅助性措施：一是将不良资产从银行的资产负债表剥离，以改善银行的现金流，恢复银行的中介功能，进而促进经济尽快恢复。二是鼓励银行合并，从长期角度看，银行合并将有助于提高银行的经营效率和赢利水平。

在剥离不良资产方面，日本银行对现有的资产管理公司进行重组。1999 年，在对整理回收银行和住宅金融债权管理机构进行合并的基础上，组建了整理回收机构。整理回收机构不仅可购买经营失败银行的不良资产，而且可购买有清偿能力银行的不良资产，帮助它们将不良资产剥离其资产负债表。同时，通过设立特殊目的公司（Special Purpose Companies），对银行不良贷款实行证券化，以促进不良资产的销售。

为改变过度扩张的经营模式，整合银行资源，降低经营成本，一些银行明确宣布了合并和联合的计划。1999 年 5 月，住友信托（Mitsui Trust）和中央信托（Chuo Trust）宣布于 1999 财年底合并。1999 年 8 月，日本兴业银行、第一劝业银行（Daiichi Kangyo Bank）和富士银行宣布合并，组建一家控股公司，于 2001 财年底完成合并。同年 10 月，东海（Tokai）银行和三和（Sanwa）银行、三井银行（Sumitomo Bank）和樱花银行（Sakura Bank）等先后宣布合并。市场对日本的银行兼并作出了积极的反应，穆迪公司上调了合并银行的信用等级。

五　加强银行监管

1998 年 12 月，日本监管当局强化了对银行并表的监管力度。此前，银行财务并表的条件是，持有子公司 50% 以上股权，或附属机构 20% 以上股权。根据新规则，银行财务并表的条件是持有子公司、附属机构的股权分别降至 40%、15%。附属机构的股权之所以较低，是因为相较于子公司，银行对附属机构有着更为直接的影响力。而且，日本对财务并表的监督也延伸至银行不良资产的估算方面。之前，银行可通过设立关联公司来转移不良资产。关联公司由银行共同持有（每家银行股份少于5%），既不属于银行的子公司也不是其附属机构。银行通过将不良资产以高于市价的价格转让给关联公司，可隐瞒实际的不良资产规模。[①] 因此，对财务并表监管的加强可加速银行不良资产的披露和处置。

1999年3月，金融监督厅将“早期纠正措施”[②]（Prompt Corrective Action）框架延伸至不开展国际业务的国内银行。金融监督厅于1999年秋对各地方银行进行了现场检查。金融监督厅推荐阪神银行和绿银行并入Minato银行。Namihaya、幸福（Hofuku）、国民（Hokumin）和东京相和（Tokyo Sowa）等四家地方银行被发现资不抵债，被政府暂时托管。北海道银行和新潟中央（Niigata - Chuo）银行被要求增加资本以满足4%的资本金比率要求。

2001财年，日本要求对银行持有的所有证券资产实行“以市计价”会计方法。这就迫使银行在资产负债表上实现其持有证券资产的隐性资本盈余或损失。这为银行卖出亏损的证券资产而不是长期持有提供了激励。为帮助银行转型，日本专门建立了一个金融机构专门购买银行出售的股票。

第五节　日本金融危机尾声(2002—2003年)

一　竹中计划

2002年底至2003年初，作为小泉内阁的经济财政大臣，竹中平藏受

---

① Montgomery H. and Shimizutani S., “The Effectiveness of Bank Recapitalization in Japan”, *Asian Development Bank Institute*, May, 2005.

② “早期纠正措施”源于美国。20世纪80年代末，美国发生严重的金融危机，美国国会对金融主管机关的监管能力逐渐失去信心。1991年，美国国会以强化金融监管、改进存款保险制度及重建存款保险基金为改革重点，立法要求监管机关应实施早期纠正措施，该措施分为“强制性措施”及可视情况自由裁量的“选择性措施”。将金融机构划分为五个不同等级，资本充足率愈低，所采取的立即监管措施愈严厉。在强制性措施方面，如资本充足率低于8%者，即禁止盈余分配；低于6%者，除禁止盈余分配外，亦限制高管人员报酬，并禁止该金融机构收受同业存款、限制控股公司进行资本分配、限制存款利率给付或需与其他机构合并等；有形净值占总资产比率降至2%（含）以下者（最差的等级），须于90天内完成接管清算工作等。

命主持日本的金融改革。上任仅一个月内，竹中迅速宣布了“金融再生计划”（Financial Revival Program）（以下简称“竹中计划”）。该计划提出了三项要求：一是对银行资产进行更为严格的评估；二是增加银行资本；三是加强对注资银行的治理结构建设。

为彻底解决大型银行的不良资产问题，竹中采取以下六条措施：一是银行应运用预期现金流现值方法或市场价格对不良贷款的价值进行更为严格的评估；二是银行在对大额债务人的贷款进行分类时，应考虑跨行一致性问题（Cross - bank Consistency）；三是公开银行自评和金融厅评估的银行资产的价值差异；四是准备在必要情况下向银行注入公共资金；五是禁止银行宣布不切实际的大额递延税项资产（Deferred Tax Assets）；六是对那些业绩明显低于再生计划目标的银行发出业绩改进命令。竹中后来对自己的政策评价说，在这六条措施中，对不良资产进行正确评估是最为重要的。他还认为，除第5条外，自己推行的政策取得了成功，金融危机的负面影响得以消失。关于递延税项资产问题，他最终作了妥协，让银行和会计师自行决定。①

金融厅执行了“竹中计划”，对银行的资产负债实行更为严格的审计准则。2003年初，这一压力迫使日本的许多大型银行通过发行股票（主要为私募②）方式筹集资金以提高资本充足率。2003年3月，理索纳银行因不被允许将5年的递延税项资产作为资本金，其资本比率下降至4%以下，金融厅通过存款保险机构向其注资。2003年8月，金融厅向15家未达到赢利目标、接受注资银行和金融集团发出业绩改善令。其中，包括瑞穗、UFJ、三井住友、住友信托和三井信托等5家大型金融机构。它们被要求编制业绩改进计划，且每季度向金融厅报告其进展状况。2004年3

---

① Hoshi T. and Kashyap A.，“Will The US Bank Capitalization Succeed? Lessons from Japan”，*NBER Working Paper* 14401，October，2008.

② 私募发行是证券发行方式的一种，是指证券发行者只面向少数特定的投资者发售证券。私募发行对象包括机构投资者和个人投资者，如金融机构、与发行者业务往来密切的公司、内部职工等。相对于公募发行，私募发行的主要特点有：一是私募发行的门槛要求明显较低，不具备公募发行资格的发行者可利用私募方式筹集资金；二是发行者不必向证券管理机构办理发行注册手续，从而可以节省发行时间和注册费用，筹资速度较快；三是私募发行多由发行者自己办理发行手续，自担风险，从而可以节省发行费用。当时，日本一些大型银行之所以采用股票私募发行方式来补充资本金，其原因主要有：一是银行的资本充足率不足，经营业绩较差，不符合公开发行股票的要求；二是银行迫切需要增加资本金，以满足监管当局的要求，公募方式的筹资速度太慢。

月，UFJ 集团由于未能实现预期目标，再次收到业绩改进令。UFJ 控股、UFJ 银行和 UFJ 信托的 CEO 被迫辞职。新的高层管理人员的薪水暂停发放，其他董事薪水减半，奖金暂停发放。削减雇员就业岗位，且奖金削减 80%。停止发放股息。

二　不良资产处置：由购买转向重组

从 2003 年开始，日本不良资产处置的重点由购买银行的不良资产转向对不良资产进行重组。如表 4—5 所示，从 2003 年开始，新产生的不良贷款规模开始下降。同时，在 2003—2005 年期间，大量的不良贷款从银行的资产负债表上被剥离。2005 年 6 月，整理回收机构停止购买不良资产。1999—2005 年，整理回收机构花费了 3530 亿日元，从有清偿能力的银行购买了 858 项总面值为 4 万亿日元的贷款资产。2001—2008 年，整理回收机构依托所持不良信贷资产，以主要贷款人的身份，先后组织或参与了 577 家借款企业的资产重组，涉及重组的资产规模达 6.2 万亿日元。而且，整理回收机构在不良资产销售方面具有进取性。2001—2008 年 3 月，该公司不良贷款账面余额由 5.8 万亿日元降至 1.1 万亿日元。而且，在这一时期，由于日本金融和经济状况显著改善，证券、地产等资产价值回升明显，从而，整理回收机构的绝大部分不良资产的出售价格均高于收购价。整理回收机构共获得不良资产处置收益 6.2 万亿日元。①

2003 年，最后一家资产管理公司——日本产业再生机构（Industrial Revitalization Corporation of Japan）成立，目的是重组所购买的不良资产。日本产业再生机构几乎由存款保险机构独家所有，其债务由政府担保。该公司的存续期间为 5 年，2 年时间用于购买不良资产，3 年时间完成对不良资产的重组。产业再生机构共购买了 41 家企业总面值为 4 万亿日元的不良资产，其中包括一些著名的公司，如大荣日本零售（Daiei）、嘉娜宝（Kanebo）等。该公司于 2007 年 3 月完成不良资产重组，比预计时间提前一年完成目标。

---

① Hoshi T. and Kashyap A.,"Will The US Bank Capitalization Succeed? Lessons from Japan", *NBER Working Paper* 14401, October, 2008.

表 4—5 日本银行系统的贷款损失规模 单位：万亿日元

财政年度	贷款损失	贷款损失总额	主要银行数量
1994	3.872	5.512	21
1995	5.232	10.744	21
1996	13.369	24.113	20
1997	7.763	31.877	20
1998	13.258	45.135	20
1999	13.631	58.766	17
2000	6.944	65.710	18
2001	6.108	71.818	18
2002	9.722	81.540	15
2003	6.658	88.198	13
2004	5.374	93.572	13
2005	2.848	96.420	13
2006	0.363	96.783	11
2007	1.046	97.829	11
2008	1.124	98.953	11

注：贷款损失总额从日本 1992 财政年度初（1992 年 4 月）开始计算。

资料来源：Hoshi T. and Kashyap A.，“Will The US Bank Capitalization Succeed? Lessons from Japan”，*NBER Working Paper* 14401，October，2008.

三 小规模银行注资

2001 年 3 月，《金融再生法》过期后，日本银行部门的资本金不足问题仍然存在。日本国会继续颁布了新的临时性法律，为日本政府注资银行提供法律依据。日本政府也开展了一些小规模的银行注资活动。

首先，日本对《存款保险法》作了修订，允许政府动用公共资金去救助陷入财务困境（尚未经营失败）、对金融系统有重要影响的金融企业。2003 年 6 月，日本政府分别购买了理索纳银行的 0.33 万亿日元、1.66 万亿日元的普通股和优先股。

其次，2004 年 6 月，日本出台了《金融机能强化法》，该法允许政府向银行部门注入公共资金，而不需要确认其对金融系统的重要性。在该法的存续期间（2008 年 10 月废止），日本政府共动用了 405 亿日元公共资金注入两家地区性银行。2008 年底，日本国会对《金融机能强化法》作了修订。该法允许日本政府在必要条件下可继续向银行系统注入资金。

2003—2007 年期间，随着日本经济的复苏和股票等资产的价格回升，日本银行部门的资本金状况得到了明显的改善。日本的银行资本状况改善主要源于两个因素：一是银行业绩改善导致留存利润上升；二是银行持有股票资产的资本收益增加。这意味着，长期困扰日本银行系统的不良资产和资本不足问题终于得以彻底解决。从而，日本金融危机在 2003 年彻底结束。

第六节　日本的经验教训及对美国的借鉴作用

一　政府应对金融危机行动缓慢

日本政府应对金融危机最为主要的问题是行动过于缓慢，金融危机延续了长达十余年的时间才得以解决。20 世纪 90 年代初，尽管日本资产泡沫的严重程度和泡沫崩溃所造成的不良资产规模之大，远远超出任何人的预期，但直至 1998 年 3 月，即在资产泡沫崩溃的 8 年之后，日本政府才考虑动用公共资金购买银行不良资产，向银行注资，以阻止投资者对金融系统信心的不断下降。这距离金融危机的终结仍有 5 年的时间。日本银行部门的不良资产问题迟迟未能予以解决，银行的资本金严重不足状况维持了太长的时间，导致银行确认信贷资产损失的意愿明显降低，甚至采取欺骗手段隐瞒不良资产规模。日本监管当局虽在一定程度上认识到金融危机的潜在危险，但在缺乏紧迫感和公共资金的支持的条件下，很难采取决断性措施来克服金融危机，甚至不得不放松监管标准，纵容银行的财务欺骗行为。同时，日本金融机构不良资产问题长期未能得到解决，也与一些结构性问题密切相关。例如，长期实行的“护送船队”体制，使日本社会的“银行不破产”观念根深蒂固，从而，对银行系统的风险估计不充分；银行贷款资产拨备不足和不良资产信息披露不充分，阻碍了储户、投资者和社会公众对不良资产问题的正确认识，延缓了政府采取必要的综合性措施。

二　资产管理公司的经验

设立资产管理公司购买银行的不良资产，是日本处理不良资产的一个重要途径。但由于资产管理公司在机制设置上存在一些弊端，限制了其作用的发挥。主要有：

第一，资产管理公司的规模太小。如表4—5所示，在1992—2008财政年度期间，日本银行部门的信贷资产损失达88万亿日元，约占GDP的17%。日本银行系统不良资产规模远高于资产管理公司的资产。

第二，在不良资产处置的早期，资产管理公司主要扮演了不良贷款的仓储功能，在不良资产的重组和销售方面，缺乏进取性。2000年初，资产管理公司才开始尝试对不良贷款进行结构重组。

第三，购买银行不良资产并不能解决资本短缺问题。在购买银行不良资产时，资产管理公司不愿意支付高于市场的价格，因此，将不良资产从银行的资产负债表中剥离，不能增加银行的资本金。不过，一个大规模、综合性的不良资产购买方案将有可能消除银行资产价值的不确定性，并吸引新的资本投资。

三　银行注资的经验

日本政府向银行系统注入公共资金，是解决银行不良资产问题的一个关键步骤。日本政府在银行注资问题上的经验是好坏参半的。第一轮银行注资遭到失败，第二轮银行注资取得了成功。经验主要有：

第一，银行注资的规模太小。第一轮银行注资规模过小，是显而易见的。即使是较为综合性的第二轮银行注资，仅注资7.5万亿日元，占银行总贷款规模的1%。以至于银行在注资后，仍然面临着资本金不足的问题。

第二，日本政府在对日本债券信用银行和日本长期信用银行等两家银行实行国有化之后，监管当局不仅没有迫使其他大型银行及时清理不良资产，反而允许它们在持有大量不良资产的情况下继续经营，导致银行的不良资产继续增加。

第三，银行注资计划过分强调了银行不良资产规模，而忽视了恢复银行资本。20世纪80年代末，日本的银行系统经历了过度扩张，贷款规模过度膨胀，需要对银行部门进行兼并重组。政府公共资金注入的对象应是生存能力较强、资本充足率较高的银行，避免将资金注入经营失败的银行，以奖励经营业绩较好的银行，节约纳税人的资金。

第四，银行注资不应单独实施，应与其他相关政策相互配合协调。日本第二轮银行注资之所以取得成功，一个重要经验是实现了银行注资与其他相关政策的相互协调。例如，对银行的资产进行更为严格的评估；银行接受公共注资必须以“业绩改进计划”为条件；银行接受注资后应增加贷款，特别是增加中小企业贷款；对银行实行更为严格的监管规则。

四　日本经验对美国的借鉴作用

美国政府采取了前所未有的政策来应对金融危机的冲击。美国政府认真吸取了日本政府当年行动迟缓的教训，在问题金融机构救助方面采取了迅捷的措施。为恢复金融系统的健康，美国采取了购买次贷相关证券资产、银行注资、向金融系统注入流动性、协助并购和上调存款保险上限并扩大其覆盖范围。根据“问题资产纾困计划”（Troubled Assets Relief Program，TARP），美国政府提出了7000亿美元的问题资产购买计划。其中，2500亿美元用于银行注资。美国政府对金融危机的反应虽明显优于日本，但决策过程过于仓促，在购买不良资产和注资问题银行之前，没有进行严格的资产价值评估，甚至对金融机构的救助不以资产质量为依据，而是迫于市场压力（股票价格下跌）。尽管美国金融机构不良资产分布与日本的差别较大（日本不良资产集中于银行，美国的银行、非银行机构的不良资产比例约为2:1），但是，对于当前努力寻求稳定金融系统的美国监管当局来说，汲取日本过去的经验具有重要的现实意义。

第一，对金融机构资产进行严格评估是解决不良资产的一个关键步骤。日本第二轮银行注资和“竹中计划”的成功，是建立在严格的资产评估标准的基础之上。同时，金融监管当局要对金融机构实行严格监管，确保银行彻底而准确地披露不良资产方面的信息。日本金融厅对银行部门的严格信息披露要求，是日本最终彻底解决金融机构不良资产问题的一个重要经验。显然，美国政府对银行部门没有提出严格的信息披露要求。这可能与美国金融危机的危急程度有关，但对金融机构进行尽职调查有利于维持公众的信心。

第二，银行不良资产购买与银行注资的协调问题。与日本金融相类似，巨额不良资产问题是美国金融机构必须解决的一个根本性问题。日本在不良资产购买上的教训是：一是资产管理公司的规模偏小，对解决银行不良资产问题来说是杯水车薪；二是资产管理公司支付的不良资产购买价格不高于市场水平，影响了银行出售不良资产的积极性，阻滞了银行不良资产的处置进度；三是不良资产购买与银行注资缺乏协调和联动。虽然美国政府提出了大规模的不良资产购买计划（TARP），但在不良资产购买和银行注资关系问题上立场不够坚定。而且，美国政府与金融机构在不良资产价格上的分歧将阻滞不良资产的处理速度。

第三，关于银行注资的时机和规模。美国政府充分认识到注资的时机和规模的重要性，在次贷危机爆发一年之后，美国政府向9家大型银行注资1250亿美元。不过，单个银行的经营和财务状况不与其接受的注资规模相联系，几乎每个银行的注资规模均为其总资本规模的2%。美国政府甚至向不需要注资的银行提供资金。在日本第二轮注资过程中，各银行的注资规模取决于财务状况和所提交的“经营健全化计划”。这是第二轮注资取得成功的关键因素。而且，第二轮注资对银行资产质量的详细审查和识别显然是第一轮所不具备的。对于美国政府而言，在选择迅速行动以维持银行部门的生存和对银行资产进行认真评估以制定一个合适的注资方案之间，是一个艰难的平衡。美国政府在动用公共资金救助问题金融机构时，需要对接受注资银行的经营管理和财务健康状况进行足够的评估，以提高公共资金的配置效率，避免将纳税人的钱浪费在不具备生存能力的银行。

第四，对经营失败的大型金融机构应采取渐进破产或国有化方式，以避免对金融系统造成重大负面冲击。日本在处置山一证券破产问题上，一个重要经验是实行渐进式破产。在山一证券宣布经营失败后，日本银行提供特殊流动性支持，维持其日常经营，让其逐步退出市场，从而将山一证券的负面冲击降到最低程度。同时，日本政府对日本长期信用银行等大型银行实行国有化，避免了大型银行破产的系统性冲击。美国政府的一个经验教训是，允许雷曼这一巨型投资银行迅速破产，导致规模有限的美国次贷危机迅速升级演变为20世纪30年代大萧条以来最为严重的全球性金融危机。

第五，保持政府政策的协调一致。在解决日本银行危机问题上，日本政府政策的一个教训是缺乏协调，各自为政，缺少一个系统性、综合性应对金融危机的方案。不过，在不良资产处置上，日本也提供了非常宝贵的经验（见表4—6）。美国和欧洲的政策制定者显然很好地吸取了日本的经验与教训。美欧各国政府采取了协调一致的行动，采取了多种方式解决金融危机问题，如不良资产购买、银行注资与输入流动性、提高存款保险上限和便利银行合并等一系列综合性措施。

表 4—6　　日本金融机构的不良债权处置与救助方式

处置方式	具体措施
设立资产管理公司	资产管理公司负责日本金融机构不良资产的购买、重组和销售。1993 年 1 月，日本民间银行共同出资建立了日本第一家资产管理公司——共同债权收购机构。1996 年 6 月，设立整理回收银行，先购买资不抵债信用组合的不良资产，再为其寻找民间资产承接银行。1999 年，在整理回收银行和住宅金融债权管理机构基础上组建整理回收机构，购买金融机构不良资产，并通过证券化方式销售不良资产。从 2003 开始，整理回收机构和日本产业再生机构的业务重点由不良资产的购买转向重组、销售
政府和民间金融共同出资	存款保险机构在赔付成本上限范围内向资不抵债金融机构赔付保险资金，民间金融机构共同出资承担剩余资产损失。日本金融危机初期（1994—1996 年），民间金融机构在处置失败信用组合上发挥了重要作用。1996 年 6 月之后，随着保险赔付成本上限的废除和金融危机的深入发展，参与财务援助的民间金融机构的范围，由之前几乎囊括所有机构缩减至利益相关者
发放信用贷款	为缓解金融机构经营失败对日本脆弱的金融系统的冲击，日本银行充分发挥了“最后贷款人”的职责。日本银行分别向资不抵债的金融机构及资产承接银行、渐进破产的金融机构、政府注资银行和国有化的银行等提供信贷支持，以帮助金融机构走出财务困境，或渐进有序退出市场
迅速破产和渐进破产	三洋证券的迅速破产引发了日本银行间市场的连锁反应，对金融系统产生了系统性影响。在吸取三洋破产教训的基础上，日本对山一证券成功实施了有序渐进破产。此后，渐进退出市场（渐进破产的一种延伸）成为日本处置经营失败金融机构的一种主导性模式
暂时国有化	1998 年 10 月、12 月，日本根据《金融再生法》，先后对资产状况持续恶化的日本长期信用银行和日本债券信用银行实行临时国有化措施
银行注资	1998 年 3 月，日本政府向银行系统进行了第一轮注资，注资规模为 1.8 万亿日元。但注资规模过小，且所注资金 80% 为次级债，未能解决银行资本金不足问题。1999 年 3 月，日本政府向银行部门进行第二轮注资，注资规模为 7.5 万亿日元，解决了长期困扰日本各大型银行的资本金不足问题，一些主要商业银行的资本比率达到 10%
加强监管	1998 年 12 月，日本监管当局加强对银行并表监管力度，防止银行将不良资产高于市价转让给关联公司，以加速银行不良资产的披露和处置。1999 年 3 月，金融监督厅将“早期纠正措施”框架延伸至不开展国际业务的国内银行。2001 财年，日本要求对银行持有的所有证券资产实行“以市计价”会计方法。2003 年，“竹中计划”采取以下六条措施：一是银行应运用预期现金流现值方法或市场价格对不良贷款的价值进行更为严格的评估；二是银行在对大额债务人的贷款进行分类时，应考虑跨行一致性问题；三是公开银行自评和金融厅评估的银行资产的价值差异；四是准备在必要情况下向银行注入公共资金；五是禁止银行宣布不切实际的大额递延税项资产；六是对那些业绩明显低于再生计划目标的银行发出业绩改进命令

主要参考文献

1. Fukao M. , "Recapitalizing Japan' s Banks: The Functions and Problems of Financial Revitalization Act and Bank Recapitalization Act", *Keio Business Review*, No. 38, 2000.

2. Ito T. and Harada K. , "Credit Derivatives Premium as a New Japan Premium", *Journal of Money, Credit and Banking*, Vol. 36, No. 5, Oct. , 2004.

3. Shimizutani S. , "Bank Recapitalization in the West: Lessons from Japan", *RIEIT Working Paper*, November, 2008.

第五章　美国金融危机的演变历程与最新进展

引　言

始于2007年夏的美国次贷危机，在2008年9月急剧恶化，演变成为一场自20世纪30年代大萧条以来最为严重的金融危机。金融危机导致货币市场和信用市场流动性枯竭，股票价格大幅度跌落，银行等金融机构的信贷资产损失数以万亿计，世界经济陷入战后以来最为严重的衰退。为恢复信贷市场的流动性，各国政府采取了史无前例的救市举措，如降低政策利率、向货币市场注入流动性、购买银行有毒资产或国有化银行、签订货币互换协议、购买抵押相关证券甚至国债、为银行发行债券提供担保。虽然上述措施取得了一些成效，信贷市场流动性有所缓解，但市场对金融机构清偿能力的信心尚未恢复，金融危机仍在发展之中。

综观美国金融危机的发展过程，可划分为四个阶段。时间区段可大致分割如下：第一阶段为2007年8月—2008年9月中旬；第二阶段为2008年9月中旬—2008年10月中旬；第三阶段为2008年10月中旬—2009年12月；第四阶段为2010年1月至今。

在第一阶段，危机表现为一场规模有限的次贷危机，危机集中于与次级抵押贷款相关的结构性金融产品方面。2008年9月中旬，雷曼的破产，标志着美国金融危机进入第二阶段。雷曼破产引发了金融市场大面积的信心危机，流动性紧缩从货币和信贷市场迅速传递到全球金融市场，使得规模有限的次贷危机上升为全球性金融危机。一些大型国际性金融机构的清偿能力问题，如美国国际集团、美国独立投资银行和欧美大型商业银行等，引起了市场持续而广泛的关注。需要政府运用公共资源救助大型金融机构，以避免其破产引发的系统性风险。

2008 年 10 月中旬以来，美国金融危机进入了第三阶段。金融市场关注的焦点从次贷抵押产品、大金融机构的清偿能力转移至黯淡的宏观经济前景方面。世界各国在刚经历大萧条以来最为严重的金融危机的考验之后，又迎来了战后最为严重的经济衰退的挑战，形成了金融危机与经济衰退的恶性循环链条。全球贸易和经济增长率的直线下降，加剧了宏观经济风险和金融部门的信用风险，导致银行信贷资产损失上升，银行的股票价格压力增大，银行资本金不足问题更为突出。同时，银行部门的信贷损失上升与资本不足，导致银行的放贷意愿低落，居民的消费和投资下降，经济增长速度进一步放慢。要打破金融与经济的这种恶性循环链条，必须阻止银行部门的信贷损失螺旋式上升。这要求各国采取迅速、公开、协调和综合的对策，以尽快恢复市场信心。

2009 年末 2010 年初以来，全球金融危机进入主权债务危机阶段。全球金融危机引起经济大幅度衰退、大规模的金融机构救助方案和扩张性财政政策，导致欧美发达国家的财政状况急剧恶化，主权债务不可持续风险急剧上升。由于私人部门的财务风险已传递至公共部门，发达国家政府部门的资产负债表已难以继续承受金融经济波动的冲击。在经济下行风险上升和主权债务危机的双重打击之下，欧美国家的政策制定者面临着两难困境：一方面，鉴于货币政策在刺激经济方面的空间非常有限，政府需要动用扩张性财政政策来推动经济复苏，但这将进一步加剧财政不可持续的风险；另一方面，若政府削减财政赤字，这将对本已疲弱的经济构成进一步的打击，导致产出下降和税基减少，很有可能加剧财政恶化的状况。欧元区国家已经采取了一些重要的措施来解决主权债务危机问题，如欧洲金融稳定基金增资、构建财政联盟等，但欧元区成员国在政治意愿上的分歧阻碍了一个根本性、持久性的解决方案的产生。同时，在美国中期财政重建方面，美国国内民主、共和两党难以达成政治共识。美国的债务上限危机便是一个明显的例证。若发达国家的领导人在推动金融改革和重建财政方面未能获得广泛而有力的政治支持，市场显然会对政府政策的效果表示质疑。因此，政治意愿是欧美国家解决主权债务危机的决定性因素。

第一节　美国次贷危机(2007 年 8 月—2008 年 9 月中旬)

一　抵押支持证券

美国次贷危机的触发因素是美联储为抑制经济过热连续提高利率，导致美国房屋价格全面下跌（见图 5—1）。利率上升和房价下跌提高了次级住房借款人的违约风险，体现在：一是次级贷款合同的利率是以银行间市场利率为基础的浮动利率，市场利率的上升增加了借款人偿还抵押贷款的负担；二是房价下跌使借款人丧失了利用现有住房为抵押进行再融资的可能性；三是房价下跌可能导致房屋价值低于房屋抵押债务的水平，从而借款人可能产生主动的违约行为。

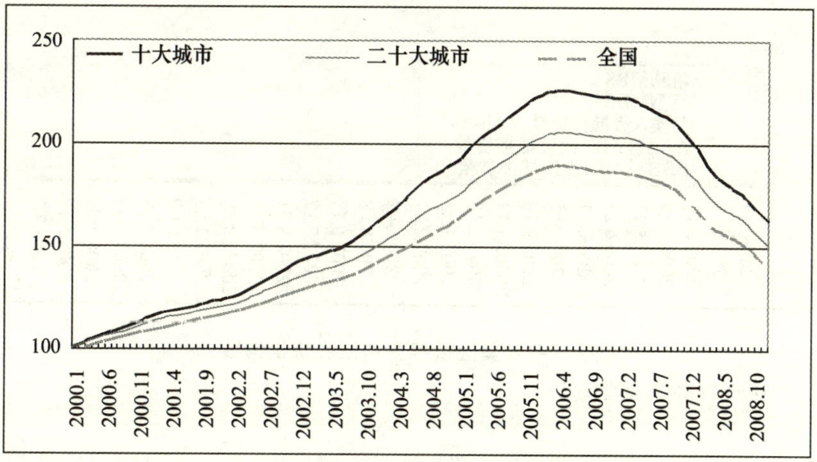

图 5—1　美国 S&P/Case – Shiller 房屋价格指数

资料来源：Standard & Poor.

次级抵押贷款违约概率的上升，将不可避免地导致以次级抵押贷款为基础的证券化结构金融工具，如抵押支持证券（Mortgage Backed Securities, MBS）、资产支持商业票据（Assets Backed Commercial Papers, ABCP）、抵押债务凭证（Collateralized Debt Obligations, CDO）等的违约风险上升和价格下跌。图 5—2 显示了主要以次级抵押资产为基础的 MBS 指数

ABX 在 2007 年之后经历了急剧的下跌，与机构债券、大额抵押担保证券价格的稳定性形成鲜明反差。

2007 年 6 月，穆迪、标准普尔等评级公司调低了次级抵押资产相关证券的信用等级，导致这些产品的价格进一步下跌，引发了信贷市场的紧张情绪。6 月中旬，贝尔斯登旗下两只对冲基金因不能满足追加保证金的要求（margin call）而陷入困境，贝尔斯登被迫向其注资 32 亿美元，导致自身元气大伤。随后，美国一些主要房屋贷款公司和房屋建筑公司宣布盈余大幅度下降甚至亏损。

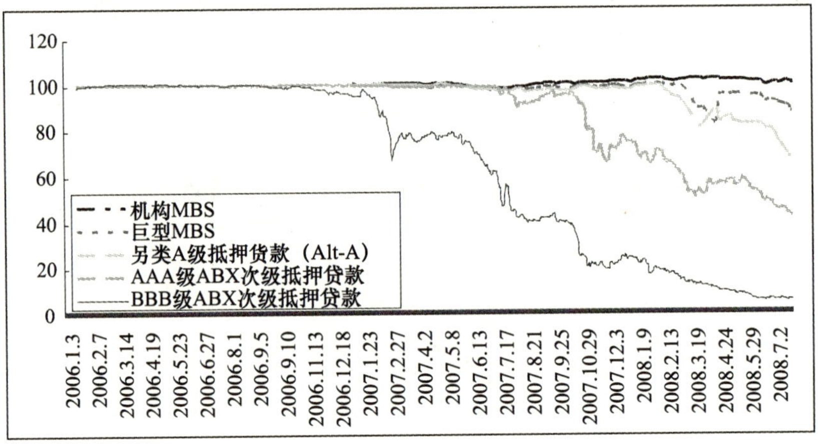

图 5—2　美国抵押支持证券价格指数

资料来源：IMF，2008.

二　资产支持商业票据

2007 年 7 月，美国次贷危机首先发生于以抵押支持证券 MBS 为担保而发行的短期资产支持商业票据 ABCP 上。随着市场对结构金融产品价值的担忧和信用评级可靠性疑虑的加深，投资者对银行表外工具——结构投资载体（SIVs）的挤提行为发生了，投资者开始不愿意购买这些结构投资载体所发行的 ABCP。根据与发起人的流动性支持的隐性契约，结构投资载体重新回到母银行的资产负债表内。此后，结构投资载体部门基本上消失了。

如图 5—3 所示，2007 年 7 月以来，由于发行受阻，资产支持商业票据的存量急剧下降，而非资产支持商业票据存量的下降幅度较小。资产支持商业票据的利率急剧上升，在 8 月 8—10 日短短的几天之中，其利率便从 5.39% 升至 6.14%。[①] 衡量 ABCP 市场流动性状况的一个重要指标是 ABCP 利率与隔夜指数掉期利率（Overnight Indexed Swap，OIS）之间的利差。ABCP 利率属于担保利率，ABCP 的信用风险和流动性风险取决于 MBS 的违约概率。OIS 不包含信用风险和交易对手风险，仅包含对未来利率变化的预期。因此，ABCP 利率与 OIS 的利差反映了 ABCP 的信用和流动性风险状况。显然，MBS 和 ABCP 信用风险的上升，将会导致 ABCP 利率与 OIS 的利差拉大。图 5—4 显示，2007 年 8 月前后，ABCP 利率与 OIS 的利差由 0 快速上升 130 基点。这表明 ABCP 市场已陷入流动性紧缩。

德国小银行 IKB 不幸成为此次危机的第一个牺牲者，它不能向其结构投资载体提供事先承诺的信贷支持。随后，欧洲货币当局公布了针对国有银行和私人银行的总额为 35 亿欧元的一揽子救援方案。7 月底 8 月初，美国住房抵押投资公司（American Home Mortgage Investment Corp.）因筹资渠道枯竭而宣布破产；法国银行 BNP Paibas 因次贷资产价值严重损失，冻结了旗下三只投资基金的赎回要求。

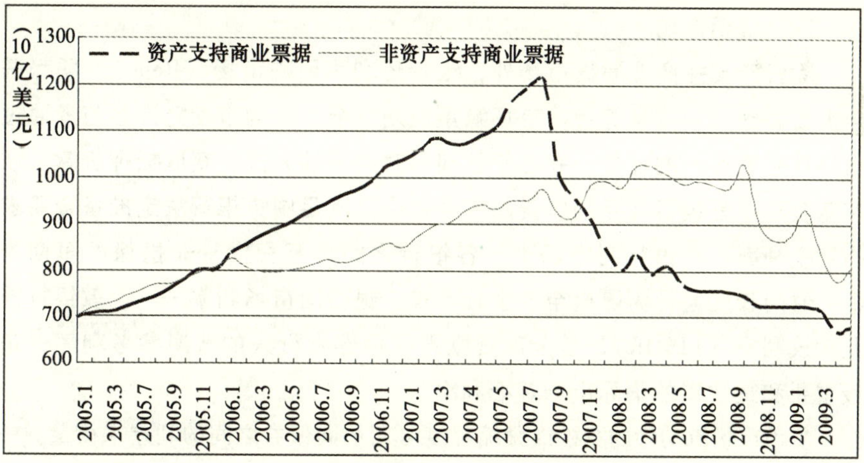

图 5—3　美国商业票据市场的期末余额

资料来源：Federal Reserve Board.

① Brunnermeier M.，"Deciphering the Liquidity and Credit Crunch 2007—08"，*NBER Working Paper* 14612，December，2008.

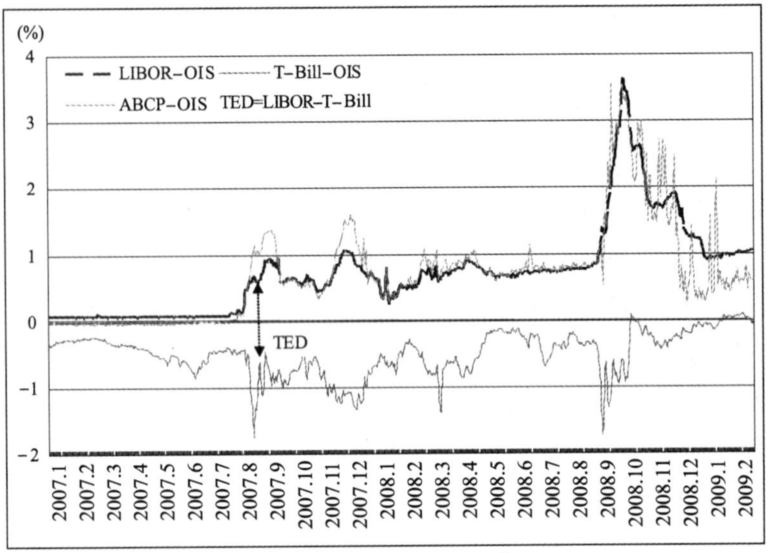

图 5—4　货币市场利差

注：TED = LIBOR - T - Bill = (LIBOR - OIS) + (OIS - T - Bill) = (LIBOR - OIS) - (T - Bill - OIS)。

资料来源：Bloomberg and CEIC.

三　货币市场

除资产支持商业票据市场外，银行还利用回购市场（Repo）、联邦基金市场和银行间市场等货币市场筹集短期资金。回购市场允许参与者通过出售自有或客户的证券，并在贷款期满时购回的方式，获取抵押贷款。联邦基金利率是银行间互相借贷超额准备金以满足中央银行法定准备金要求的隔夜利率。在银行间市场上，各银行之间可互相借贷非担保的短期资金，时间长度通常为隔夜至 3 个月不等。银行间市场利率——伦敦银行同业拆放利率（LIBOR），是全球贷款人和债券发行人的普遍参考利率，是最重要和最常用的国际市场基准利率。

货币市场流动性的宽松或紧缩程度可用不同债券之间的利差来衡量。一个最为常用的利差指标是，时间长度相同的伦敦同业拆放利率（LIBOR）与隔夜指数掉期利率（OIS）之间的差额。LIBOR 是银行间未担保贷款利率，包含了信贷风险和流动性风险。OIS 为隔夜利率的平均值（直至到期日），不包含信用风险和流动性风险。因此，LIBOR 和 OIS 之间的利差，反映了信用风险和流动性风险。LIBOR 和 OIS 之间利差的上升，体现了银行间市场紧张状况的加剧，但是否可归咎为流动性风险或交易对手风险尚不清楚。图 5—4 显示，在美国泡沫经济时期，LIBOR 和 OIS 之间利差降至历史性低点，但自 2007 年夏之后，这一利差便迅速上升并剧烈波动。

另一重要指标是风险性欧洲美元（Eurodollar）的伦敦同业拆放利率（LIBOR）与无风险的美国国库券（T - Bill）利率的差额，简称 TED 利差（取自国库券和欧洲美元的第一个英文字母）。在货币市场不确定状况下，银行对非担保贷款索取较高利率，从而 LIBOR 上升。同时，银行需要最安全的担保资产，使得持有国库券非常受欢迎，从而，国库券价格上升，利率下降。TED 利差衡量了逃向安全资产（Flight to Quality）效应的大小。在金融危机时期，投资者出于回避风险的考虑，抢购国债等安全资产，导致 TED 利差显著扩大。

短期国库券和 OIS 之间的利差，也反映了在危机时期，逃向安全资产效应的大小，即投资者对国库券的追逐程度。如图 5—4 所示，在 2007 年 8 月初，OIS 与国库券的利差显著扩大，并一直保持在高位。这反映了在货币市场流动性缺乏的条件下，投资者为回避信用风险，抢购国库券等安全性资产。

银行间市场的第一波流动性冲击发生在 8 月上旬，银行的违约风险和流动性风险明显上升，LIBOR 迅速上涨。为缓解流动性紧缩，美联储和欧洲央行分别向银行间市场注入 240 亿美元、950 亿欧元的短期信贷。同时，美联储还采取降低贴现率、扩大银行贷款的抵押资产的接受范围、延长贷款期限等措施。然而，由于商业银行担心从银行贴现窗口贷款，会对自身声誉造成不良影响，因此，这一政策的效果有限。

2007 年 12 月，在抵押支持证券的价值损失超过预期的情况下，货币市场的紧张程度有所加剧，LIBOR 显著上升，LIBOR - OIS 和 TED 的利差重新扩大。在认识到降低联邦基金利率和贴现率等传统政策工具不足以克服流动性紧缩问题后，美联储于同月 12 日创建了定期竞价工具（Term Auction Facility，TAF）。据此，商业银行可利用包括 MBS 在内的一系列资产为担保，通过匿名竞价的方式，向美联储借入期限为 28 天的短期贷款。这一措施取得了一定效果，货币市场利差趋于缩小。

四　贝尔斯登与房利美、房地美

2008 年 3 月，随着次贷危机的深化，投资者对美国政府支持企业——房利美和房地美（以下简称“两房”）的自身财务状况和债券担保能力提出了强烈质疑。美国政府设立“两房”的目的，是改善美国住房抵押市场的流动性，提高中低收入阶层住房自有率水平。房利美和房地美将从合格贷款人处购入的标准或优级的抵押贷款，打包成证券，提供信用担保，并在二级市场销售这些担保证券。同时，房利美、房地美购买了大量以次贷为基础的资产支持证券和贷款，以获取投资利润。如表5—1和表5—2所示，2007年底，房地美、房利美持有的住房抵押贷款的规模分别为800亿、4035亿美元，投资的住房抵押贷款支持证券MBS的规模分别为6298亿、3194亿美元。资产支持证券价格的大幅度下跌，使“两房”遭受巨额投资损失，导致“两房”发行的机构债与国债的利差拉大，机构债价格下跌。如图5—5所示，“两房”的信用违约掉期（Credit Default Swap，CDS）利率①在3月迅速上升，表明投资机构债的信用风险明显增加。贝尔斯登大量投资于机构债券，机构债价格下跌使其蒙受巨额损失。雪上加霜的是，贝尔斯登的一个重要借款人凯雷资本（Carlyle Capital）因过度投资于机构债而损失过大，不能满足追加保证金要求而面临部分清盘，这进一步加重了贝尔斯登的资产损失。

表5—1　　**房地美的资产负债表（年末）**　　单位：亿美元

	2006	2007	2008	2009	2010	2011
总资产	8049	7944	8510	8418	22618	21472
住房抵押贷款	656	800	1076	1279	18449	17813
证券投资	7029	6714	6493	6069	2929	2695
MBS	6343	6298	—	—	—	—
负债与股东权益						
债务证券（机构债券）	7443	7386	8430	7806	22426	21320
股东权益	269	267	-306	44	-4	-1

资料来源：Freddie Mac Annual Reports.

① 对政策制定者和市场参与者而言，信用违约掉期CDS利率是衡量特定机构（企业）的财务健康情况和风险状况，如总体信用风险、交易对手风险和流动性风险等一个非常有用的指标。

表 5—2　　**房利美的资产负债表（年末）**　　单位：亿美元

	2007	2008	2009	2010	2011
总资产	8794	9124	8691	32220	32115
住房抵押贷款	4035	4254	3946	29237	28986
证券投资	3575	3573	3497	1512	1518
MBS	3194	3397	3408	1185	1019
负债与股东权益					
债务证券（机构债券）	7963	8704	7746	31970	31899
股东权益	440	153	-154	-26	-46

资料来源：Fannie Mae Annual Report, 2011.

2008 年 3 月 11 日，美联储宣布设立 2000 亿美元的定期证券借贷工具（Term Securities Lending Facility, TSLF），允许投资银行用机构债券和抵押支持证券换取国债，时间期限为 28 天。这一措施被市场解读为投资银行陷入了财务困境。规模最小、杠杆最高的贝尔斯登自然成为市场攻击的主要目标。同时，关于高盛推迟与贝尔斯登交易的市场传言，直接导致其流动性急剧恶化，资金来源枯竭。与此相应，贝尔斯登的 CDS 利率急剧上升（见图 5—5）。在“太大而不能破产”的原则下，JP 摩根大通在纽约储备银行的信贷支持下收购了贝尔斯登，暂时缓解了雷曼等投资银行的流动性问题。

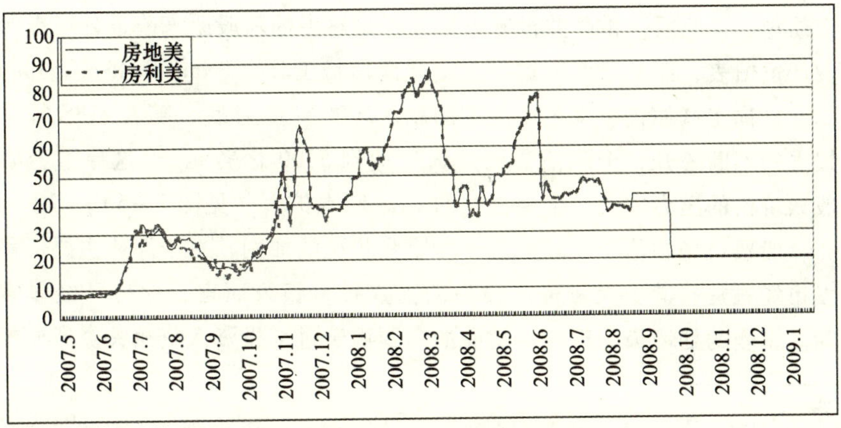

图 5—5　房利美和房地美的 CDS 利率（单位：基点）

资料来源：Bloomberg.

随着次级抵押贷款违约率的不断上升，传统投资者对抵押贷款产品的需求急剧下跌，因此，为抵押产品提供融资的责任就落到了“两房”的肩上。“两房”在美国债券市场上占据举足轻重的地位。不论是优级（标准）贷款的发起人，还是机构债券和 MBS 的投资者，甚至货币市场投资基金，均与“两房”有密切的业务联系。据统计，“两房”发行的机构债 3.7 万亿美元，购买的债券 1.6 万亿美元，约占美国债券市场余额的 25%。[①] 在机构债券市场压力日益沉重的状况下，美国政府于 7 月 13 日宣布对“两房”的支持由隐性转为显性，并于 9 月 7 日将其正式置于联邦政府的托管之下。在被美国政府托管之后，“两房”的 CDS 利率直线下降，最终稳定于 20 个基点的水平（见图 5—5）。自被托管以来，“两房”在稳定美国住房抵押贷款市场上的重要作用急剧上升。“两房”购买的住房抵押贷款和债务证券（以 MBS 为主）的总规模，由 2007 年底的 1.51 万亿美元，升至 2008 年底的 1.54 亿美元，2010 年底高达 5.2 万亿美元，2011 年底仍维持在 5.1 万亿美元的高位。

第二节　全球性金融危机(2008 年 9 月中旬—2008 年 10 月中旬)

一　雷曼破产

在 2008 年 3 月贝尔斯登发生财务危机时，雷曼有惊无险地躲过了破产劫难。但此后，雷曼并没有采取发行足够多的新股票来改进公司虚弱的资产负债表，而是过度依靠一级交易商信贷工具（Prime Dealer Credit Facility）向美联储借款来解决融资问题。2008 年 8 月底，随着 MBS 等资产损失的不断攀升，全球信贷资产损失达到 5100 亿美元。[②] 这导致金融类股票价格的压力增大，金融机构的 CDS 利率扩大（见图 5—6）。

股票市场和信贷市场的流动性紧张状况的加剧，对于那些主要依靠批发市场融资且遭受大量资产损失的独立投资银行而言，形势已经非常危险。雷曼的处境最为艰难。雷曼的问题源于过度投资次贷相关资产而招致

① IMF, “Financial Stress and Deleveraging: Macrofinancial Implications and Policy”, *Global Financial Stability Report*, October, 2008a.

② Fender I. and Gyntelberg J., “Overview: Global Financial Crisis Spurs Unprecedented Policy Actions”, *BIS Quarterly Review*, December, 2008, pp. 1—24.

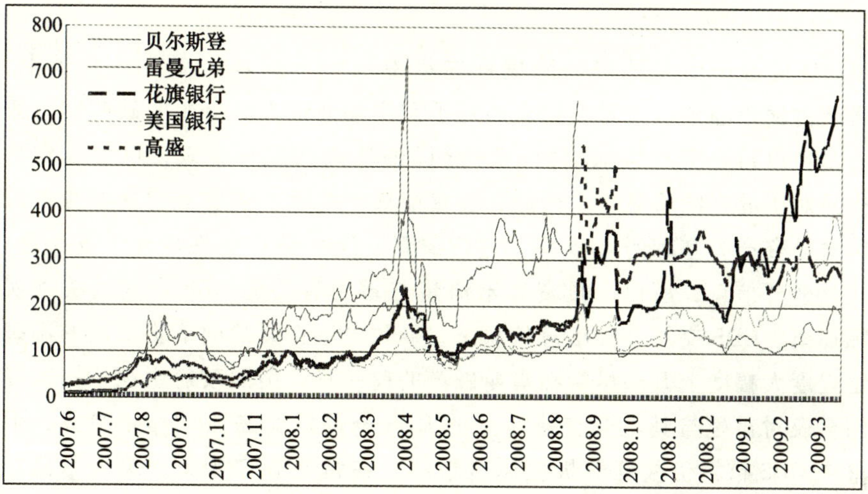

图 5—6　美国金融机构的 CDS 利率（单位：基点）

资料来源：Bloomberg.

巨额损失，而且投资者担心雷曼补充资本的努力仍不足以弥补未来的资产损失。当投资者对雷曼的生存能力产生怀疑时，其在批发市场的融资渠道被彻底切断了。9 月 9 日，当韩国发展银行退出收购雷曼后，雷曼的股票大幅度下挫。9 月 12—14 日，由于未得到美国政府的担保，曾有意收购雷曼的巴克莱银行和美国银行最终放弃了收购。随后，美国货币和财政当局决定不以纳税人的钱为雷曼提供担保。9 月 15 日，雷曼宣布破产。在获悉雷曼破产后，美林以 500 亿美元的价格迅速地卖给了美国银行，高盛和摩根士丹利则转型为商业银行。这宣告了华尔街独立投资银行模式的终结。由图 5—6 可知，华尔街的独立投资银行的 CDS 利率在 9 月中旬均全面急剧上升，说明其信用风险和交易对手风险显著上升。这表明，在雷曼破产前后，华尔街的投资银行共同经历了一场严重的生存危机。在雷曼破产当天，美欧股票价格跌去 4%，美国高收益债券的 CDS 利率升至历史性高位，达 500 个基点。

二　雷曼破产的直接传递效应

鉴于雷曼的巨大规模，及其在金融市场交易中的中心地位，雷曼破产造成金融市场系统性流动性紧缩，主要集中在 CDS 市场、货币市场基金和对冲基金。

（一）CDS 市场

雷曼破产引发的市场恐慌首先集中于 CDS 市场。在 CDS 市场上，雷曼占据中心地位，是关键交易对手和主要经纪人。雷曼的破产即时效应是：以雷曼资产为基础的 CDS 合同的违约条款将生效；以雷曼作为交易对手的合同将终止。因此，在雷曼破产之际，需要对雷曼本身以及以雷曼资产为基础的 CDS 头寸进行清算，但由于 CDS 在场外市场交易，缺乏公开信息，所以，投资者不清楚与雷曼有关的 CDS 合同的头寸实际规模。CDS 交易公开信息的缺乏，导致流动性紧缩的信贷市场的不确定程度大幅度上升。尽管在雷曼破产的前一日，美国政府组织了一次专门会议对雷曼与其主要交易对手的 CDS 合同的交易头寸作了清算，但整个 CDS 市场仍蔓延着极度恐慌情绪。在雷曼破产当天，承保了巨额 CDS 资产的美国国际集团 AIG 的信用等级遭到大幅度下调，AIG 被交易对手要求增加保证金，并被提前中止合同，导致 AIG 的 CDS 利率急剧上升，达到 25%（见图 5—7）。如表 5—3 所示，2007 年底，AIG 集团 5993 亿美元的保险准备金收入中，相当一部分来源于 CDS 保费收入，从而，AIG 需要为 CDS 合同支付数倍甚至数十倍于 CDS 保费的赔偿金。显然，这是 AIG 所不能承受的。同时，AIG 还投资了 650 亿美元的抵押贷款和 5202 亿美元的债券，住房抵押市场的崩溃使这些投资遭受了重大损失。为避免 AIG 破产对本已脆弱的市场再度产生灾难性冲击，美国政府向 AIG 提供了 850 亿美元贷款，用于 AIG 的结构重组。作为交换，美国政府获得了 AIG 79.9% 的股份。但是，美国国际集团的财务困难状况并没有得到明显改善。2008 年 11 月 10 日，美国财政部和美联储联合宣布，将对 AIG 集团的资金援助提高至 1500 亿美元。其中，财政注资 400 亿美元，用于购买 AIG 的部分优先股权。

表 5—3　**美国国际集团（AIG）的资产负债表（年末）**　单位：亿美元

	2006	2007	2008	2009	2010	2011
资产	9794	10484	8604	8476	6834	5558
总投资	6837	7118	5897	5568	3719	3749
交易性债券	5120	5202	4509	4459	2982	3109
贷款与抵押贷款	580	650	656	478	202	195

续表

	2006	2007	2008	2009	2010	2011
股票证券	307	456	211	178	112	37
负债与股东权益						
保险准备金	5568	5993	5484	5143	3288	3339
寿险赔偿金	3693	3948	3690	3361	1526	1612
未偿索赔与损失准备金	800	855	893	854	912	911
保费准备金（未满期）	263	277	257	214	238	235
借款	1839	2004	2066	1474	1100	753
股东权益	1096	1063	627	990	1137	1143
优先股	0	0	400	469	491	0

资料来源：Bloomberg.

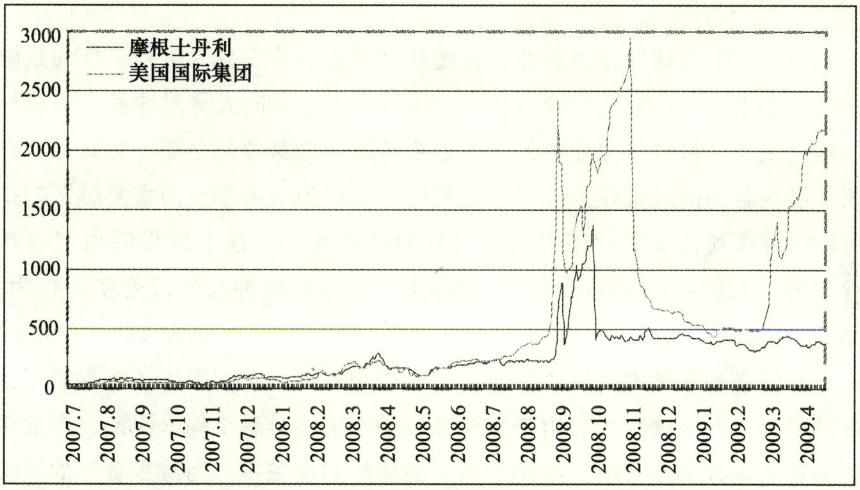

图 5—7 美国国际集团和摩根士丹利 CDS 利率（单位：基点）

资料来源：Bloomberg.

（二）货币市场基金

在 CDS 市场的紧张状况有所平复之后，投资者关注的焦点转移至雷曼发行的巨额债务方面。雷曼的一个重要资金来源是发行 ABCP 和其他形式的短期债券。受高信用等级和高收益率的吸引，货币市场投资基金大量投资于雷曼发行的短期债券。由于货币市场基金的投资领域受到严格限制，因此，货币市场基金投资安全性较高，此前从未有亏损的情形发生。第一储备（Reserve Primary）基金，美国一个主要的货币市场共同基金，因减计了7.85亿美元的雷曼发行短期票据和中期债券，被迫清盘。该基金成为14年以来美国首只“跌破净资产”（break the buck）的货币市场基金，即每股市场净价值低于1美元。

第一储备基金的被清算，引发了美国货币市场基金的赎回浪潮，特别是那些大量投资于ABCP的货币基金的赎回压力最大。9月10—24日，投资者赎回1840亿美元的资金，迫使货币基金经理在流动性极度缺乏的市场抛售资产，导致短期货币市场和信贷市场陷入瘫痪。为缓解货币市场基金日益增加的压力，9月19日，美国政府向货币市场基金投资者提供临时保险。随后，针对货币市场基金的赎回有所减少。10月初，货币市场基金规模逐步恢复到雷曼破产之前的水平。

（三）对冲基金

作为一个全球性金融企业，雷曼在世界各地均有分支机构。作为金融市场一个主要的机构经纪商（Prime Broker），雷曼向大量对冲基金提供机构经纪服务。机构经纪业务的一个重要特征是，对冲基金需要将其资产存入雷曼在各国的经纪业务部门。这些资产，作为对冲基金向雷曼融资的抵押物，并可被雷曼再利用以满足自身的债务要求。这个过程叫做“再担保契约”（Re－hypothecation）。实际上，这是对抵押物的过度使用行为，是非常危险的。

当雷曼处于破产清算阶段时，对冲基金发现，它们失去了对存放于雷曼处抵押资产的请求权。由于雷曼是一个全球性金融机构，因此，存放于雷曼处的抵押资产价值，取决于各国的法律制度安排。为减少资产的风险暴露，对冲基金对存入机构经纪商处的资产规模和地理位置进行调整，导致了资产在不同国家的再配置。同时，为降低自身风险，对冲基金实行去杠杆化操作，这势必导致大规模的资产出售和机构经纪商账户资产的流失。

三　货币市场和短期信贷市场

投资者针对货币市场基金的挤提行为，导致商业票据市场——货币市场基金传统的主要投资对象，也遭受了赎回打击。与始于2007年夏次贷危机的传递效应不同，此波金融危机对 ABCP 和非资产支持商业票据市场均形成严重冲击，导致商业票据的持有期普遍缩短，利率显著上升。从 2008 年 8 月至 10 月，非资产支持商业票据市场余额减少 1650 亿美元，降低了 16%（见图 5—3）。由于 ABCP 市场已经遭受严重损失，ABCP 的市场余额变化不大。但 ABCP 的利率与 OIS 的利差由雷曼破产前的 0.8% 扩大至历史性 3.4% 的高位（见图 5—4）。表明投资者对于 ABCP 的信用风险的高度关注。

随着货币市场共同基金对流动性资金需求的急剧上升，银行间市场再度陷入流动性极度紧缩状态，导致银行的短期资金来源严重缺乏。实际上，自次贷危机爆发以来，银行间市场的流动性一直处于紧缩状态，欧美货币当局虽注入大量的流动性，但收效甚微。雷曼的破产，使得货币市场交易对手对于金融资产的信心彻底崩溃，银行间市场的流动性状况急剧恶化。在对交易对手信用状况极度缺乏信心和对自身未来流动性需求不确定性程度显著增加的条件下，各家银行均窖藏流动性，导致银行间市场利率剧升至历史性高位。

图 5—4 显示，综合反映交易对手风险和流动性风险的美元的 LIBOR 与 OIS 利差，从 9 月初的 83 个基点急剧扩大至 10 月 10 日的 363 个基点。同时，在市场巨大的不确定性风险之下，投资者逃向短期国债这一最为安全资产的现象非常明显。TED 从雷曼破产前的 110 个基点急升至 10 月 10 日历史性的 458 个基点。这说明，雷曼的破产引发了空前的货币市场恐慌。

四 外汇市场与美元汇率

银行间市场的流动性紧缩很快传递到外汇市场上。在金融危机期间，一个重要现象是许多欧洲金融机构存在严重的美元短缺问题，这是因为欧洲的金融机构需要向其在美国的结构投资载体提供美元流动性支持。但此时，银行间市场上传统的美元供给者，由于其本身对流动性需求的日益增加，加之交易对手风险问题日益突出，因此，它们倾向持有流动性美元资产，而不是借给欧洲的金融机构。在银行间市场的美元的供给和需求极度失衡的条件下，欧洲许多金融机构将目光转向外汇互换市场（Foreign Exchange Swap），它们希望通过欧元和美元互换的方式，来获取急需的美元资金。因此，在外汇互换市场上，欧洲金融机构对美元的需求势必急剧增加。另一方面，外汇互换市场的美元供给者，通常是美国的金融机构，因关心交易对手风险问题，与欧洲金融机构进行货币互换的意愿降低。美元外汇互换市场的供求严重失衡状况，使得欧洲金融机构实际上难以通过外汇互换方式融入美元资金。

从9月中旬至10月初，当流动性紧缩传递到新兴国家时，外汇流动性短缺已不再仅局限于美元了。银行间市场流动性枯竭，导致全球金融机构筹集抵押和非抵押外汇资金普遍变得非常困难，如欧元、瑞士法郎等。从而，外汇互换市场上美元与其他货币的利差，以及先进国货币与新兴国货币的利差均达到历史性高位。外汇资金短缺问题的迅速扩散引发了各国中央银行的史无前例的行动。从2008年9月中旬开始，美联储先后与瑞士国民银行、欧洲中央银行、英格兰银行、日本银行签订了货币互换协议。一些国家也签署了一些区域性的货币互换协议。如北欧国家、东亚国家的货币互换。同时，西方主要国家还采取了新一轮政策协调措施，以克服短期融资市场的流动性紧缩。如美联储与主要国家央行签署了1800亿美元的货币互换协议。

外汇市场上美元的短缺问题，使得美元一举扭转了次贷危机之前绵绵下跌的颓势，转而对除日元之外的全球主要货币都呈强劲升值的态势。美元的走强，应主要归因于美元的储备货币地位和美国国债的“投资天堂”声誉，以至于在金融市场不确定性加剧期间，投资者出于避险的动机，出现抢购美国国债的羊群行为，导致美元进一步升值。2007年8月以来，日元对美元的大幅度升值，应主要归咎于日元的套利交易（Carry Trade）的平仓操作。2000年以来，日本长期实行零利率政策，催生了大量的日元套利交易，国内外投资者纷纷借入大量日元，投向美元、欧元、英镑和澳元等收益率较高的货币。日元套利交易的前提条件是，日元必须保持汇率稳定或贬值的状态，从而，套利交易者可获得稳定的货币利差收益，甚至还能赚取汇价价差收益。若日元出乎预料地急速升值，套利交易者就要被迫进行平仓操作，即卖出美元、英镑和澳元等货币并买进日元，以防止套利交易亏损继续扩大。

如图5—8所示，2005年至次贷危机爆发前夕，日元美元经历了长期、大规模的套利交易。依据在于：一是美元日元之间稳定地存在着4—5个百分点的利差；二是日元长期呈弱势地位，日元汇率由期初的102日元/美元贬值为 122 日元/美元。从而，套利投资者不仅可以获得美元日元之间的利差，而且可以获得美元升值的收益。这导致日元美元套利交易盛行。

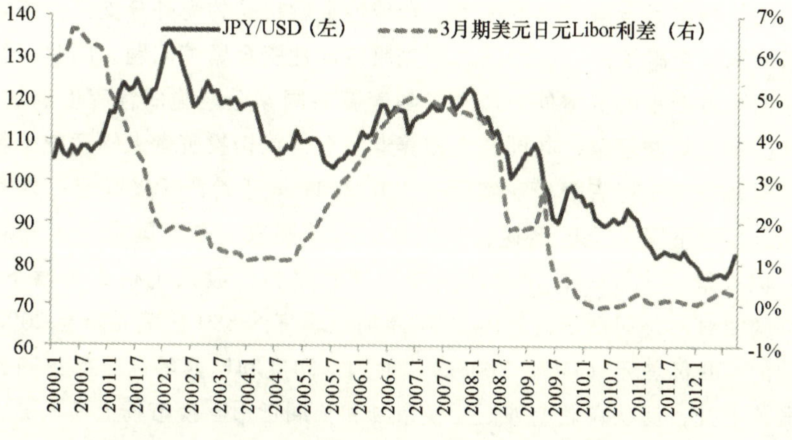

图 5—8　美元日元的汇率与 3 月期美元日元 Libor 利差

资料来源：CEIC.

美国次贷危机爆发后，套利交易者投资的美元资产受损。同时，日本经济金融状况相对稳定，市场产生了日元的升值预期。美元资产受损和日元升值，将使套利交易者遭受双重损失。为减少损失，套利投资者被迫进行平仓操作，尽快卖出美元资产以归还日元借款。从而，日元需求和美元供给均迅速增加，导致日元升值。日元升值，加速了日元美元的套利平仓操作。这进一步促使日元升值。

2009 年 1—4 月，由于日本实体经济表现异常糟糕，日元汇率由约 90 日元/美元跌至 99 日元/美元，累计贬值了 8.9%。2011 年“3·11”东日本大地震之后，因市场投资者普遍预期日本灾后重建引发海外资金回流而大举做多日元，以及日元澳元套利交易的平仓操作，导致日元兑美元汇率一度急剧升至 76.25∶1，为战后历史最高水平。

五　新兴国家

在金融危机的第一阶段，新兴国家的金融系统表现出足够的弹性，一定程度上实现了与发达国家的“脱钩”。但在危机的第二阶段，一些经常账户持续逆差、严重依赖外部资金的新兴国家，如东欧国家，最终无法与发达国家“脱钩”，也遭遇了金融危机。

发达国家金融机构的去杠杆化，降低了新兴国家寻求外部资金的可获得性，提高外部融资成本。同时，投资者的投资意愿明显降低，大幅度减少了对新兴国家金融产品的需求。全球性金融机构的海外分支机构需要出售新兴国家金融资产，以帮助总部克服流动性资金紧缩问题。因此，新兴国家面临着严重的资本外流压力。随着新兴国家金融脆弱性程度的加剧，发达国家的对冲基金、共同基金和养老基金等机构投资者大幅度减少新兴国家金融资产的持有规模。实际上，从 2008 年开始，新兴国家的外资流入速度显著下降甚至已经逆转。例如，东欧国家、东亚国家（韩国和泰国）因大量资本流出，导致证券资产遭到抛售，股票价格大幅度下跌。新兴国家对外公司债发行量由 2007 年前三季度的 880 亿美元降至 2008 年同期的 400 亿美元（IMF，2008a）。韩国、印度和巴西等国的筹集美元成本显著上升，反映在短期外汇互换市场和长期货币互换市场上借入美元的利率明显上升。大量外国资本的持续流出，对那些过度依靠外部融资且外汇储备规模较小的国家的金融稳定，将产生严重的威胁。一些新兴国家的外汇储备急剧下跌，货币大幅度贬值。

尽管绝大多数新兴国家的银行没有直接卷入美国的以抵押贷款为基础的结构性金融产品，但一些银行的外部融资压力急剧上升。在东欧国家，国内银行系统借了巨额外债。在这些国家，国内信贷供给量取决于西欧的母银行对其分支机构的贷款规模。绝大多数西欧母银行的相当大部分资金来源于国际批发市场，如瑞典、奥地利和意大利的银行。由于信贷冲击，这些西欧母银行本身的资产负债表状况就很脆弱，它们减少对东欧子银行的贷款将不可避免。从而，西欧的银行将金融危机传递至东欧。在俄罗斯等依赖资本流入的国家，资本持续流出导致银行资金紧张，市场对银行系统的信用风险和交易对手风险的关注度上升，导致银行间市场陷入紧缩状态，需要政府的公共资金投入以缓解系统性风险。

六　各国政府应对全球性金融危机的政策

金融部门资产负债状况的迅速而全面的恶化，要求各国政府应立即采取果断行动，救助关键性金融机构。9 月下旬开始，各国政府采取了史无前例的措施对市场进行干预。英国货币当局中止了金融类股票的卖空行为。这一措施随后被美国效仿。美国政府国有化了华盛顿互惠银行（Washington Mutual）。英国对抵押贷款商 Bradford & Bingley 进行国有化。比利时、荷兰和卢森堡联合向富通（Fortis）集团注资。德国向抵押贷款商 Hypo Real Estate 提供信贷支持。美国政府提出综合性的 7000 亿美元金融机构不良资产购买计划。比利时、法国和卢森堡向 Dexia 金融集团注资。爱尔兰等国向银行存款提供新的担保，并提高已有担保的上限。英国政府宣布一个综合性计划，内容包括向银行系统注资以提供短期流动性，为银行发行的非担保优先级债务工具提供保证，以确保银行能获取足够的中期信贷资金。2008 年 10 月，全球信贷市场和股票市场的损失创历史性纪录。9 月 22 日至 10 月 10 日，S&P 500 指数下跌了 25%。新兴国家大约跌了 24%，特别是那些经常账户逆差规模大、私人部门外债依赖度高的国家的股票抛售压力最大。[①] 货币市场利差 LIBOR—OIS 达到历史性的 345 个基点（见图 5—4）。

全球金融市场的严峻状况，要求各国采取协调一致的行动。10 月 8 日，美联储、欧洲中央银行和英格兰银行等六家主要央行共同宣布将利率降低 50 个基点。10 月 13 日，美联储、欧洲中央银行、英格兰银行和瑞士中央银行联合宣布，将不受限制地向市场提供固定利率且期限为 7 天、24 天和 84 天的美元资金，以进一步缓解货币市场美元流动性短缺问题。同时，美联储也增加了与其他主要央行的货币互换规模，美联储将视需要无限制地提供美元资金。在同一天，欧元区国家宣布实行银行注资和银行债务担保计划，以补充银行的资本金，重新启动银行间信贷活动。次日，美国财政部从 7000 亿美元购买不良资产的资金中拿出 2500 亿美元，对主要商业银行进行注资。

市场终于对各国史无前例的救市政策作出了反应。由于政府的保证，大量金融机构的优先级债务实际上变成了准政府债券。金融机构的 CDS 利率从最高点逐渐回落。短期信贷市场的条件也有所改善，各种利差逐渐缩小，股票价格有所恢复。不过，市场去杠杆化过程仍在继续。市场流动性仍处在紧张状态。同时，政府大规模的银行救援计划意味着，大量风险从银行部门转移至政府的资产负债表内。这反映在主权 CDS 利率上升、

---

① Fender I. and Gyntelberg J.，“Overview：Global Financial Crisis Spurs Unprecedented Policy Actions”，*BIS Quarterly Review*，December，2008，pp. 1—24.

金融机构的 CDS 利率缩小上面。

第三节 经济衰退背景下的金融危机(2008 年 10 月中旬—2009 年 12 月)

一 证券化产品市场

（一）抵押支持证券 MBS 市场

美联储采取的直接购买 MBS 的政策，使曾遭到严重破坏的 MBS 市场得到明显改善。2008 年 12 月 25 日，美联储启动了直接购买房利美和房地美担保的 MBS 及其发行的机构债券，导致投资者对美国机构债和 MBS 的需求增加。同时，抵押贷款的利率显著下降，美国 30 年期普通抵押贷款利率降至 5%（见图 5—9）。不过，2008 年底，经纪商持有机构债券和 MBS 的规模仍有明显的下降。

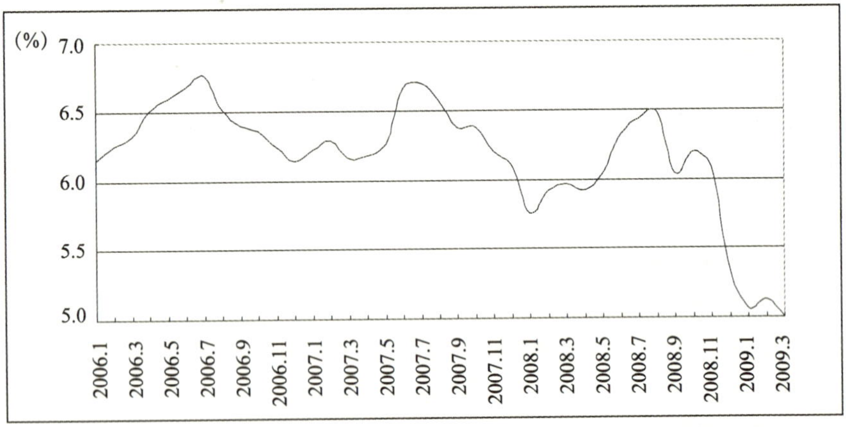

图 5—9 美国 30 年期抵押贷款利率

资料来源：FRB.

为向 MBS 市场提供进一步的帮助，美联储宣布在 2009 年上半年继续购买 MBS 和机构债券，购买的规模为 5000 亿美元，约为市场日交易量 1.1 万亿美元的一半，此举对 MBS 的利率产生了明显影响。美联储 3 月 19 日声明称，将再购买 7500 亿美元由房利美和房地美担保的 MBS 和最高 1000 亿美元的机构债券。3 月 23 日，美国政府宣布，通过“公私合作”

方式购买金融机构5000亿美元的“有毒资产”①，并且，这一购买规模将有可能扩大至1万亿美元。

美联储大举收购MBS，其政策意图是缓解银行的流动性紧缩问题，将有毒资产从银行的资产负债表上移走，以修复银行系统，重新启动银行向企业和家庭的贷款；降低抵押贷款利率，以减轻房屋购买人的贷款偿还负担，降低住房抵押贷款的违约概率，增加房屋需求，扭转房屋价格持续下跌的局面。

同时，政府对金融部门的债务提供担保，将有助于一级债券市场的恢复。一些国家政府考虑直接购买公司债，包括已经实施的政府对金融部门发行债券的担保计划，将明显促进公司债券的发行。2009年1月，全球公司债总发行量达1310亿美元，为2000—2008年月平均公司债发行量的150%。② 在政府财政当局的担保之下，金融部门的债券发行活动非常活跃。从而，银行的融资环境得到了明显改善。

（二）商业票据市场

鉴于ABCP是以MBS为基础资产的，因此，MBS市场的改善，直接推动了ABCP市场的恢复。ABCP利率与OIS的利差，自2008年10月份以来，一直稳步下降，在经历2009年1月短暂而明显的波动后，2月份以来一直处于稳定的低水平。2009年3月，利差由最高峰的3.6%降至0.6%，不过，仍未恢复到危机前的负利差水平（见图5—4）。

显然，银行融资条件的改善，将减轻商业票据市场的压力。因为银行可通过发行债券较为方便地融资，对发行商业票据方式借入短期资金的依赖度明显降低了。商业票据供给的相对减少，将导致其利率降低、价格上涨和市场需求上升。2008年12月末至2009年2月下旬，美联储通过商业票据融资工具（Commercial Paper Funding Facility，CPFF）持有的商业票据余额减少了850亿美元。其中，绝大部分被批发金融市场吸收。美国票据市场好转的另一个表现是，商业票据的存量规模停止了下跌。2009年3

---

① 所谓“有毒资产”，是指暂时稳定的贷款和证券，主要是住房和商业房地产抵押贷款资产。在市场状况良好条件下，该资产存在的多方面潜在缺陷均被暂时性掩盖，而当危机降临的时候，资产潜在的所有不利因素将会集中爆发。不过，美国财政部指出，这些资产应该被更恰当地称为“遗留资产”（Legacy Assets）。它认为，若以恰当的方式对之进行处置，美国政府剥离银行等金融机构的“遗留资产”将会给纳税人带来收益。

② Fender I., Ho C., and Hordahl P., “Overview: Investor Ponder Depth and Duration of Global Downturn”, *BIS Quarterly Review*, March, 2009, pp. 1—17.

月，资产支持商业票据和非资产支持商业票据的月末存量分别为6800亿、8000亿美元，均达到并超过2月末的市场余额。不过，ABCP市场这种暂时性恢复非常脆弱。

二 美国国债市场

如图5—10、图5—4所示，2008年10月中旬以来，美国国债收益率经历了一个先降后升的过程。美国国债收益率主要取决于三个因素："逃向安全资产"效应、"量化宽松"货币政策和国债供给。

(一)"逃向安全资产"效应

在市场对金融危机严重程度和经济前景的预期不确定加剧的条件下，投资者风险意愿急剧下降，出现所谓"逃向安全资产"的现象，即投资者竞相购买美国国债等安全资产，导致美国国债价格迅速上涨，利率大幅度下跌，甚至一度出现了负利率。美国3月期短期国债利率由2008年10月20日的124个基点降至11月底的2个基点左右，这一历史性低利率一直持续至12月底。其间，曾出现零利率的状况。美国30年期国债利率也由2008年11月中旬的4.4%降至12月底的2.6%，降幅为1.8个百分点（见图5—10）。在这一期间，TED利差持续处于高位（见图5—4）。说明在金融市场上投资者"逃向安全资产"的行为盛行。

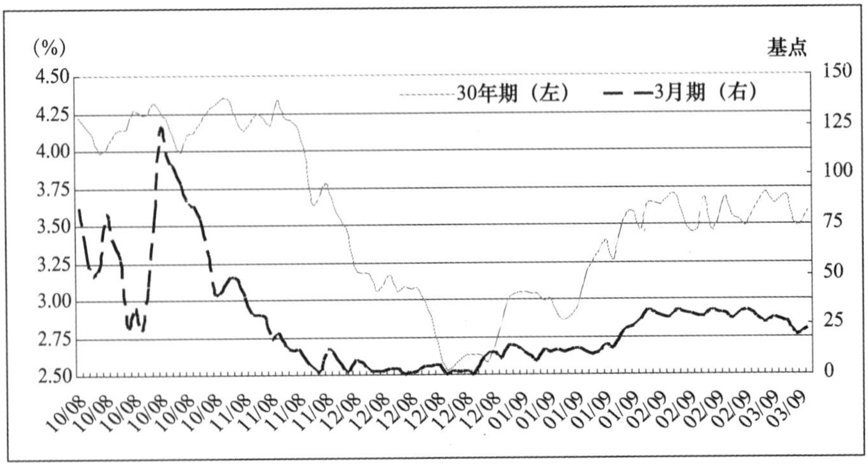

图5—10 美国国债（国库券）利率

资料来源：CEIC.

（二）“量化宽松”货币政策

导致美国国债收益率大幅度下降的另一个重要因素是，市场预期美联储将实行“量化宽松”货币政策。在 2008 年 12 月，美联储将联邦基金利率的目标区域确定为 0%—0.25%，投资者预期美联储可能采取直接收购美国长期国债这一“量化宽松”货币政策。

所谓“量化宽松”，就是指利率接近或者达到零的情况下，央行通过购买各种债券，向货币市场注入大量流动性的干预方式。与利率杠杆这一“传统手段”不同，“量化宽松”一般只在极端条件下使用，因此经济学界普遍将之视为“非传统手段”。在降息这一宏观经济调控的“传统手段”用尽后，美联储决定加大“非传统手段”力度。“量化宽松”将对长期国债的收益率产生明显的影响。例如，2008 年 12 月初，美联储主席伯南克曾发表有关美联储将考虑购买长期国债可能性的言论，立即导致市场长期国债利率下降 20 个基点。随后，当美联储宣布评估直接购买美国国债的优点时，美国国债的收益率继续下降了 25 个基点。2009 年 3 月 18 日，美联储宣布在未来半年将购买总额 3000 亿美元的长期国债，以降低房贷和其他消费信贷长期利率。此举对美国国债的利率产生了重要影响。

（三）国债供给

2009 年 1 月末以来，随着宏观经济的加剧恶化，投资者普遍担忧国债供给的持续增加将会导致国债价格下降，以至于市场对国债安全性需求效应让位于国债供给的持续增加效应，从而国债价格下降，国债收益率上升。30 年期美国长期国债利率由 1 月初的 2.5% 快速升至 2 月的平均为 3.6% 的水平。3 月期美国短期国债利率由 13 个基点逐步升至 30 个基点。

由图 5—4 可知，2009 年 2 月，3 月期国债利率与 OIS 的利差由负变为正，短期国债收益率超过 OIS 的利率水平。在正常市场条件下，国债作为最安全的资产，其收益率应低于 OIS。由于 OIS 已经排除了交易对手风险和信用风险，国债利率与 OIS 的负利差应较小。在市场流动性缺乏时，投资者抢购国债这一最为安全的资产，国债与 OIS 的负利差将被拉大。而国债利率之所以高于 OIS，主要可归咎于在短期经济前景极为悲观的背景下，投资者预期政府未来将大幅度增加国债发行量并导致国债价格下跌，大幅度减少了对国债的投资，从而导致国债收益率快速上涨，进而超过 OIS 的利率水平。当然，政府担保的公司债和银行债务工具的竞争，也迫使国债收益率上升。同时，反映投资者对国债追逐程度的另一重要指标——TED 利差也已大幅度收窄。这说明，国债供给的持续增加已成为市场担忧的一个重要方面。

三　股票市场

美国次贷危机爆发以来，全球金融机构遭受了巨额资产损失。根据 IMF 的数据，截至 2010 年，全球信贷资产损失将达 4 万亿美元，其中，2.7 万亿美元信贷损失源于美国的次贷相关资产，1.3 万亿美元来自其他发达国家的资产。而且，2/3 的不良资产由银行系统持有（IMF，2009d）。银行的巨额信贷资产损失（见图 5—11）和全球经济的加速下滑，导致全球主要股票市场价格指数，特别是金融类股票价格指数呈继续下跌态势。美国次贷危机爆发以来，全球各主要股票市场经受了巨大抛售压力，损失惨重。截至 2009 年 2 月底 3 月初，美国 S&P 500 指数损失了 55%，日本 Nikkei 225 指数损失了 60%，英国 FTSE 100 指数损失了 46%。其中，金融类公司股票损失更是惨况空前，美国 S&P 500 金融类股票指数跌去了 83%（见图 5—12），导致花旗银行、美国银行等曾经的金融巨无霸资产严重缩水。若按市值计算，这些知名银行已蜕变成毫不起眼的小型银行了。

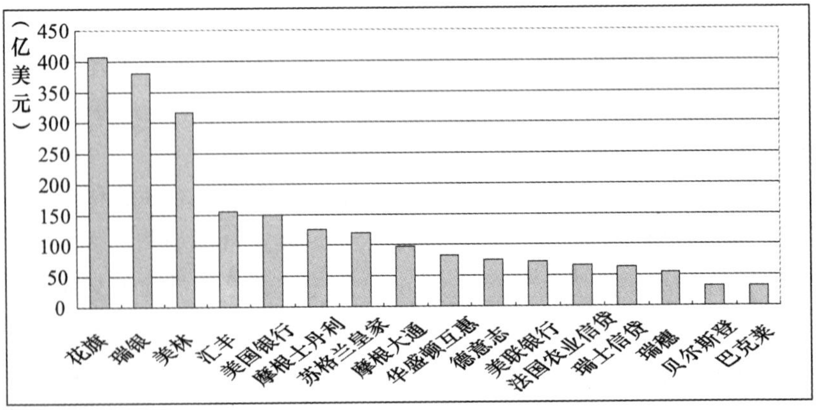

图 5—11　金融机构的信贷资产损失规模

资料来源：BBC.

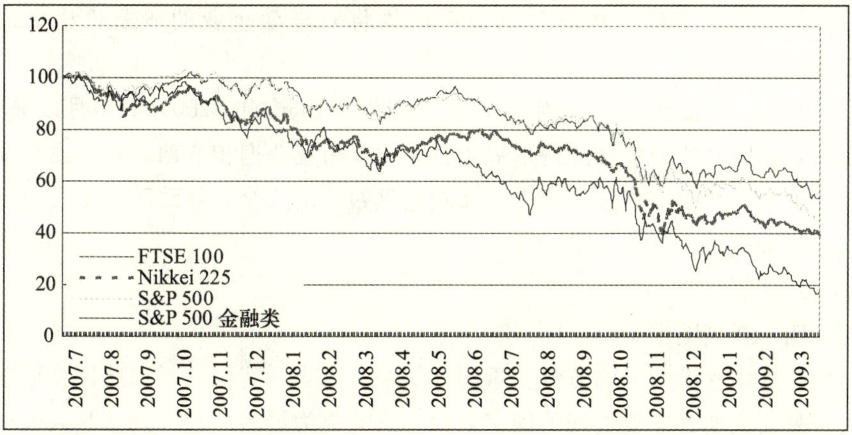

图 5—12 全球主要股票价格指数

注：2007 年 7 月 1 日各股票价格指数均设为 100。

资料来源：CEIC.

在 2008 年 12 月初至 2009 年 2 月末这段时间，S&P 500、Nikkei 225 和 FTSE 100 等三大股票指数又分别跌去市值的 17%、16% 和 13%，而 S&P 500 金融类指数则呈加速下跌趋势，又跌去市值的 40%，达到 14 年以来的最低点。股票价格大幅度下跌的原因主要有：

第一，宏观经济深度衰退导致股票价格大幅度下行。2009 年 1—2 月，一些统计指标显示，世界经济将经历战后以来最为严重的衰退。经济大幅度衰退对企业的经营业绩形成严重打击。最为突出的是日本。日本的金融机构并没有像欧洲同行那样深度卷入美国的结构金融产品，但日本是一个高度依赖外需的国家，国外需求的大幅度减少及其引发的消费、投资需求的快速下降，导致日本成为全球经济衰退最为严重的国家。

第二，金融机构的信贷损失和政府救援计划对公司股票产生负面影响。显然，金融机构的信贷资产损失不断上升将对其股票价格造成压力。同时，各国政府对银行部门实行的大规模资产注入和国有化政策，加剧了投资者对银行不良资产以及政府持续干预的担忧，导致市场金融类股票的投资意愿大幅度跌落。美国政府在救助金融机构的过程中，倾向于注重保护债权人的利益，而相对压低股权的价值，以示对企业过度冒险行为的惩罚。政府对金融企业实行的国有化政策，将会稀释原有股东的股权。尽管政府的非股权资金注入，将会抵消一部分股权稀释效应。但总体上来说，政府救援金融机构将对金融企业的股票价格形成压力。

第三，东欧经济恶化对欧洲银行产生负面影响。2009 年 2 月以来，东欧新兴国家的金融和经济形势急剧恶化，市场普遍担心西欧银行在东欧分支机构的严重信贷损失将会危及欧洲母银行的安全，导致欧洲金融类公司股票价格指数加速下跌。

四　新兴国家

新兴国家继续面临非常沉重的外部融资压力，特别是对那些即将面临大量外债到期并需要展期的国家来说，形势更为严峻。新兴国家私人公司对外债大规模的违约行为，将不仅破坏新兴国家经济增长的前景，而且也会加剧发达国家的经济衰退。对新兴国家而言，不仅出口需求减少了，而且来自发达国家的出口信贷基本停止了。例如，2008 年 10 月，巴西、韩国的贸易信贷净流入开始停止并逆转，并在随后数月中资本流出持续增加。

新兴国家经济状况的迅速恶化，导致其股票市场剧烈震荡，尤其以欧洲新兴经济体最为明显。例如，2009 年前两个月，捷克、匈牙利和波兰的股票价格大约下跌了 20%；俄罗斯的股票指数犹如过山车，1 月 23 日至 2 月 10 日，股指攀升了 31%，但在 2 月中旬仅 3 天时间便跌去了 14%，导致其股票市场在 2 月 17 日再度临时停市。东欧经济的脆弱性还表现在外汇市场。2008 年 12 月以来，尽管许多新兴国家的货币兑美元的汇率已有所反弹，但捷克、匈牙利和波兰的货币相对于美元继续贬值。由于上述三国与西欧经济保持着非常密切的贸易和金融联系，在西欧经济严重衰退、金融市场缺乏流动性的状况下，市场普遍对其为弥补贸易赤字的筹资能力和偿还外债能力表示担忧。同时，东欧金融和经济的严峻局面，加剧了一些在东欧设立分支机构的西欧银行的信贷风险。双方风险的叠加，增加了欧洲金融和经济的总体风险，导致了欧元和东欧货币在外汇市场遭到抛售。

2009 年 4 月，在伦敦举行的 G20 峰会，对于深受外债与资本外流困扰的新兴国家和发展中国家而言，是一个非常好的消息。G20 峰会决定，向 IMF 再额外拨款 5000 亿美元，为贸易融资提供 2500 亿美元，增加新的特别提款权 2500 亿美元，提供 1000 亿美元贷款给多边开发银行以借给最贫穷的国家。另外，IMF 向最贫穷国家增加 60 亿美元的贷款，并出售黄金储备，以帮助这些国家。这些举措将在相当程度上缓解新兴国家和发展中国家的外汇短缺问题。

五 应对危机的政策效果

为恢复信贷市场的流动性，各国政府采取一系列史无前例的市场干预措施，如降低政策利率、购买银行有毒资产或银行国有化、购买抵押相关证券甚至国债、为银行发行债券提供担保等。尽管这些措施尚未使市场恢复对金融机构清偿能力的信心，但是市场逐渐作出了反应，市场的流动性状况逐步有所改善。

2009 年 1 月以来，货币市场的 LIBOR 与 OIS 的利差已从最高的 360 基点逐步降至 100 基点，并稳定在这一水平上。当然，这一利差仍然远远高于危机之前 8 个基点的水平（见图 5—4）。这说明，货币市场流动性虽有所恢复，但仍处于脆弱的不稳定状态。不过，危机之前 8 个基点的利差，是以货币供给过剩为条件的，很可能低估正常的 LIBOR 与 OIS 利差水平。同时，MBS 市场的改善，也促进了以 MBS 为重要抵押资产的回购市场的好转，回购利率有所下降。而且，在美联储与主要央行签订了广泛货币互换协议的背景下，外汇互换市场流动性得到改善，借入美元的利率明显下降，美元流动性短缺问题得到一定程度的缓解。

但与此同时，悲观的宏观经济前景和银行资产损失的持续上升，如 IMF 2009 年 1 月将金融机构资产损失的预测值由 2008 年 10 月的 1.4 万亿美元上调至 2.2 万亿美元，导致银行的清偿能力再度成为市场关注的焦点。2009 年 1 月以来，花旗银行、美国银行等巨额信贷资产损失的披露，导致其 CDS 利率迅速上升。2009 年 4 月初，花旗银行的 CDS 利率达到创纪录的 650 基点，远超过雷曼破产之际的 350 基点。这表明，市场仍怀疑政府注资能否稳定银行系统。2009 年 2 月至 4 月，美国投资级债券指数 CDX 和日本投资级债券指数 iTaxx 的 CDS 利率均呈逐步攀升的趋势，分别从 200 基点、320 基点上升至 235 基点、560 基点左右（见图 5—13、图 5—14）。日本债券指数 iTaxx 的 CDS 利率直线上升，反映了日本宏观经济的迅速恶化。

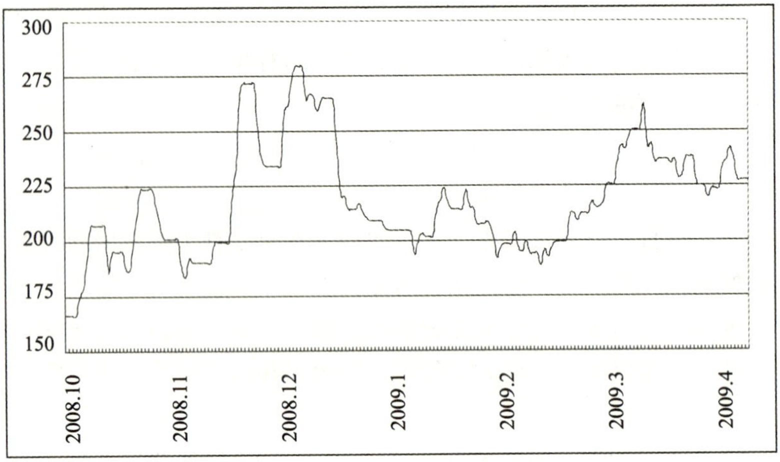

图 5—13 美国投资级债券指数 CDX 的 CDS 利率（单位：基点）

资料来源：Bloomberg.

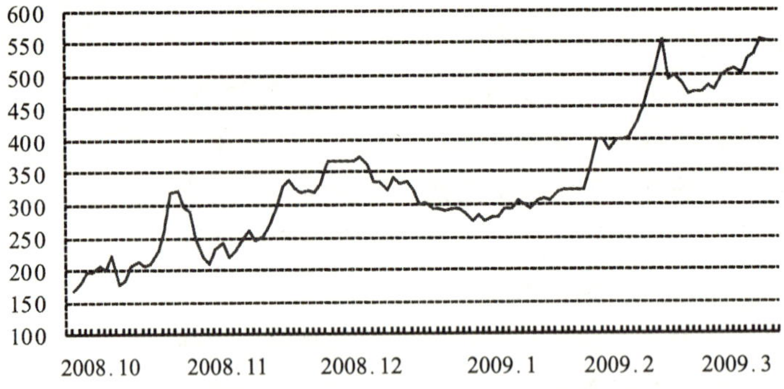

图 5—14 日本投资级债券指数 iTaxx 的 CDS 利率（单位：基点）

资料来源：日本经济研究中心。

第四节 金融危机引发全球性经济衰退（2008 年 10 月中旬—2010 年 6 月）

一 银行信贷与固定资产投资

金融危机与经济衰退之间的恶性循环关系已经形成并日益强化。以次级抵押贷款为基础的证券资产价格的急剧下跌，导致发达国家金融机构的信用风险和交易对手风险迅速上升，引发货币市场等短期信贷市场流动性紧缩，致使银行等金融机构遭遇融资渠道枯竭和资产市场流动性缺乏的双重打击。为应付客户挤提或追加保证金的需要，金融机构被迫在流动性缺失的资产市场抛售流动性资产，从而形成流动性紧缩与资产价格下跌的螺旋。在资金来源枯竭和资产价格大幅度下跌的条件下，银行出于维持自身生存的考虑，必将大幅度削减新贷款的发放规模，并加快催收已发放的旧贷款。银行信贷的急剧下降，势必导致投资和消费等国内需求大幅度下降，从而，先进经济体陷入战后以来最为严重的衰退。先进经济体的深度衰退，强化了投资者的悲观预期，导致金融类资产价格继续下跌，这对银行的资产负债表将形成进一步打击，并降低其资本充足率，进而对银行的信贷发放产生消极影响。显然，发达经济信贷规模的下降，将加大其经济下行的压力。与此同时，发达国家的经济深度衰退和流动性紧缩，通过出口需求下降和资本外流等途径，将危机传递至新兴国家和发展中国家。例如，在这次危机中，过度依赖西欧资本的东欧经济，以及高度依靠出口需求的东亚经济均遭受了严重冲击。而新兴经济体的经济甚至金融危机，转而对发达国家的出口需求和金融机构的资产负债表，产生了负面影响。从而，金融与经济、发达经济与新兴经济之间形成了下降螺旋式关系。

随着全球金融危机与经济衰退之间恶性循环作用的强化，先进经济体正经历着战后以来最为严重的经济衰退。金融危机恶化对实体经济的影响主要通过银行信贷途径。现有理论表明，金融危机主要通过两个途径对实体经济产生影响：一是通过金融加速器（Financial Accelerator）效应，影响抵押品价值和银行的贷款意愿来对实体经济产生影响。企业投资水平依赖企业的资产负债表状况，较低的现金流量和资产净值，不仅能减少企业内部资金的来源，而且能降低企业抵押品的价值，提高融资成本。当企业遭受金融危机冲击时，资产净值下降，获得银行贷款的能力削弱，企业投资减少。[①] 二是银行资本渠道（Bank Capital Channel），银行的资产负债表（资本）状况将影响其贷款总量。当银行部门因金融危机而资本受损时，银行被迫去杠杆化，银行的贷款意愿将迅速下降，从而，企业的贷款可获

---

① Bernanke and Gertler，1995，转引自 IMF “Financial Stress，Downturns，and Recoveries”，*World Economic Outlook*，October，2008.

得性降低。①

如图 5—15 所示，金融危机导致美国银行的贷款增长速度迅速下降。作为金融危机的策源地，美国住房抵押贷款受到的打击最为严重。从 2006 年第二季度房屋价格开始下跌以来，银行房屋抵押贷款的发放规模直线下跌，并在 2008 年第二季度转为负增长。由于房屋价格仍然在继续下跌（见图 5—15），住房抵押贷款市场显然难以在短期内得到恢复。消费信贷和工商业贷款的增长率在 2008 年 9 月雷曼破产之后呈快速下跌的趋势。其中，消费信贷的下跌趋势更为显著，表明美国消费者相对于工商企业在危机中的损失更为严重。

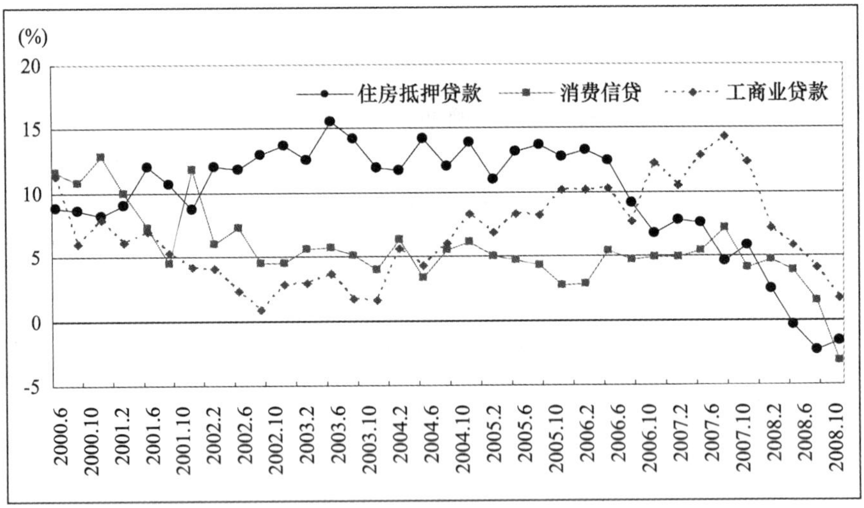

图 5—15　美国银行贷款增长率（年率）

资料来源：CEIC.

信贷市场的流动性紧缩，导致私人部门的信贷可获得性降低。同时，企业对未来的经济的悲观预期，导致私人企业的信贷需求和投资意愿降低。在发达国家中，美国的固定资产投资下降最早，始于 2006 年第二季度美国住房价格开始下跌的时候。这表明，美国住房投资占固定资产的比重较高，从而

① Bernanke, Lown, and Friedman, 1991, 转引自 IMF "Financial Stress, Downturns, and Recoveries", *World Economic Outlook*, October, 2008.

导致美国的固定资产投资与房屋价格保持了一定的同步性。2008 年以来，随着金融危机的逐步发展，美国、欧洲和日本的固定资产投资规模开始下降（见图 5—16）。雷曼破产之后，三大经济体的固定资产投资加速下滑。2008 年第四季度，美国固定资产投资比上季度下降 6%，欧元区下降了 4%。2008 年，日本的固定投资也明显下降，且波动剧烈。

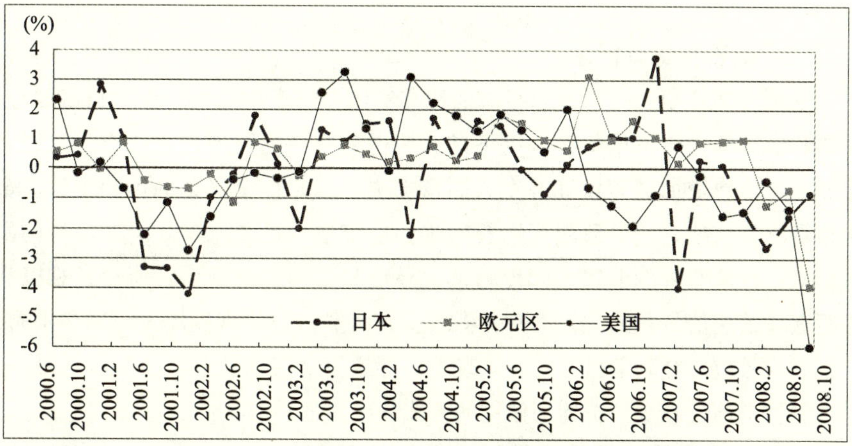

图 5—16　发达国家固定资产投资季度环比增长率

资料来源：CEIC.

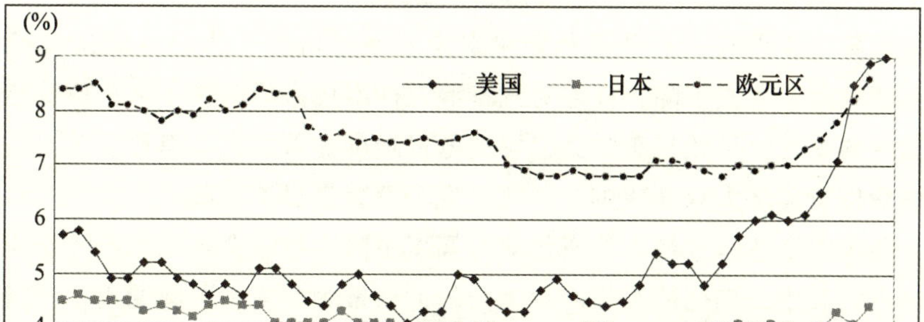

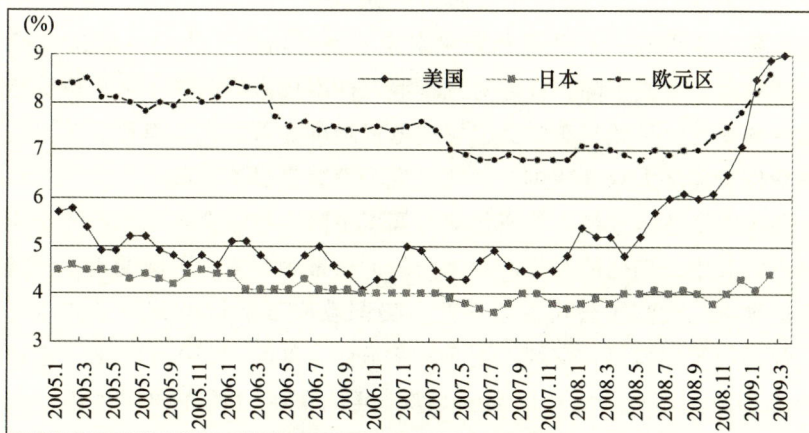

图 5—17　发达国家的失业率

资料来源：CEIC.

发达经济体投资的快速下降所带来的一个直接后果是就业岗位的减少。图5—17显示，2008年4月，美国失业率率先开始上升。这与美国的投资率先下降密切相关。2008年10月至2009年2月，美国和欧洲的失业率直线上升。在这5个月时间内，美国失业率由6%升至约9%，欧元区失业率由7%升至8.6%。2009年3月，美国失业率升势趋缓。日本的失业率有所上升，但相对稳定。

二 消费与进口需求

金融危机主要通过下述途径对消费和实体经济产生影响：一是财富效应。股票和房屋等资产价格的大幅度下跌，使得消费者的财富缩水严重，消费者必然减少消费增加储蓄以弥补个人财富损失。二是信贷资金的可获得性。金融市场流动性缺乏，导致银行融资困难，迫使银行提高汽车等消费信贷的发放标准；而消费者的财富大幅度贬值，导致其信用资质降低，消费者难以从银行获取消费信贷。因此，消费者将因获取消费信贷的难度加大而减少消费。三是收入效应。金融危机导致经济衰退，导致消费者的就业机会和收入减少，消费者被迫通过减少消费增加储蓄的方式来应对危机。

汽车消费变化通常是衡量消费变化的一个重要领先指标。2008年以来，随着金融危机的逐步深入，美国各季度汽车消费量呈加速下降的趋势。例如，美国2008年第四季度汽车销售量为3346亿美元，相比第三季度下降了11%，仅为2007年第四季度的76%（见图5—18）。汽车消费快速下降的原因有：一是消费者对未来宏观经济和个人收入状况预期悲观，消费信心急剧下降，推迟对汽车等大件耐用品的消费。二是信贷市场流动性的缺乏，导致汽车财务公司的融资难度显著加大，消费者获得的汽车消费信贷随之大幅度减少。因此，汽车消费量迅速下降。

美国等发达国家汽车消费量的大幅度下降，导致全球汽车产业遭受严重冲击。其中，美国的汽车产业遭受的冲击最为严重，美国通用、福特和克莱斯勒等三大汽车公司濒临破产。美国政府虽然给予其一定的信贷支持，但其财政困境仍在继续。图5—19显示，2008年10月以来，通用和福特的CDS利率急剧上升，从约20%升至2009年1月的90%左右。这说明，市场预期这两家公司将会破产。随后，福特汽车CDS利率降至2009年3月的50%，但仍然处于非常危险的水平上。

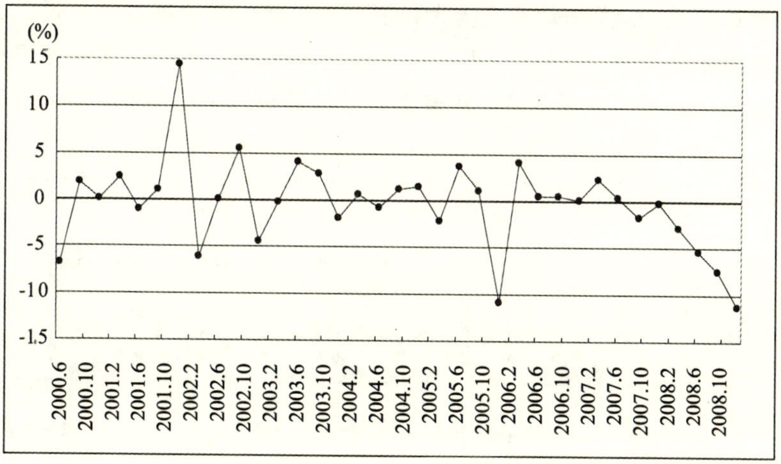

图 5—18　美国汽车消费季度环比增长率

资料来源：CEIC.

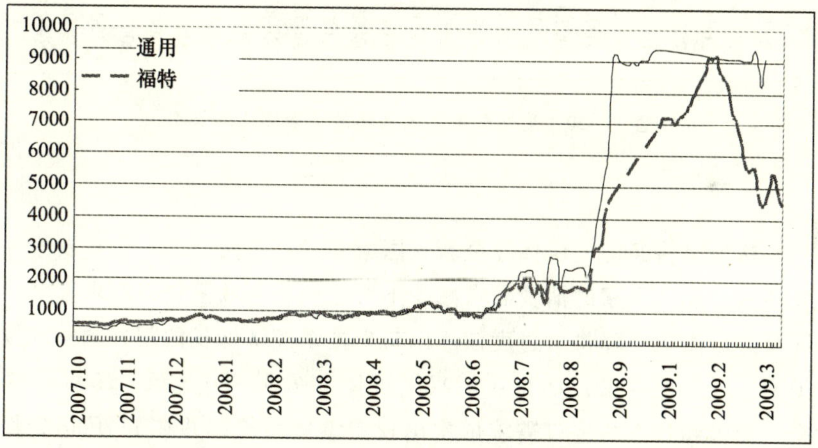

图 5—19　通用汽车和福特汽车的 CDS 利率（单位：基点）

资料来源：Bloomberg.

2008 年 6 月之前，次贷危机虽然对美国的消费需求产生了一定负面影响，但美国消费仍维持着正增长（见图 5—20）。此后，随着信贷市场流动性紧缩的加剧，以及雷曼破产引发金融市场的巨大恐慌，导致美国消费需求迅速下降。美国 2008 年第三、第四季度的消费需求比上季度连续降低 1%。鉴于美国个人消费的全球发动机地位（美国个人消费占 GDP

比例超过 70%），美国消费需求大幅度下降必将引发全球经济衰退。欧元区消费需求在 2008 年最后一季度也经历了大幅度下滑。日本消费需求下降幅度最为剧烈，说明全球经济衰退对日本经济产生了严重冲击。

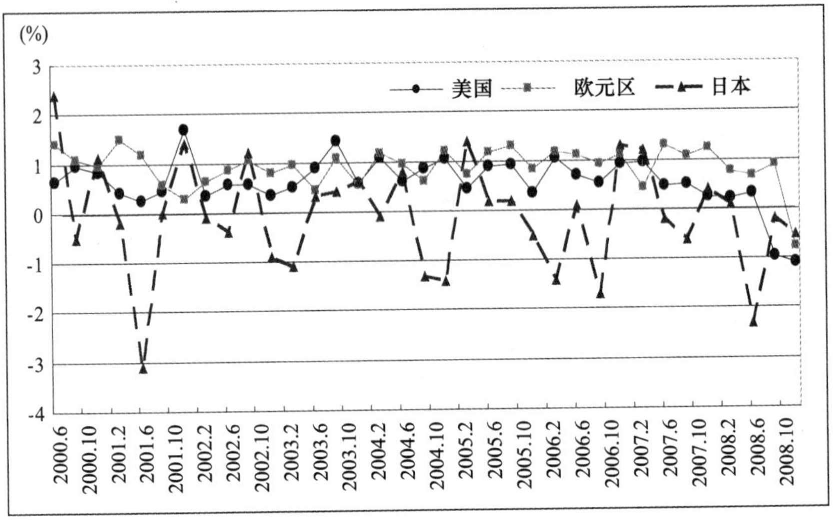

图 5—20　发达国家私人消费的季度环比增长率

资料来源：CEIC.

发达国家将经济危机传导至新兴国家和发展中国家的一个重要途径是进口需求。发达国家的消费需求减少不可避免将导致其进口需求下降，发达国家进口需求下降将对过度依靠出口来推动经济增长的新兴国家和发展中国家形成严重冲击，如东亚新兴经济体。图 5—21 显示，2008 年 8 月以来，美国和日本的进口需求依次出现持续负增长，并在 11 月达到最低点，其速度分别为 -12%、-20%。此后，进口下降速度有所放缓，但仍维持在较高的水平上。日本进口需求下降和波动幅度最为剧烈，而欧元区进口需求的下降速度较为平缓。这可能与日本经济外向依存度高，而欧元区作为一个整体外向依存度较低密切相关。

发达国家进口需求的剧烈下降，导致新兴国家和发展中国家的经济增长率迅速下滑甚至转为负增长。新兴国家和发展中国家经济的快速放缓，导致其对发达国家产品需求减少，而且，它们之间的贸易量也随着经济不景气而下降。因此，发达国家进口需求下降引致了全球贸易规模的减少。

截至2008年上半年，世界出口贸易规模保持稳定而快速增长。但在2008年第三季度，由于发达国家进口需求下降，导致世界出口贸易失去了增长动力，但此时新兴国家和发展中国家的经济仍具有一定的弹性，因此，全球出口与上季度持平。在2008年第四季度，发达国家经济陷入深度衰退，并将危机传导至新兴国家和发展中国家，导致全球出口额大跌了20%（见图5—22）。当然，石油等大宗商品价格的下跌，加速了全球出口规模的下滑。

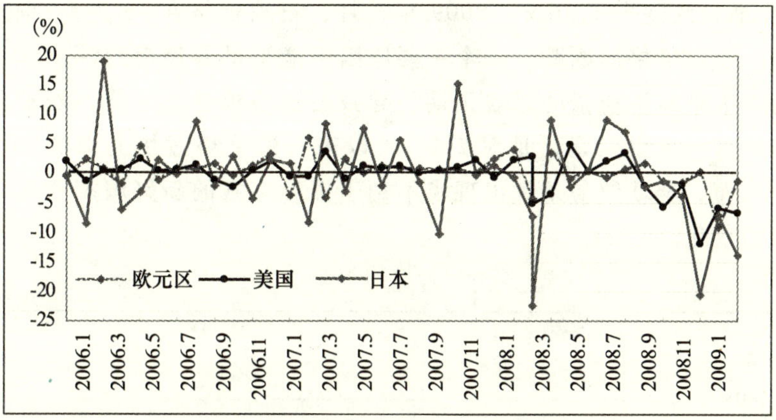

图5—21　发达国家进口月度环比增长率

资料来源：CEIC.

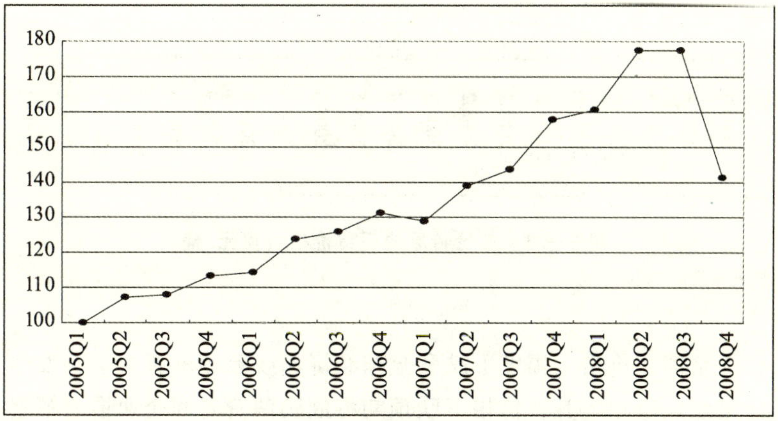

图5—22　世界出口规模指数

资料来源：WTO.

三　大宗商品价格与通货膨胀

2007 年 8 月以来，以石油为代表的大宗商品价格经历了一个大起大落过程（见图 5—23）。布伦特（Brent）原油价格从 2007 年 8 月的 68 美元/桶上升至 2008 年 7 月的历史性最高位的 144 美元/桶。在不到一年的时间内，原油价格实现了翻番。金融危机导致石油价格大幅度下挫。在半年时间内，石油便从最高位跌至 2008 年 12 月底的 35 美元/桶，约跌去了 76%。2009 年 3 月，石油价格在 45 美元/桶左右浮动。石油价格的剧跌，一个主要原因可能是世界经济的深度衰退及市场对未来经济前景的悲观预期，导致石油需求迅速下降。石油价格下降的另一重要因素，是对 2007 年以来石油价格过快上涨的一种超调。从而，全球贸易条件出现了不利于资源丰富的新兴国家和发展中国家的变化。

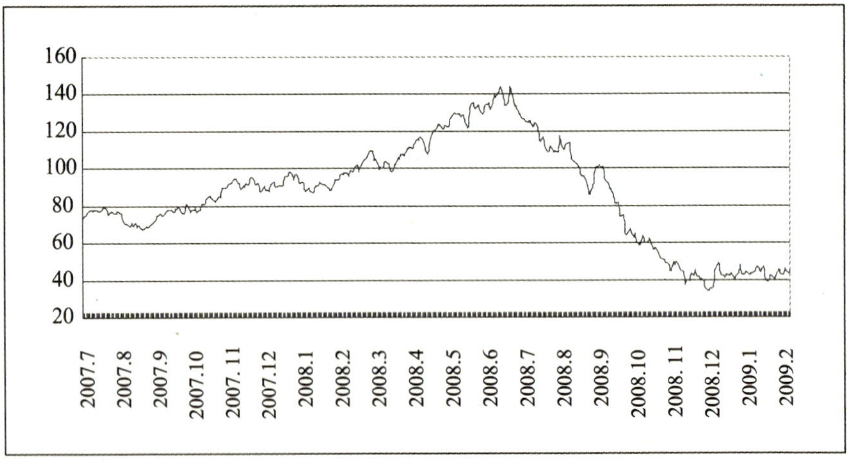

图 5—23　布伦特原油现货价格（美元/桶）

资料来源：CEIC.

在大宗商品价格大幅度下跌和全球经济深度衰退的背景下，发达国家的通货紧缩风险在上升。价格下跌预期将鼓励消费者和企业推迟消费或投资，从而，经济将陷入更为严重的衰退。根据 IMF 的一项预测，美国和日本的通货紧缩风险最高，欧元区的德国、意大利和法国的通货紧缩风险属于中等偏上的水平。① 如果把房价大幅度下跌的因素考虑在内，那么这些通货紧缩风险将会显著上升。图 5—24 显示，2008 年 9 月之后，发达国家的 CPI 全部进入下降阶段。

2000 年 11 月，美国、日本和欧元区的 CPI 的降幅均达到最高水平，分别比上月下降 1.7%、0.9% 和 0.4%。2009 年 1—2 月，美国和欧元区的 CPI 有所恢复，转为正增长，而日本的 CPI 仍保持负增长。

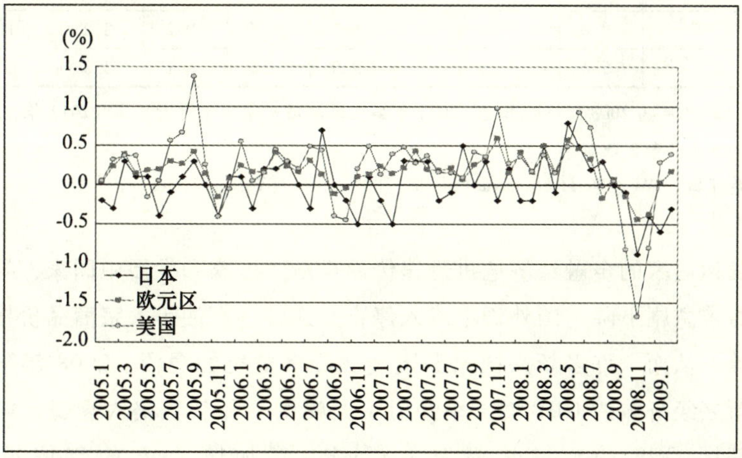

图 5—24　发达国家 CPI 的月度环比变化率

资料来源：CEIC.

四　全球经济增长状况

全球性金融危机对世界经济造成的灾难性后果远远超过人们的预期。如表 5—4 所示，2008 年第四季度，发达经济体陷入全面的深度经济衰退，按年度增长率计算，发达国家总体产出水平大幅度下挫 7%，拖累世界产出水平下降 5%。其中，美国、欧元区的 GDP 下降 6% 左右，而日本 GDP 则下跌 12.7%。这是战后以来世界经济前所未有的巨大降幅。

① IMF, "Global Economic Policies and Prospects: Group of Twenty Meeting of the Ministers and Central Bank Governors", March, 2009.

表 5—4　　世界经济增长率　　单位：%

	2008	2008Q4	2009	2010	2011	2012	2013
世界产出	3.0	-5.0	-0.8	5.2	3.8	3.3	3.9
先进经济体	0.5	-7.0	-3.2	3.2	1.6	1.2	1.9
美国	0.4	-6.3	-2.5	3.0	1.8	1.8	2.2
欧元区	0.6	-6.0	-3.9	1.9	1.6	-0.5	0.8
日本	-1.2	-12.7	-5.3	4.4	-0.9	1.7	1.6
新兴经济体	6.1	4.5	2.1	7.3	6.2	5.4	5.9
中国	9.6	6.8	8.7	10.4	9.2	8.2	8.8
俄罗斯	5.6	1.1	-9.0	4.0	4.1	3.3	3.5

注：2008Q4 为 2008 年第四季度，2008 年第四季度增长率为年度增长率，2012 年、2013 年的经济增长率为预测数。

资料来源：IMF，*World Economic Outlook*，2009—2011（Various Issues）.

发达国家的金融经济危机迅速传递至新兴国家和发展中国家，导致其出口需求急剧下降、国外资本流入停止并逆转、石油等大宗商品价格大幅度下挫，从而，许多新兴国家深陷金融经济危机的泥沼。2008 年第四季度，新兴经济体的 GDP 增长率经历了大幅度下降甚至陷入衰退。第四季度，韩国 GDP 的年增长率为 -3.4%，新加坡 GDP 的年增长率为 -2.6%，中国 GDP 同比增长率由第三季度的 9% 降至 6.8%，[①] 俄罗斯 GDP 增长率由前一季度的 6.2% 降至 1.1%。

2009 年，世界经济出现衰退，经济增长率为 -0.8%，世界经济在 2010 年实现了稳定复苏，产出增长率达 5.2%，预计在 2011—2013 年将维持 3%—4% 的经济增长率。发达经济将在 2009 年经历战后以来最为严重的经济衰退，经济增长率下跌至 -3.2%，其中，美国、欧元区和日本的经济增长率分别为 -2.5%、-3.9% 和 -5.3%。在采取了一系列克服金融紧缩政策和刺激内需的政策之后，发达经济体在 2010 年实现了复苏，产出增长率为 3.2%。2012—2013 年，欧美发达经济体因受主权债务危机等问题的困

① 中国 2008 年的季度 GDP 增长率与国际通行的季度 GDP 增长率不具有可比性。国际通行的计算季度 GDP 增长率的方法是，先计算季度 GDP 的环比增长率，即本季度的 GDP 相对于上季度的增长率，然后再将季度增长率换算成年度增长率，便得出季度 GDP 的年增长率。中国当时的做法是计算本季度 GDP 相对于上年同季度 GDP 的增长率，这一方法的优点是可以排除季节因素对 GDP 增长率的影响，但其缺陷是不能及时地跟踪和反映 GDP 在两个季度之间的短期性变动。

扰，产出增长率有可能维持在1.5%左右的低水平。新兴经济和发展中经济的增长将继续受到信贷约束、大宗商品价格大幅度震荡、虚弱的外部需求和内部需求不足的阻碍。新兴经济和发展中经济在2009年的经济增长非常虚弱，仅为2.1%，但在2010年强劲反弹至7.3%，在未来两年将维持6%左右的较快增长。2009年，中国经济增长速度显著放慢，但仍维持8.7%的增长率。欧洲新兴经济体遭受了严重挫折。2009年，俄罗斯GDP下降9%，东欧经济增长率为-3.7%。欧洲新兴经济体在2010年增长率约为4%，未来两年其经济将保持3%左右的中低速度增长。

第五节　主权债务危机(2010年1月至今)

一　欧美发达国家的财政状况

在全球金融危机爆发之前，许多欧美国家已经是债台高筑，财政状况持续恶化。从20世纪70年代至2007年，发达国家的公共债务占GDP的比例由40%稳步上升至76%。发达国家财政收支的长期不平衡状况表明，其财政状况早已处于不可持续的状态。2009年以来，全球金融危机引起经济大幅度衰退、大规模的金融机构救助方案和扩张性财政政策，导致欧美发达国家的财政状况急剧恶化。发达国家的总公共债务占GDP的比例将由2007年的76%升至2011年的100%以上。而且，在世界经济下行风险显著上升的背景下，完全清理金融机构的资产负债表应需付出多大的成本尚无法估计。

如表5—5所示，2007年金融危机以来，欧美发达国家的财政赤字占GDP的比例大幅度上升。2009—2010年，美国、“欧猪五国”（PIIGS，由葡萄牙、爱尔兰、意大利、希腊和西班牙等国的首字母组合而成）、英国的财政赤字占GDP比例的均值分别为11.5%、12.1%和10.3%，分别为2007年财政赤字比例的4.28倍、6.53倍和3.80倍。其中，爱尔兰的财政赤字比例高达23.1%，希腊、西班牙和葡萄牙的赤字比例也分别达13.0%、10.2%、9.6%。2011年，尽管发达国家特别是欧元区国家采取了一些压缩财政开支的措施，财政赤字占GDP的比例虽有所下降，但由于其经济复苏乏力且主权债务危机愈演愈烈，财政赤字仍将维持在高水平。2011年，美国、爱尔兰、希腊、西班牙、英国的财政赤字占GDP的比例约为9.6%、10.3%、8.0%、6.1%和8.5%。2009—2010年，德国的财政赤字维持在3.2%的低水平，但也超过了欧盟《稳定与增长公约》所规定的财政赤字比例3%的水平。显然，欧美国家财政赤字规模的大幅度飙升将导致其公共债务余额迅速增加。根据表5—6所示，2011年，美国、希腊、爱尔兰、意大利、葡萄牙和西班牙的政府债务余额占GDP的比例依次为100.0%、165.6%、109.3%、121.1%、106.0%和67.4%，相比较于2007年，债务比例分别大幅度提升了37.7、60.2、84.4、17.5、37.7和31.3个百分点。

表5—5 欧美国家的政府预算余额占GDP的比例 单位:%

	2006	2007	2008	2009	2010	2011	2012	2013
法国	-2.4	-2.7	-3.3	-7.6	-7.1	-5.9	-4.6	-4.0
德国	-1.6	0.3	0.1	-3.1	-3.3	-1.7	-1.1	-0.8
希腊	-6.1	-6.7	-9.8	-15.5	-10.4	-8.0	-6.9	-5.2
爱尔兰	2.9	0.1	-7.3	-14.2	-32.0	-10.3	-8.6	-6.8
意大利	-3.3	-1.5	-2.7	-5.3	-4.5	-4.0	-2.4	-1.1
葡萄牙	-0.4	-3.1	-3.5	-10.1	-9.1	-5.9	-4.5	-3.0
西班牙	2.0	1.9	-4.1	-11.1	-9.2	-6.1	-5.2	-4.4
英国	-2.6	-2.7	-4.9	-10.3	-10.2	-8.5	-7.0	-5.1
美国	-2.0	-2.7	-6.5	-12.8	-10.3	-9.6	-7.9	-6.2

注：2011—2013年的数据为预测数。

资料来源：IMF Fiscal Monitor, 2011.

表5—6 欧美国家的政府债务余额占GDP的比例 单位:%

	2006	2007	2008	2009	2010	2011	2012	2013
法国	63.9	64.2	68.3	79.0	82.4	86.9	89.4	90.8
德国	67.9	65.0	66.4	74.1	84.0	82.6	81.9	81.0
希腊	106.1	105.4	110.7	127.1	142.8	165.6	189.1	187.9
爱尔兰	24.7	24.9	44.4	65.2	94.9	109.3	115.4	118.3
意大利	106.6	103.6	106.3	116.1	119.0	121.1	121.4	120.1
葡萄牙	63.9	68.3	71.6	83.0	92.9	106.0	111.8	114.9
西班牙	39.6	36.1	39.8	53.3	60.1	67.4	70.2	72.8
英国	43.1	43.9	52.0	68.3	75.5	80.8	84.8	85.9
美国	61.1	62.3	71.6	85.2	94.4	100.0	105.0	108.9

注：2011—2013年的数据为预测数。

资料来源：IMF Fiscal Monitor, 2011.

二　美国债务上限危机

美国债务上限制度是由美国国会 1917 年立法通过，目的在于限制联邦政府的融资额度，防止政府随意发行国债以应对增加开支的需要，避免出现联邦政府债务的过度膨胀。根据美国法律，只要政府债务不超过债务上限，财政部有权自行举债。一旦债务上限不敷应用，需由美国国会通过特别法令提高上限。若政府债务上限不能提高，在缺少足够税收收入的情况下，美国政府将出现清偿能力不足的问题，政府将因缺乏营运资金而部分或全部关闭，并将难以及时支付美国国债的本金和利息。自杜鲁门以来，历任美国总统均提高了政府债务余额。自 1962 年 3 月起，美国政府债务上限共被提高了 75 次。其中，里根任内 18 次，克林顿任内 8 次，小布什任内 7 次，奥巴马任内 4 次。

2011 年的美国债务上限危机是指美国民主、共和两党就债务上限问题展开的激烈争论，争论的焦点围绕着增税、削减政府开支和提高债务上限的方式等问题。事实上，在削减美国政府债务和避免主权债务违约的问题上，民主党和共和党并无分歧。两党分歧主要在于：提高债务上限方案是否覆盖 2012 年大选年，以及谁为削减政府债务埋单。民主党希望方案能覆盖至 2012 年 11 月美国大选之后，从而在大选前无需再就降低财政赤字问题与共和党讨价还价。而共和党仅同意达成为期 6 个月的短期提高债务上限方案，从而可在 2012 年大选前再次利用政府债务问题打击民主党选情。在削减政府开支的成本分担问题上，民主党视中低收入阶层为其传统票仓，拒绝削减用于保障中低收入人群的医疗和社保开支，主张对富人增税并小幅度削减政府开支；而共和党倾向于代表中高收入阶层和工商业的利益，坚决反对增税，主张依靠大幅度削减政府开支而非增税的方式来降低财政赤字，特别是共和党中保守的“茶党”议员，坚决反对任何形式的债务上限提高。

如果民主、共和两党未能达成提高债务上限的协议，其影响将是灾难性的，并将美国乃至世界经济拖入衰退的境地。其消极后果主要有：一是 2011 年美国联邦政府将要剧减 40% 的开支，这将导致美国一系列公共服务项目关停或推迟，将对美国经济构成沉重打击。二是美国政府将可能全面停止支付账单，包括债务本金和利息的偿还，这将引发国际金融危机。考虑到美国国债长期被视为零风险的债券品种，被全球私人金融机构和多国中央货币当局持有，美国国债一旦违约，其信用评级等级势必将会迅速调低，这将迫使全球金融机构大幅度调整其投资组合，大幅度降低美国国债的持有比重。三是美国国债违约将导致其价格大幅度下跌，收益率大幅度上升，进而引起信用卡、汽车贷款和住房抵押贷款的利率的急剧上升。而且，外国投资者将会撤回存放于美国各大商业银行的资金，导致资金大规模流出美国和美元大幅度贬值。从而，持有美元资产的私人投资者和中央货币当局将遭受重大资本损失。

2011 年 7 月 31 日，美国民主、共和两党在提高债务上限和减少政府开支等问题上达成了一个复杂的协议，从而，美国主权债务违约风险得以暂时缓解。但是，美国国会在债务上限问题的争论尚未终结，争论将会在 2012 年、2013 年继续上演。根据提高债务上限的协定，美国政府赤字将在未来 10 年至少削减 2.5 万亿美元，而美国政府的债务上限将被提高 2.1 万亿美元，这足以满足 2013 年美国联邦政府的支出需要。在实施方面，该协定分成两步：第一步是提高债务上限 9000 亿美元，并在未来 10 年削减政府支出 9170 亿美元；第二步，在国会设立一个专门的委员会研究削减剩余 1.5 万亿财政赤字的措施，于 2011 年 11 月提交建议方案，并上调剩余 1.2 万亿美元的债务上限。2012 年 1 月 27 日，剩余的 1.2 万亿美元的债务上限也已调整到位。经过最近两次调整，美国政府债务上限已提高至 16.4 万亿美元。

2011 年 8 月 5 日，在美国民主、共和两党达成债务上限协议的 4 天之后，标准普尔将美国长期主权信用评级由 AAA 级降至 AA + 级，这在美国的历史上还是第一次。不过，穆迪和惠誉仍维持了美国主权信用的 AAA 评级。在标准普尔看来，美国政府与国会近日达成的上调债务上限及减少财政开支的妥协方案，未能满足稳定美国财政中期稳定的要求，而且，美国政策制定当局因受到财政紧缩及经济复苏疲软等因素的冲击，其稳定性与可预见性弱于其此前作出负面展望时的水平。因此，政治风险与不断上升的主权债务负担是标准普尔下调美国主权信用评级的主要原因。这导致美国三大股指和全球资本市场发生了自 2008 年金融危机以来最为剧烈的波动。道琼斯工业平均指数在一个交易日大幅度下跌了 5.6%，达 635 点。随着投资者对经济复苏前景和欧元区债务危机忧虑的加重，在“逃向安全资产”效应的作用下，大量资金涌向美国国债，导致美国国债收益率下跌。

三 欧美国家财政重建的前景

当前，欧美发达国家的主权债务危机是世界经济面临的最为严峻的挑战。欧美国家高且不断上升的公共债务水平，不仅损害了其经济中长期增长潜力，而且降低了其以低通胀为目标的货币政策的可信度。虽然削减财政赤字将会导致短期产出增长率下降，但会带来更低的实际利率、更稳定的金融系统和更好的经济增长前景。

2011 年以来，欧美发达国家虽在财政重建方面取得一些进展，如财政赤字占 GDP 的比例显著下降、欧元区签署“新财政公约”等，但在未来一段时间，这些国家将面临着人口老龄化带来的养老金支出和健康成本急剧上升的问题，这将对其本已不可持续的财政状况构成严峻的挑战。除非及时采取有效措施，否则庞大的社会福利支出将导致发达国家的财政赤字和政府债务继续攀升。从总体上看，欧美国家的政府债务上升势头难以在短期内得到扭转，具体原因如下：

第一，经济下滑导致周期性赤字。欧美国家的经济恢复步伐缓慢，导致财政收入下降而财政支出增加（收入支持政策），从而财政赤字难以在短期内得以消除。

第二，导致 2010—2011 年财政赤字大幅度上升的主要因素在未来数年仍将继续发挥作用。具体体现在：一是金融危机导致许多国家的潜在产出水平下降进而政府的税基下降。二是在一些国家，特别是在爱尔兰、西班牙、英国和美国等国家，在金融危机之前，税收收入的大幅度增长源于房地产和金融部门经历了不可持续的繁荣，而这些部门不可能恢复至金融危机之前的产出水平。从而，欧美国家来源于房地产和金融业的税收收入将不可能恢复至金融危机之前的水平。

第三，经济不确定性风险上升将很可能导致一些欧洲国家的财政“退出”政策发生逆转，这些国家很有可能重新采取扩张性政策措施来刺激总需求。尽管一些欧洲国家宣布采取较坚决措施来更快地降低结构性预算赤字，但是，在产出增长率和失业率恢复正常水平之前，发达国家是否再度推出财政刺激政策尚需观察。

第四，清理金融机构资产负债表的最终成本尚不可以预料。许多欧洲国家银行系统的资产负债表仍然脆弱，易遭受金融市场波动和房地产市场价格下跌的负面冲击。

主要参考文献

1. Baba N. , Packer F. , and Nagano T. , "The Spillover of Money Market Turbulence to FX Swap and Cross - Currency Swap Market", *BIS Quarterly Review*, March 2008.

2. BIS, *BIS 80th Annual Report*: 1 *April* 2009 - 31 *March 2010*, June 2010.

3. Brunnermeier M. , "Deciphering the Liquidity and Credit Crunch 2007—2008", *NBER Working Paper 14612*, December, 2008.

4. Gyntelberg J. and Hördahl P. , "Overview: Sovereign Risk Jolts Markets", *BIS Quarterly Review*, March 2010.

5. IMF, "Addressing Fiscal Challenges to Reduce Economic Risk", *Fiscal Monitor*, September 2011.

6. IMF, "Sovereigns, Funding, and Systemic Liquidity", *Global Financial Stability Report*, October 2010.

7. IMF, *Global Financial Stability Report Market Update*, January 2009a.

8. Vause N. and G. von Peter, "Euro Area Sovereign Crisis Drives Global Financial Markets", *BIS Quarterly Review*, December 2011.

附　录

欧洲主权债务危机

一　欧洲主权债务危机的制度背景

欧洲的主权债务危机是欧元区的统一货币和成员国独立财政之间的矛盾激化的产物。事实上，相较于日本、美国等发达经济体的政府债务水平，欧元区的政府债务规模其实不是很高。2010年，日本的政府债务占GDP的比例为220%，美国的政府债务占比为94%，而希腊、爱尔兰、西班牙、葡萄牙和意大利等国的政府债务占比为102%，德国、法国的政府债务比率平均仅为83%。为何政府债务比例很高的日本没有爆发债务危机，而债务比例仅高于美国8个百分点的欧洲会爆发债务危机，且呈愈演愈烈之势呢？一般认为，日本的政府债务基本是国内债务，95%由本国国民持有，从而，国债融资不存在问题。但实际上，欧元区的政府债务也基本上是由欧元区的居民持有，外国投资者持有的比例也很低。若按照这个标准，美国是最应该爆发主权债务危机的，因为美国政府债务的一半是由外国居民持有的，但美国的政府债务基本是以美元计价，从而，美联储仅需多印刷一些钞票，便可轻松解决政府的债务问题。因此，美国不会爆发主权债务危机。

基于上述分析，我们认为，欧元区若是一个主权独立的国家，其政府债务水平尽管处于不可持续的水平上，但不可能爆发主权债务危机。理由主要有：首先，欧元区的政府债务基本上是内债，不是外债。其次，欧元是仅次于美元的主要储备货币，欧洲中央银行可通过印刷欧元稀释政府主权债务。当然，增加欧元现钞的发行量将可能导致通货膨胀和欧元贬值，但通货膨胀的成本根本不能与旷日持久的主权债务危机相提并论。最后，希腊、爱尔兰和葡萄牙的政府债务问题实质上是地方政府债务问题，在财政、货币权统一的主权国家内，中央政府可通过财政转移支付或财政透支的方法予以解决，不会让地方政府的债务危机呈多米诺骨牌之势，席卷大半个欧元区。

问题恰恰在于，欧元区不是一个主权独立的国家，不存在一个集权的中央财政当局，而富裕的中心国家又不愿意向较贫穷的边缘国家无偿提供财政转移支付，且中央货币当局又是高度独立的，不愿意为边缘成员国的债务问题开动印钞机。归根结底，欧洲的主权债务危机是欧元区的统一货币和成员国独立财政之间的矛盾激化的产物。这一矛盾如不能彻底解决，欧元区将可能周期性地爆发主权债务危机。因此，欧元区的主权债务危机是欧洲内部的问题，要靠欧洲内部的力量去解决。而且，欧元区缺的不是资金，而是解决债务危机的政治意愿和决心。

二　欧洲主权债务危机的发展演变过程

2009年末2010年初，在私人部门的金融危机稍微平复之后，欧洲国家的主权债务危机开始爆发。2009年11月，迪拜世界——阿联酋阿布扎比政府所拥有的一家企业爆发了财政危机，导致美国金融危机以来，市场投资者关注的焦点第一次由私人金融机构转向政府部门。由于欧美发达国家在金融危机过程中采取了力度空前的措施救助私人金融机构和刺激经济，导致其财政赤字和政府债务飙升，从而，全球投资者关注的中心便集中于欧美发达国家，特别是欧元区国家。希腊是欧元区第一个被债务危机击中的国家，紧随其后的是爱尔兰、葡萄牙和西班牙等国，甚至意大利这一在欧元区经济规模和实力排名靠前的国家也难以幸免。遭受主权债务危机打击的国家，均无一例外地出现了国债价格大幅度下跌、国债收益率快速上升、主权债务CDS的利率大幅度飙升和主权债务信用评级连续下调等现象。

希腊的问题源于政府长期过度消费（福利支出和国防开支过高），以及造船业和旅游业等支柱产业遭受全球金融危机的严重冲击。2009年10月，在希腊的财政赤字远高于预期的情形下，投资者对希腊的财政健康状况表示出了普遍的担忧。2009年12月，惠誉将希腊的主权信用评级由A-降至BBB+，且展望为负面，标准普尔、穆迪随后分别将希腊的评级降至BBB+、A2。这导致希腊5年期的主权CDS利率由180个基点急剧升至280个基点，10年期国债利率由月初的4.8%升至5.9%。希腊主权评级的下调也导致许多希腊商业银行的信用评级下降，导致希腊大型银行的股价在一周之内几乎下跌了20%（Gyntelberg & Hördahl，2010）。对于希腊的银行而言，欧洲中央银行的资金是其一项主要资金来源，而希腊主权信用评级的下降，意味着希腊银行部门不能像以往那样用希腊国债作为抵押来向欧洲中央银行融资。当时，欧洲中央银行要求抵押物的信用等级不低于A-。尽管穆迪给予希腊主权信用的A2评级仍能确保希腊国债继续被欧洲中央银行接受，但如果希腊主权评级继续遭到调降，其国债将不再能充当抵押物，[①] 从而，希腊的银行业将很可能丧失欧洲中央银行这一最重要的融资来源。这将导致主权债务违约危机与银行部门的债务危机的恶性循环（见图附5—1）。与此相联系，希腊的主权债务CDS利率和国债收益率将继续大幅度上升（见图附5—2和图附5—3）。

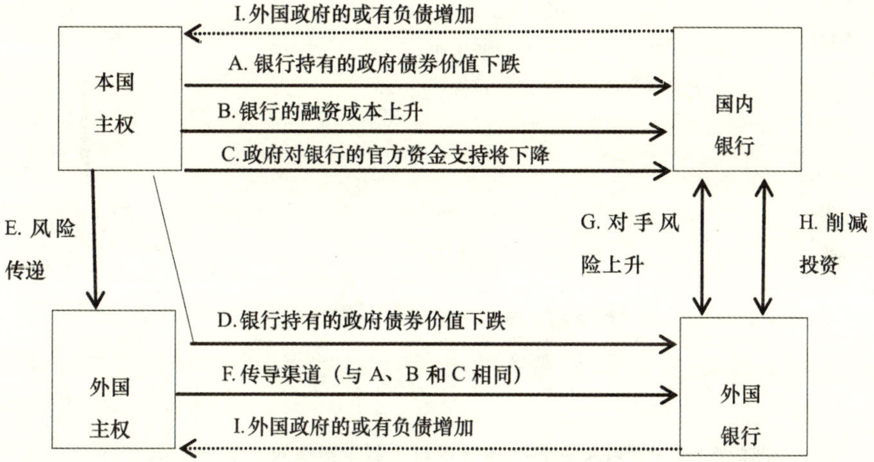

图附5—1　主权债务危机与银行债务危机的相互传递途径

资料来源：IMF，2010.

2010年4月，为抑制希腊主权债务继续恶化的势头，IMF和欧盟向希腊提供了450亿欧元的贷款，其中，部分贷款用于支付即将到期的85

---

① 不过，随着欧洲主权债务的恶化，欧洲中央银行将充当融资抵押物的成员国国债的最低主权信用等级降至BBB-，并最终放弃了对充当抵押物的希腊国债的信用等级要求。

亿欧元的希腊国债。2010 年 4 月 27 日，基于对希腊主权债务违约的担忧，标准普尔将希腊的主权信用评级降至 BB+。根据标准普尔的预测，在希腊主权债务发生违约的情况下，投资者的损失将高达 30%—50%。这导致希腊相对于德国的 5 年期 CDS 利差扩大至 760 个基点，希腊 2 年期国债的二级市场收益率升至 15.3%。5 月 2 日，欧盟和 IMF 同意向希腊提供一笔 1100 亿欧元的贷款，条件是希腊必须实施严厉的财政紧缩政策。同时，国际信用评级机构将希腊主权信用评级降至垃圾级别。5 月 3 日，欧洲中央银行宣布将一直接受希腊政府发行或担保的新旧债务证券，不考虑希腊的主权信用评级等级。但是，欧盟和 IMF 的救助计划并没有发挥作用，市场投资者对希腊国债违约的担忧与日俱增，希腊国债的 CDS 利率和收益率持续走高。2012 年 1 月，希腊 10 年期国债的收益率高达 25.8%，而希腊主权债务的 5 年 CDS 利率在 2011 年 9 月 14 日曾一度攀升至 5034 个基点（见图附 5—2 和图附 5—3）。

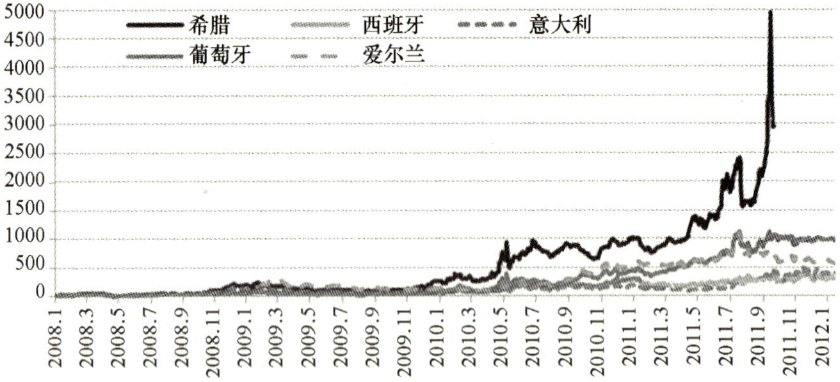

图附 5—2 “欧猪五国”国债相对于德国国债的 5 年期 CDS 利差

资料来源：Bloomberg.

投资者对欧洲主权债务风险的忧虑并不限于希腊。2010 年 1 月底，希腊主权债务危机传导至公共债务风险较高的一些欧元区国家，如爱尔兰、葡萄牙、西班牙和意大利等国。爱尔兰的主权债务危机不是源于政府过度消费，而是大规模地救助私人金融机构。爱尔兰银行部门的贷款过度集中于地产开发商，爱尔兰政府向六家主要银行的储户和债券持有人提供了担保。爱尔兰的银行系统在金融危机中损失了 1000 亿欧元。爱尔兰政府本可以向储户提供担保而让私人债券持有人承担损失，但其选择承担了绝大部分银行系统的损失，从银行部门购买了800亿欧元的不良贷款。这导致爱尔兰财政状况由2007年的盈余变成2010年赤字占GDP比例为32%，为欧元区历史上的最高水平。

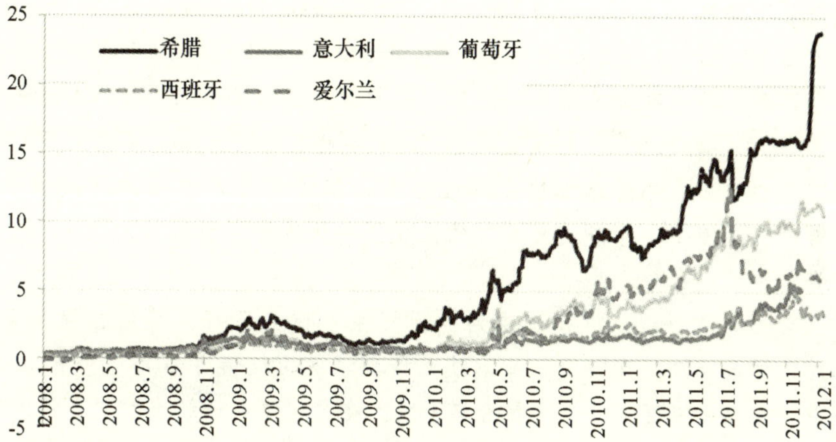

图附5—3　"欧猪五国"的10年期国债相对于德国10年期国债的利差

资料来源：CEIC.

随着投资者对爱尔兰主权债券违约风险担忧的加剧，爱尔兰主权债务的5年期CDS利差（相对于德国）由2010年1月的约100个基点扩大至11月的550个基点，10年期国债收益率利差由1%扩大至5%（见图附5—2和图附5—3）。为平抑市场紧张情绪，2010年11月29日，IMF、欧盟、英国、丹麦和瑞典联合向爱尔兰提供了675亿欧元的贷款，加上其自身的175亿欧元的储备和养老金，爱尔兰共获得了850亿欧元的资金，其中，340亿欧元用于支持爱尔兰虚弱的金融部门。作为交换条件，爱尔兰政府承诺2015年之前将预算赤字降至GDP的3%以下。同时，为减轻爱尔兰政府的利息偿还负担，欧盟和IMF先后于2011年6月、9月将提供给爱尔兰的救助贷款的利率由最初的6%分别降至3.5%—4%、2.59%，还款期限延长至15年。2012年2月，投资者对爱尔兰主权债务的关注并未平复，其主权债务5年期CDS利差、10年期国债利差仍分别维持在670基点、7%的水平。

葡萄牙的主权债务危机来源于政府的过度消费。葡萄牙的主权债务5年期CDS利差、10年期国债收益率利差分别由2010年1月的120基点、1%扩大至2011年5月的620基点、6%。2011年5月16日，欧盟和IMF向葡萄牙发放了一笔780亿欧元的救援贷款，贷款利率平均为5.1%。葡萄牙成为继希腊、爱尔兰之后欧元区第三个接受紧急资金救助的国家。欧洲金融稳定机制（European Financial Stabilisation Mechanism）、欧洲金融稳定基金（European Financial Stability Facility，EFSF）和IMF均摊了这笔救助资金。作为救助方案的一部分，葡萄牙承诺将财政赤字占GDP的比例由2010年的9.8%，分别削减至2011年的5.9%、2012年的4.5%和2013年的3%，并同意加快私有化进程，出售葡萄牙电信的部分股份。2011年7月6日，穆迪将葡萄牙的主权债务评级降至垃圾级别（Vause & Peter，2011）。

2010年4月以来，投资者对欧元区主权债务不可持续的担忧加剧，加之欧元区经济前景黯淡，导致欧元区国家的主权债务CDS利率和国债收益率继续大幅度上升，股票价格下跌。在主权债务评级连续被下调和政治不确定性风险上升的背景下，西班牙、意大利的国债价格大幅度下跌，收益率显著攀升。这表明，主权债务危机已从希腊、爱尔兰等欧元区的边缘国家蔓延至西班牙、意大利等欧元区的主要国家。西班牙的主权债务5年期CDS利差由2010年4月之前的不足80基点快速升至140基点，并稳定升至2011年8月的360基点，2012年2月稳定在300基点左右的水平。与此相联系，西班牙的10年期国债收益率利差在2010年4月由0.63%快速升至1.24%，2011年11月曾冲高至5.0%，2012年2月维持3.5%的水平上。2011年7月，意大利的主权债务危机迅速恶化，其主权债务5年期CDS利差由此前稳定的140基点左右急剧扩大至250基点，并攀升至11月的496基点，2012年2月稳定在400基点的水平上。意大利的10年期国债收益率利差也在2011年7月由1.81%快速升至3.29%，并稳定攀升至5.56%的水平。

为缓解主权债务危机对欧洲银行业流动性造成的严重负面冲击，欧洲中央银行2011年底启动了“长期再融资操作工具”（Long－term Tefinancing Operation，LTRO）。LTRO是欧洲中央银行向欧元区的商业银行提供长期低息贷款的工具，贷款年利率仅为1%，期限长达3年。这一工具与欧洲中央银行之前实施的“较长期贷款计划”（Longer－term Lending Programme）存在明显的差异，后者仅允许商业银行获取3个月期的低息贷款。而且，LTRO在贷款的抵押物资信等级要求上较为宽松。欧洲中央银行发放的贷款是由各商业银行所在国的中央银行提供担保，这意味着欧元区各成员国均具有审查LTRO项目贷款抵押物的资信状况的权利。

欧洲央行推出LTRO的目的，不仅在于帮助欧元区的商业银行偿还到期的债务，而且期望其将所获得的长期低息贷款，用于购买高收益率的欧元区国家的国债。2011年底以来，西班牙、意大利的国债的年收益率基本维持在5%—6%的水平上，通过稳定的套利利差（利差为4%—5%）收入来提升欧洲银行业的赢利能力，并提高市场对主权债券的认购率，降低欧洲央行直接购买主权债券的压力。正是由于欧洲央行有期望银行业尽量购买欧元区的主权债券的政策意图，LTRO被市场称作欧洲版的“量化宽松”。

目前，欧洲中央银行已推出了两轮长期再融资操作。2011年12月21日，第一轮LTRO实施，欧洲中央银行向欧元区523家银行提供了总额为4892亿欧元、年利率为1%的3年期低息贷款。本轮LTRO的主要受益者是欧元区债务危机较为严重的国家。意大利、西班牙、法国、希腊和爱尔兰的商业银行分别获得1100亿、1050亿、700亿、600亿和500亿欧元的贷款，而德国、荷兰和芬兰的商业银行仅获得了很小的一笔信贷资金。第一轮LTRO主要是解决欧元区商业银行的债务问题，在很大程度上消除了一些商业银行突然破产的风险，有助于避免一场可能的金融危机。市场对此作出了积极的反应，欧美的主要股指和银行股出现了大幅度上涨。不过，市场上也有不少怀疑的观点。例如，ING认为，在第一轮LTRO释放出的4892亿欧元流动性中，仅有500亿欧元流入实体经济，其余的资金均趴在欧元区商业银行的账户上。

2012年2月29日，欧洲央行启动了第二轮LTRO，800家商业银行获得了5295亿欧元的长期低息信贷。在本轮LTRO中，2/3的贷款流向了西班牙、意大利等遭受债务危机沉重打击的国家，剩余1/3的资金流向了法国、德国等欧元区的核心国家。不过，在欧洲央行启动第二轮LTRO的同一周，许多商业银行欠欧洲央行的一批贷款陆续到期，从而，商业银行从本轮LTRO中获取的信贷资金净规模约为3100亿欧元。第二轮LTRO缓解了西班牙和意大利等国的主权债务压力。例如，意大利10年期国债收益率由5.31%降至5.19%。但是，不可高估本轮LTRO的政策效果。尽管一些商业银行会增购高收益率的政府债券，但仍有许多商业银行可能将所获得的资金用于偿还到期债务，或仅将其存放于其他商业银行或欧洲中央银行，尽管后者的利率水平较低。这样就达不到增加银行贷款和刺激欧元区经济的预期目标。需要指出的是，LTRO 虽有助于欧元区的商业银行逐步修复其资产负债表，但可能导致其对欧洲央行廉价信贷资金的依赖度上升。

三 欧洲主权债务危机的解决方案

为缓解主权债券市场的紧张情绪和银行部门的融资困难问题，打破主权债务违约危机与银行债务危机之间的恶性循环链条（见图附 5—1），欧元区的政策制定者被迫采取了综合性措施来恢复市场的信心。2011 年 10 月 26 日，欧元区领导人峰会同意采取希腊债务减记、欧洲金融稳定基金杠杆化和银行注资等三项债务纾困措施。2011 年 12 月 9 日，欧元区领导人峰会签署了“新财政公约”。现将欧洲主权债务危机解决方案的主要内容简述如下：

第一，希腊债务减记。私人部门参与对希腊债务可持续性来说至关重要，如果不采取财政紧缩措施，届时希腊主权债务占 GDP 的比例将高达 180%。为确保 2020 年希腊主权债务占 GDP 比例降至 120% 的水平，欧洲银行业同意将持有的希腊国债的票面价值减记 50%，从而，希腊的主权债务总额将减少 1000 亿欧元。同时，欧盟将在 2014 年之前再向希腊提供 1000 亿欧元的信贷资金，部分用于希腊银行的国有化。

第二，增资欧洲金融稳定基金（EFSF）。欧元区领导人峰会同意通过欧洲金融稳定基金，向陷入主权债务危机国家发行的新国债提供一定比例的担保（20%—30%），并向欧洲金融稳定基金增资。2011 年 10 月中旬，欧元区各成员国曾将欧洲金融稳定基金的资金规模从 4400 亿欧元（可贷资金约 2500 亿欧元）提高至 7800 亿欧元（可贷资金约 4400 亿欧元）。随着欧洲主权债务危机的深入发展，欧洲金融稳定基金救援资金捉襟见肘。2011 年 10 月 26 日，欧元区领导人达成初步协议，进一步采用金融杠杆把欧洲金融稳定基金资金规模增加至 10000 亿欧元。为进一步扩充资金实力，绕过欧元区各成员国的国会，欧洲金融稳定基金将设立一个或几个特殊目的工具（SPV），对民间资本、主权财富基金及 IMF 开放，特别是吸引非欧元区国家的资本。

第三，建立公共的银行债务担保方案。为恢复投资者对银行部门的信心，欧盟计划建立一个公共的银行债务担保方案，并要求70家欧盟的银行满足下述两个条件：一是应持有暂时性的资本储备，以缓解欧元区国债价格下跌（以市定价）对银行资产负债表的负面冲击。二是2012年6月底，银行的核心资本充足率提高9%。为满足这一资本金标准，欧洲银行业需增资1060亿欧元。

第四，签署"新财政公约"。欧元区主权债务危机使欧元区各国认识到，除单一货币外，需要建立一个稳定的财政联盟，以加强财政纪律，整合内部市场。2011年12月9日，包括欧元区国家在内的23个欧盟国家签署了实施更严格预算限制的"新财政公约"。"新财政公约"的基本内容包括：年度结构赤字不得超过名义GDP的0.5%，并将其写入各成员国的宪法，或者与宪法同层次的法律；欧盟委员会有权自动制裁赤字超过3%的国家；各成员国公共债务占GDP的比例，不得超过60%的限额；各成员国在制定财政预算时，必须接受欧盟委员会和欧洲理事会的监督。

第六章　美国经济调整与前景展望

导　言

全球金融危机以后，美国政府通过财政与货币双重手段，并采取了非常规的货币政策，使金融部门避免了多米诺骨牌式的崩塌。从这一点上看，可以说美国第一阶段的政策是成功的，实现了稳定金融市场和美国经济的目标，关于这一部分内容，我们已经在本书其他章节中进行了阐述。本章我们要介绍的是美国政府实现金融稳定后续采取的措施，并结合美国各部门调整的情况，来分析美国所出台的政策措施的效果。

第一节　美国政府刺激经济增长的主要措施

大体上，我们把美国政府刺激经济的措施划分为两个阶段：稳定阶段和增长阶段。稳定阶段出台的政策包括宽松的货币政策、量化宽松、经济刺激方案等，以稳定金融市场、保障美国经济为目标。而增长阶段则包括扭动操作（Operation Twist）、就业法案等，以提高经济增长、降低失业率为目标。两个阶段也存在难以清楚界定的内容，比如在美国的经济刺激计划就同时有稳定经济和促进增长的目标。

除了经济刺激计划中已经包括的内容以外，这里主要介绍美联储出台的扭动操作和奥巴马就业法案。

一　美联储扭动操作

除了常规的宽松货币政策之外，美联储还采取了非常规的货币政策。非常规的货币政策可以分为两个阶段：第一阶段为数量宽松阶段，2009 年 8 月以后，美联储资产负债表迅速膨胀，从危机前的 8695.6 亿美元增长到2008年底的22409.5亿美元（见图6—1）。此后，美联储数量宽松政策基本退出，资产负债表停止迅速增长的势头。第二阶段，扭动操作。2008年底以后，美联储资产负债表仍然保持增长势头，但没有出现迅速增长。这一阶段美联储主要对资产的期限结构进行调整。“扭动操作”于2011年9月底开始启动，美联储通过出售短期资产置换了4000亿美元的长期资产。

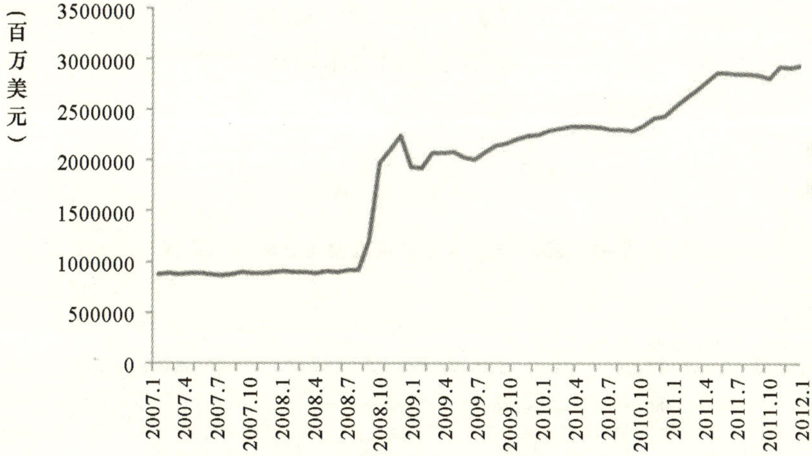

图6—1 2007—2012年美联储总资产变化

从期限结构上可以明显看出，期限在1—5年的资产呈下降趋势，而期限在5年以上的资产缓慢上升。其中1年期以内的资产曾经出现小幅度增长，主要是美联储与其他国家央行流动性互换导致的，央行进行的流动性互换期限均在1年以内，在2011年8月，只有5亿美元，而到2012年2月则达到了1091亿美元（见图6—2），这同时也是美联储资产扩张的主要原因。

在实际操作中，扭动操作主要是通过置换国债期限来实现的，2011年8月至2012年2月，美联储持有的1年期以内、1—5年期的国债分别减少了612亿美元、826亿美元，同期，持有的5年期以上国债增加1624亿美元。从图6—3可以看出，美联储的扭动操作是渐进、持续的，从2011年9月底启动以后，该操作一直在持续进行中。

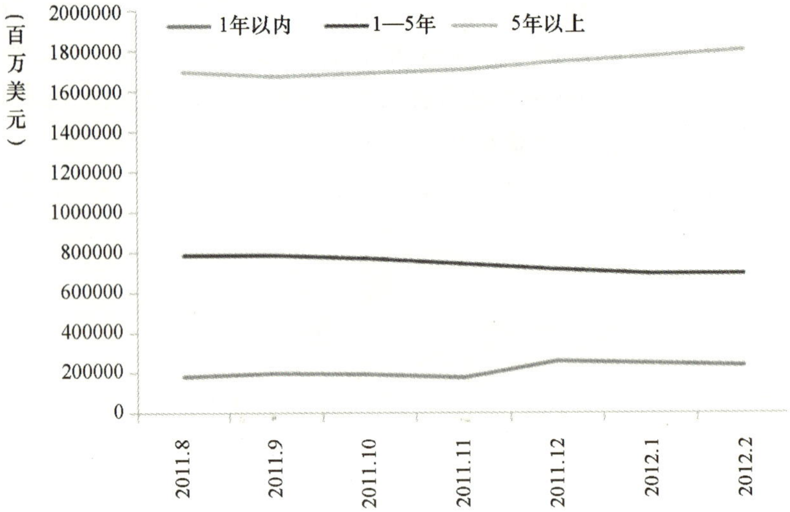

图 6—2　2011 年 8 月以来美联储资产的期限结构

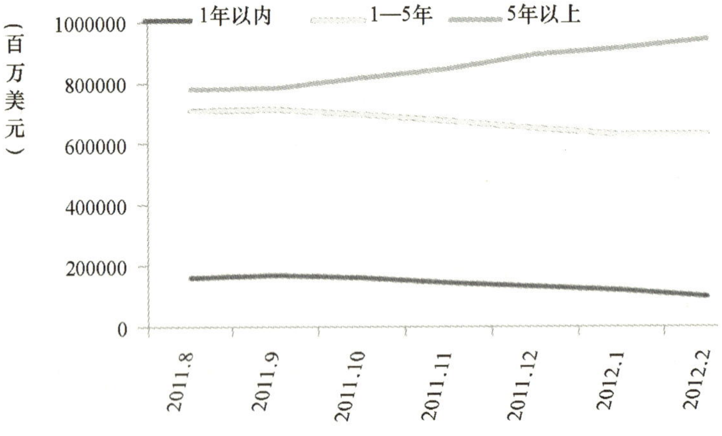

图 6—3　2011 年 8 月以来美联储持有国债的期限结构

在扭动操作实施的初期，确实压低了长期利率，尤其是在 2011 年 11 月，一度使 30 年期的国债收益率从 3.16% 下降到 2.06% 的水平，下降了 110 个基点（见图 6—4）。但在此之后，长期国债收益率持续回升，目前，已经上升到了扭动操作之前的水平。

而且从对实体经济的影响来看，扭动操作也几乎没有效果。真正对贷款利率影响最大的是传统的利率政策和数量宽松，在此之后，贷款利率几乎没有发生变化。而实体部门融资（以商业票据为主、贷款为辅）也没有明显从扭动操作中受益（见图 6—5）。

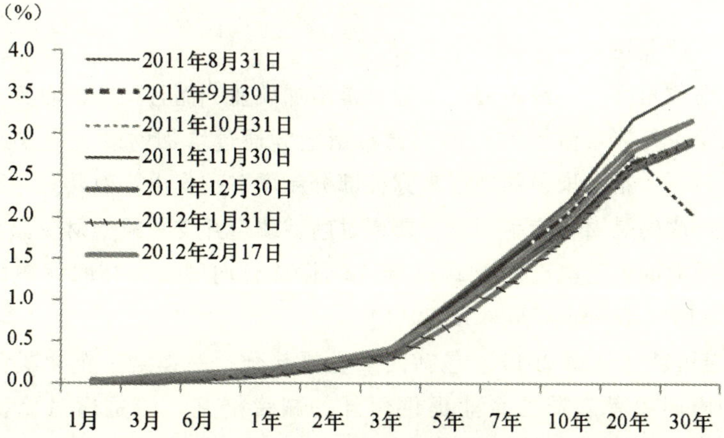

图 6—4　美国国债收益率曲线的移动

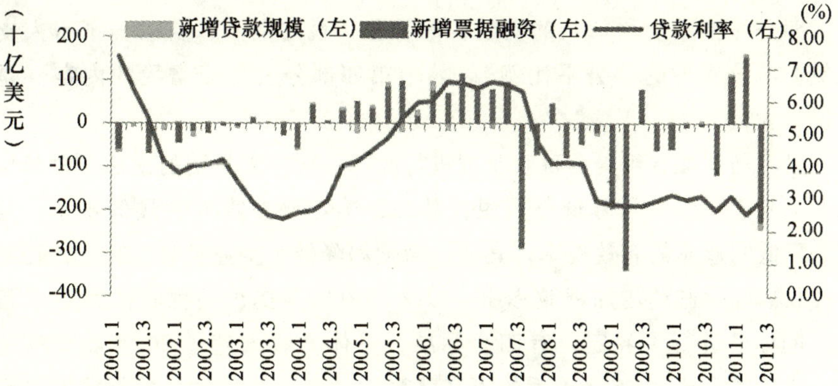

图 6—5　2001—2010 年美国公司融资的变化

数据来源：美国经济分析局。

扭动操作效果不明显的原因主要有两个方面：一是操作规模太小。扭动操作开始时，设定的目标是 4000 亿美元，到目前为止，期限置换的规模在 1600 亿美元左右，这对于巨大的国债市场而言无疑是杯水车薪。二是离市场的预期较远。在扭动操作出台之前，市场普遍预期 QE3 出台，而扭动操作本身是不产生新的货币增量的，自然与数量宽松的效果相差甚远。而且4000亿美元的规模相对很小，市场预期只能产生短期效果，而不可能持续影响金融市场，也是原因之一。

二 就业法案

从财政角度上，最重要的任务就是增加就业，而且在财政政策上美国国会的争论是非常激烈的：民主党希望继续通过增加财政支出来刺激经济，同时用对富人增税的办法来弥补部分新增财政支出。而共和党则认为首先要解决的是财政赤字问题，要通过削减政府开支来减少财政赤字。双方争议最大的就是奥巴马于2011年12月12日向国会提交的《美国就业法案2011》（*American Jobs Act* 2011）。

《美国就业法案2011》包括四个主要部分：一是给小企业减税，对于增加雇佣或者工资的企业提供额外的减税措施。二是通过修桥、修路、维修校舍等措施增加就业。三是改善失业工人、低收入工人的状况。如果企业雇佣失业时间超过6个月的工人，政府将给予延交税收的优惠（Tax Credit），对失业工人进行培训，以便于他们找到新的工作岗位。四是法案不会增加新的支出，修补公司税的漏洞，要求美国富人支付他们应该支付的“公平比例”。其中第四部分（关于增税的内容）是争议最大的。

奥巴马还准备对美国税收制度进行改革。按照盖特纳的说法，改革包括五个要素：其一，降低公司税；其二，确定海外收入的最低税率；其三，降低制造业的有效税率；其四，简化和降低小企业税收；其五，在减少税收的同时避免增加财政赤字。2012年奥巴马提出的税收法案对“富人”的标准进行了界定，有四个标准，总体上收入超过20万美元的个人，或总收入超过25万美元的家庭就算入“富人”之列。根据法案，到2013年，股息收入所需缴纳的税率，将从15%升到最高边际税率39.6%。

对于这一法案是否能够在国会获得通过，外界持不同的看法。总体上看，由于2012年是大选之年，所以法案要马上通过确有难度，奥巴马提出的就业法案很大程度上具有“宣誓”效应。

第二节　金融危机以来美国经济的调整

金融危机以来，美国的宏观经济、产业发展等各个方面都经历了一系列的调整，在这一节中，我们将对危机以来美国经济的调整进行分析，以便于把握危机以后美国经济调整的方向。

一　总需求的调整

2009 年美国出现了 3.5% 的负增长，此后便走出了负增长，在 2010 年和 2011 年两年中分别获得 3.0% 和 1.7% 的正增长。为了分析方便，我们把美国的总需求分成三个部分：一是内产内销，为“国内消费 + 国内投资 + 政府消费和投资 - 进口”；二是内产外销，即出口；三是外产内销，即进口。

总体上，当美国经济不好时，美国的内产内销、内产外销、外产内销都同时下降，反之，当经济状况改善的时候，这三个指标都同时改善①（见图 6—6)。这也可以看出美国与日本、中国等亚洲国家的经济增长模式完全不同，没有出现单靠哪一个项目来拉动经济增长的情况。因此，从分析总需求上，在短期内很难根据内外需的结构来判断美国内外需的未来趋势。

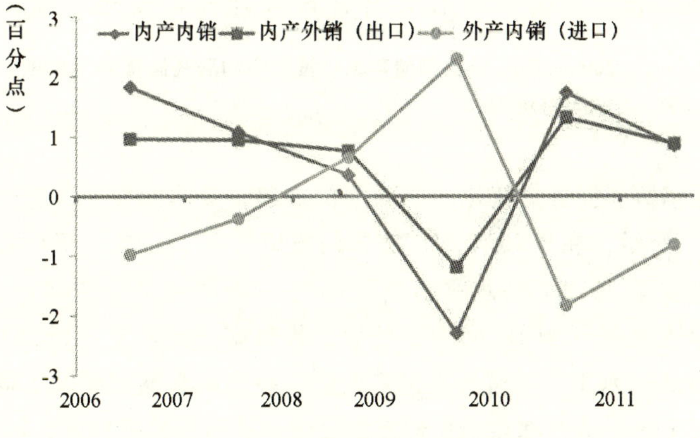

图 6—6　2006—2011 年美国内外需变化对美国 GDP 的贡献

数据来源：根据美国经济分析局数据计算。

① 当外产内销（进口）下降时，对 GDP 的贡献为正。

在总需求的调整中，还是可以看到一些结构性的变化。

一是主导产业。美国经济以服务业为主，但在2010年和2011年的经济增长中，传统产业的贡献一直比服务业大（见表6—1）。房地产仍然是拖累经济的因素，而传统制造业（如汽车、计算机、耐用品制造等）都有所恢复，根据美国经济分析局的分析，在2010年美国经济复苏时，耐用品制造起到了非常重要的作用。

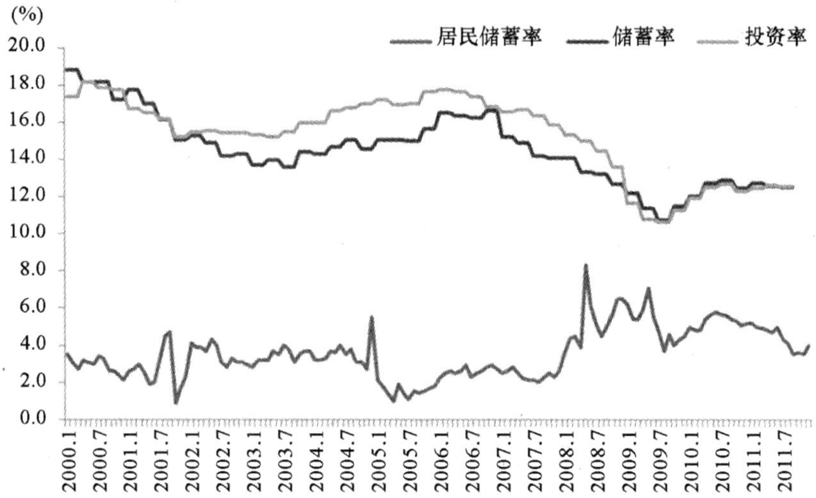

图6—7　2000—2011年美国储蓄率、投资率和居民储蓄率（单位:%）

数据来源：美国经济分析局。

二是储蓄和投资的变化。金融危机之前，美国的投资率就不断下滑。如图6—7所示，在2005年初，美国的投资率有17.2%，而到危机之前，已经下降到了15.3%的水平，危机则进一步加剧了投资率的下滑，到2009年9月触底（为10.6%），此后，投资率开始恢复，到2011年9月达到12.6%的水平。而且，在危机以后，投资率和储蓄率几乎同步运动，改变了近十年中消费率高于投资率的局面。从最表面来解读，可以说是美国的净进口正在收窄，当然，具体的原因还需要从居民的消费以及国内产业发展来进行分析。

表 6—1　　2006—2011 年美国国内生产总值主要项目的贡献　　单位：%

	2006	2007	2008	2009	2010	2011
商品	1.67	0.97	0.31	-1.56	3.01	1.24
服务	1.35	1.61	1.32	-0.34	0.72	0.62
新建筑（房地产）	-0.24	-0.55	-0.52	-1.59	-0.69	-0.14
汽车生产	-0.03	-0.03	-0.50	-0.55	0.49	0.27
计算机销售	0.15	0.13	0.12	0.01	0.10	0.17

数据来源：美国经济分析局。

在此期间，居民的个人储蓄率与宏观储蓄率的变化趋势几乎一致，危机初期，居民储蓄率迅速提高，从 2007 年底的 2.6% 提高到 2009 年 5 月的 7.1%，但是此后储蓄率并没有继续上升，而是保持在 4%—5% 的水平。居民储蓄率的提高似乎遇到了多重阻力，2009 年底以来一直在徘徊。这主要有三个方面的原因：一是在金融危机以后，居民实际可支配收入几乎没有什么变化（见图 6—8），居民要想进一步提高储蓄的话比较困难。二是失业率居高不下，即使居民想增加储蓄也无法办到。三是居民的生活习惯一旦形成很难改变，尤其是在低利率的环境下，要想提高居民的储蓄率确有困难。

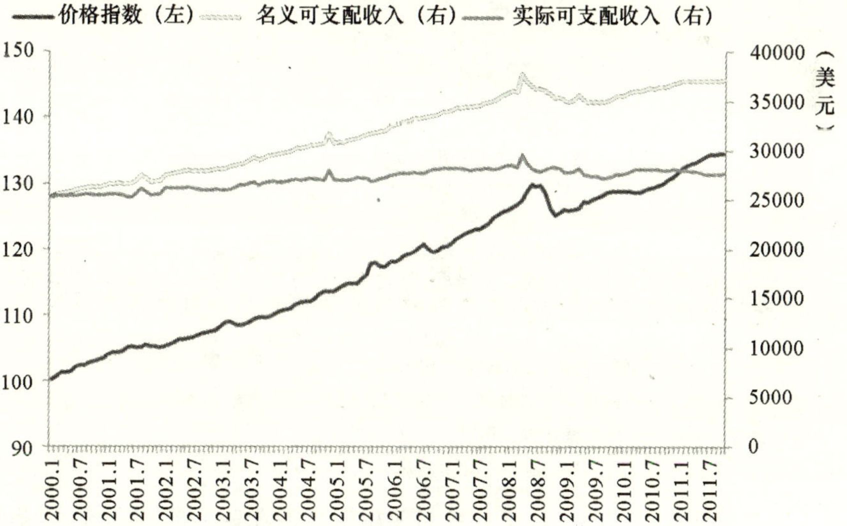

图 6—8　2000—2011 年美国人均居民可支配收入情况

数据来源：美国经济分析局。

二　杠杆与金融部门的发展

在这次金融危机之中，高杠杆率被认为是祸因之一，危机之后，对金融业的监管也非常强调对杠杆的监管。危机之后，各金融机构也都经过了“去杠杆”的过程。观察美国不同部门的杠杆率，是判断美国金融市场和各经济部门调整的重要工具，而且从杠杆的变化，可以看到美国的金融市场是否已经调整到位。

首先看美联储的杠杆变化。美联储的杠杆并没有严格的定义，我们使用“总资产/总资本”这一指标来衡量美联储的杠杆率。在美联储实施金融救助的初期，美联储的杠杆率迅速上升，在第一轮的数量宽松后，美联储也增加了资本金，因此使杠杆有所下降，但最终还是保持了比较高的水平，在危机之前，美联储的杠杆率只有22.7%，而到2011年底已经达到了54.3%，翻了一倍还不止（见图6—9）。

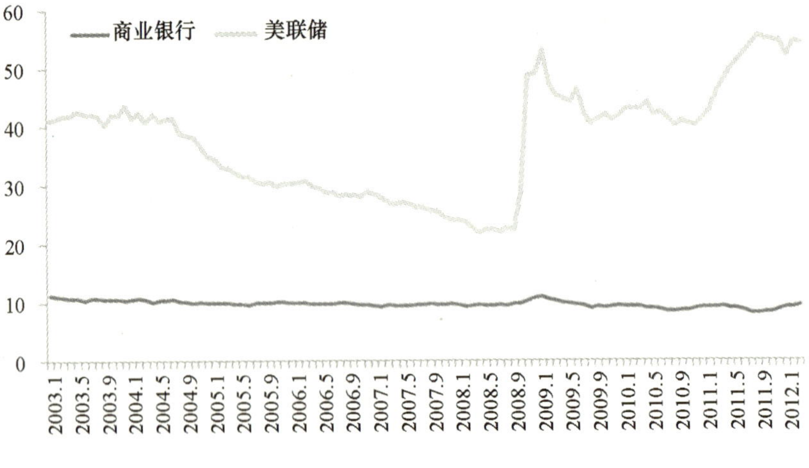

图6—9　美联储与商业银行的“杠杆”率

注：为了计算方便，这里的“杠杆率”为期末资产与账面资本的比率。

数据来源：根据美联储数据计算。

其次看商业银行的杠杆率。我们使用所有商业银行的“总资产/账面资本”来衡量商业银行系统的杠杆率。从图6—9可以看出，在危机期间商业银行的杠杆率几乎没有什么变化，而且商业银行本身杠杆率就不高，所以受到的影响还是很有限的。

再次看实体部门的杠杆率。由于缺乏相应的统计资料，我们无法对实体部门的总体杠杆率进行分析，只能根据实体部门中的“系统重要性”企业的财务杠杆率来进行判断（见表6—2），实体部门中不同的行业表现也各不相同，服务业、新兴产业、电脑行业、能源行业、大型设备制度业（如通用电气）在危机中的杠杆率变化并不大。但是也有变化比较大的，如福特汽车曾经一度面临破产清算的局面，但是我们认为，美国汽车行业的情况并不能完全归因于经济危机，在危机之前，福特汽车的杠杆率就大幅度上升，2003—2006年杠杆率曾经翻番达到71.37%，所以福特汽车的情况应当归因于美国汽车产业的变化，而不能简单归因于金融危机。

相反，波音的情况是应当归因到金融危机中的。波音受航空业的影响，而航空业是典型的顺周期产业，所以受到危机的冲击自然比较大，2008—2009年，波音公司的杠杆率几乎翻了10倍，从14.63%上升到了138.89%。

表6—2　　2003—2011年部分美国公司财务杠杆率

	投资银行		商业银行	能源	大型制造业			电脑行业		服务业		新兴产业
	摩根	高盛	美国银行	雪佛龙	波音	GE	福特汽车	苹果	惠普	沃尔玛	AT&T	谷歌
2003	24.22	18.69	14.23	2.34	6.65	8.56	35.15	1.58	1.97	2.40	2.73	1.72
2004	25.44	20.02	12.49	2.14	5.62	7.36	24.46	1.60	2.00	2.42	2.67	1.20
2005	28.68	24.12	11.94	2.03	5.20	6.47	21.99	1.56	2.05	2.52	2.69	1.10
2006	31.83	26.21	11.77	1.96	7.08	6.20	71.37	1.65	2.11	2.52	2.45	1.09
2007	33.63	27.05	11.55	1.93	8.06	6.57	-434.5	1.72	2.23	2.50	2.37	1.10
2008	27.56	22.88	12.54	1.89	14.63	7.24	-41.98	1.66	2.61	2.52	2.55	1.12
2009	20.80	15.53	12.14	1.82	138.89	7.12	-17.75	1.55	2.87	2.46	2.70	1.12
2010	18.64	13.12	11.07	1.77	26.69	6.48	-42.48	1.54	2.96	2.53	2.52	1.20
2011	—	—	10.38	1.74	23.65	6.22	24.04	1.54	3.21	2.67	2.49	1.25

数据来源：Bloomberg.

所以，我们认为美国大部分制造业仍然保持较好的状况，部门竞争力下滑的产业（如汽车），还有一些受冲击的顺周期产业（如飞机制造）杠杆有所恶化，但大部分产业并没有受到拖累。

最后看金融部门的杠杆率。金融部门可以分为两个部分：商业银行和投资银行。上面已经分析了商业银行的杠杆变化，在危机前后商业银行的杠杆率变化不大。从美国银行的情况也可以看出，在2007—2010年其杠杆率始终在11%—13%，虽然在波动中下降，但总体上杠杆率仍然比较低。而投资银行的杠杆率在危机中则迅速下降，在2007年末，高盛和摩根的杠杆率分别为27.05%和33.63%，而到2010年，已经分别下降到了13.12%和18.64%，杠杆率已经有大幅度的下降。尤其是高盛，已经接近商业银行的杠杆水平了。

从金融部门的变化可以看出两点：一是美国金融部门“去杠杆”是非常迅速的，这和日本不同。日本房地产出问题时，由于没有证券化过程，风险资产主要积存在商业银行，而商业银行要对资产负债表进行调整、去杠杆是比较缓慢的。而资产证券化将美国房地产的风险完全转移到了投资银行手中（投资银行再转嫁到普通投资者），证券化的资产（为金融资产）流动性要远高于商业贷款，所以投资银行要去杠杆时也更为迅速。二是美国的金融部门已经恢复了元气。如图6—10所示，从美国企业的利润也可以看出来，在危机之前美国的非金融企业利润曾经一度高出金融企业，在危机中更是如此，2008年金融企业录得2309亿美元的利润，而非金融企业则录得4128亿美元的利润。但在2009年和2010年，金融企业的利润都超过非金融企业。

可以说，去杠杆过程的完成使金融部门恢复了“元气”，但离体质恢复还有一定的距离，根据芝加哥联储发布的“全国金融状况指数”，该指标在2009年9月初之后一直为负值（见图6—11），而且近期有进一步下降的趋势，表明金融市场状况要比经济总体状况差。

总体上，金融危机影响的是金融部门，而实体部门受到的影响相对小一些。在危机之后，由于美联储出台的多种措施，金融部门去杠杆化进展得非常顺利，通过美联储的高杠杆减少了金融部门（主要是投资银行）去杠杆过程中的痛苦。到目前，美国金融部门去杠杆已经接近完成，高杠杆已经由金融企业的资产负债表转移到了美联储的资产负债表。

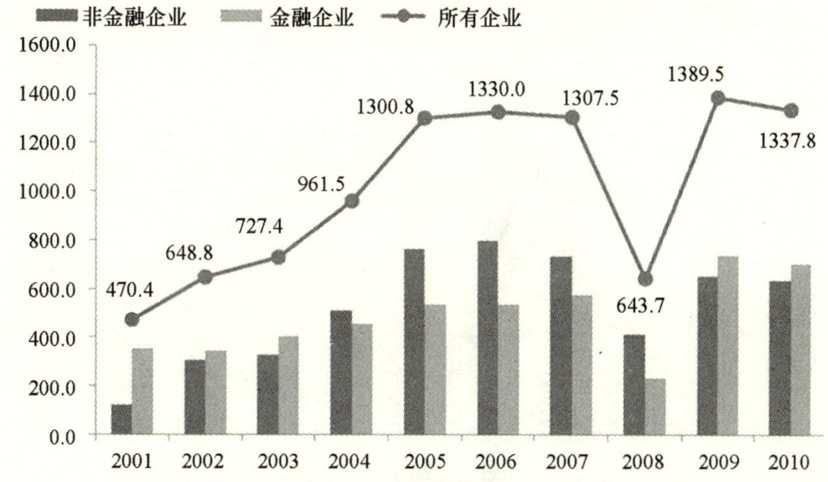

图 6—10　2001—2010 年美国企业利润（单位：10 亿美元）

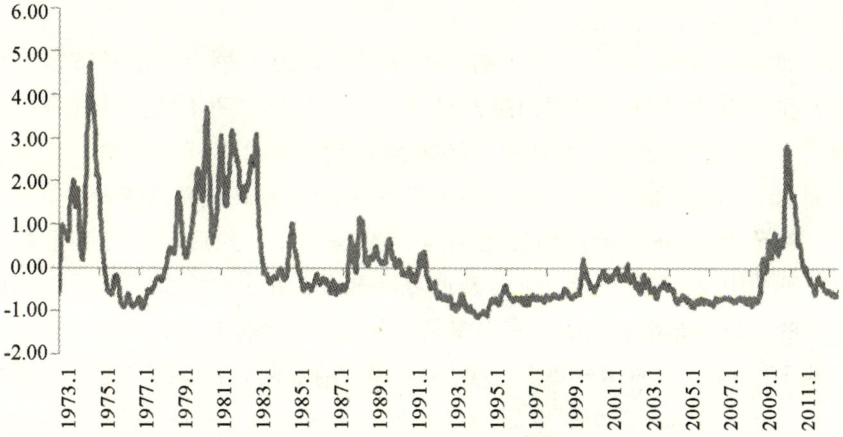

图 6—11　全国金融状况指数

数据来源：芝加哥联储。

三　主要产业的调整情况

从产业利用率来看，美国制造业已经走出了危机以后的低谷，但还没有达到危机之前的水平（见图 6—12）。在这一部分中，我们将对美国几个主要产业的发展情况进行分析，包括房地产行业、不同产业雇佣情况以及美国危机前后生产率变化的情况。

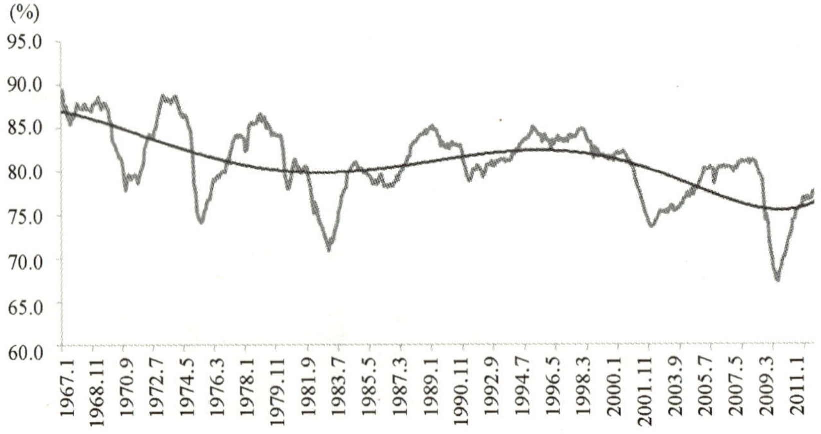

图 6—12　美国所有产业的产能利用率

数据来源：圣路易斯联储。

（一）房地产行业

如图 6—13 所示，危机以后，美国房价出现了较大幅度的下滑，但是，在 2006 年以前，美国的房价经过了连续几十年的不断上涨，所以美国的房地产泡沫还远没有消失。2006 年以后，房价即开始下滑，一直持续到 2011 年，但是，2011 年的房价仍然与 2004 年的房价水平持平。

有房率在 2004 年达到历史高点，为 69.0%，此后，有房率不断下降，到 2010 年下降到 66.9%。从此可以看出，受房价上涨或危机影响而断供的住户是非常有限的，有房率只下降了 2.1 个百分点，只占所有有房户的 3% ［注：（69.0—66.9）/69.0 × 100%］。同时，从房屋空置率也可以看出来，危机之前房屋空置率已经出现上涨，在 2004—2007 年，房屋空置率从 1.7% 上升到了 2.7%，到危机之后的 2010 年，空置率也只有 2.6%，也就是说，在危机之中空置率几乎不变，比危机之前也只上升了 0.9 个百分点。

另外一个衡量房地产市场的指标是按揭购房能力指数。该指数以 20% 首付、80% 按揭为准，衡量一个美国中等收入家庭按揭支付一套中等房价的能力。在危机之前，按揭购房能力指数是不断下降的，到 2005 年达到最低点，为 108.3%，此后一路上升，危机之中由于房价下降，该指数反而迅速上升，到 2011 年达到 194.9%。也就是说，在 2011 年，中等收入家庭的收入足够支出中等价格房屋按揭的 1.95 倍。

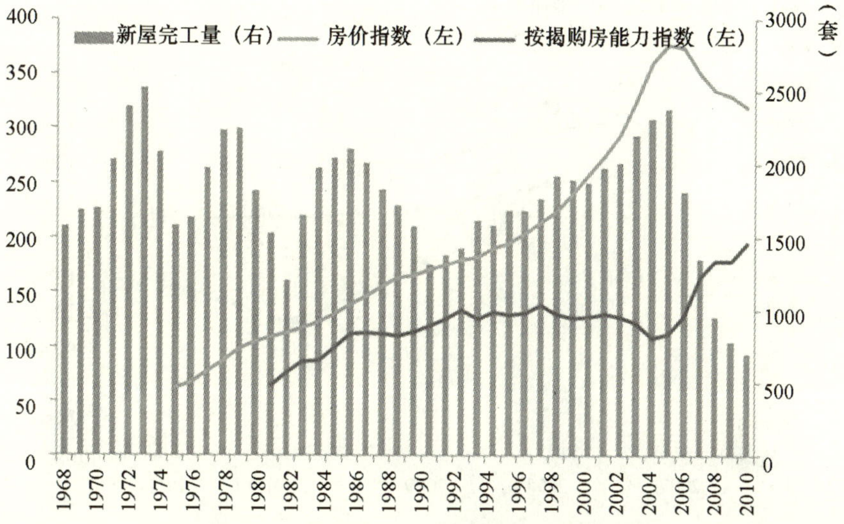

图 6—13　1968—2011 年美国房地产走势

数据来源：美国不动产协会。

据此判断，美国的房地产市场恢复的可能性是非常小的。有房率已经很高。2010 年有房率达到了 66.9%，也就是说，有 2/3 的美国人已经有住房。正因为如此才会出现购房能力大幅度上升的情况下，房屋销售却无法恢复的情况。

（二）不同行业的就业状况

总体上，美国的失业率仍然保持高位运行，到 2012 年 1 月失业率仍然在 8.8% 的水平。但是，对于美国失业率的成因却与直观的判断完全不同。从失业率上看，房地产相关的行业（如林业、建筑、安装等）是失业率最高的行业，但是从失业人口来看则完全不同。根据分行业的数据，金融危机后，美国的房地产相关行业及其他产业就业人数均出现较大幅度的下滑（见图 6—14），但是相对而言，美国的房地产、非房地产行业中的非服务业中就业人数下滑并不是特别严重，造成失业人口大量增加的主要原因是除房地产以外的服务业。也就是说，房地产泡沫破灭后带来了顺周期行业（服务业）就业人员的大量减少。

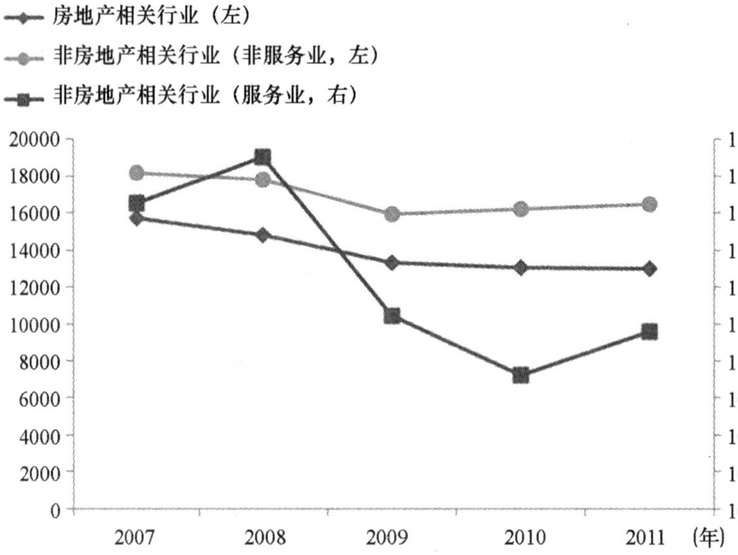

图 6—14　2007—2011 年美国不同行业就业人口（千人）

数据来源：美国劳工统计局。

相对而言，美国的制造业就业情况相对要好一些，在危机之后，下滑的幅度并不是很大，而且在 2010 年中，耐用品制造业是导致经济复苏的主要原因。根据美国经济分析局的分析，在 2010 年中，耐用品制造业增加值增长了 17.0%，而非耐用品则增长了 5.1%，两者合计，导致 2010 年制造业增加值增长了 11.2%。

（三）不同行业劳动生产率变化

一般情况下，危机时期企业会通过减少雇佣、提高生产率来降低成本。但是，从图 6—15、图 6—16、图 6—17 可以看出，非常值得担忧的是，美国的产业生产率在 2004 年以来出现较快下降。根据美国劳工统计局的分析，在 2004 年，美国 86 个产业中，有 73 个产业的生产率是上升的，但是到 2009 年，则只有 12 个产业的生产率是上升的。

从生产率的变化来看，美国的制造业正处于长周期调整之中，这一调整过程从 2004 年就已经开始了，从 2004 年开始美国多要素生产率上升的产业数量不断下降，而金融危机只是加剧了这一过程，导致了 2009 年生产率上升的产业数量直接从 2008 年的 36 个下降到了 12 个。在正常情况下，经过长周期的调整之后，不同行业的生产率应该上升，或者说新的主导产业的生产率会上升，从中可以判断出美国什么产业将会兴起。

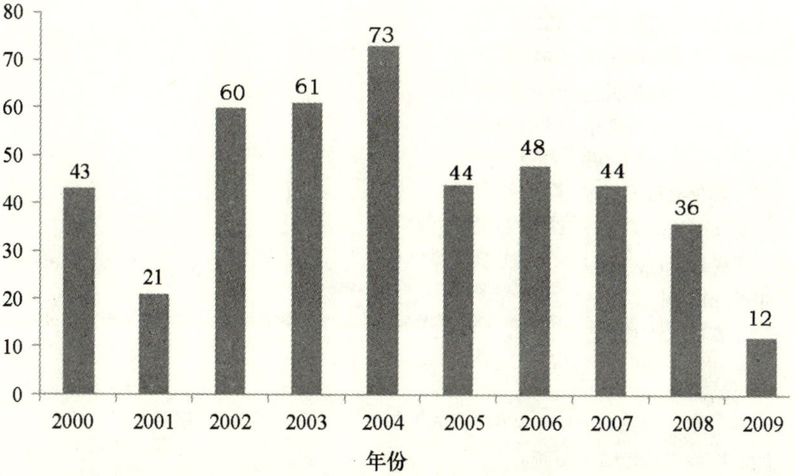

图 6—15　制造业中多要素生产率上升的产业数量

数据来源：美国劳工统计局。

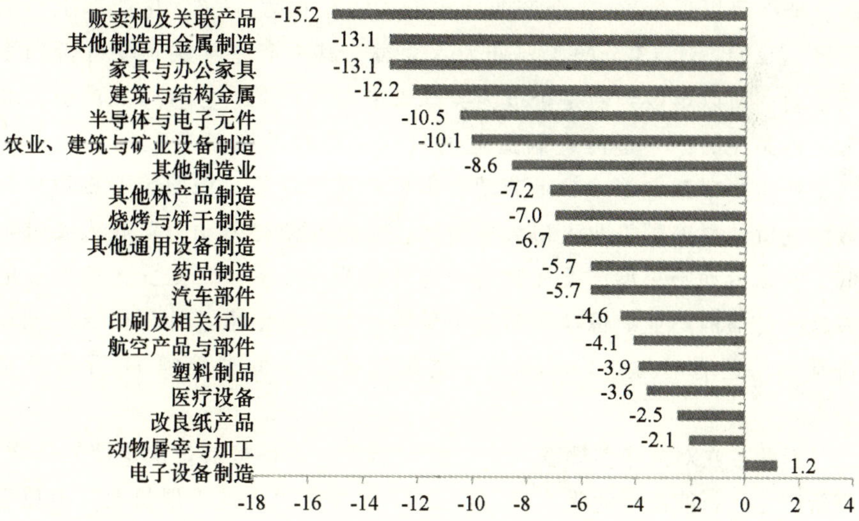

图 6—16　2008—2009 年美国雇佣数量最多的产业的生产率变化

数据来源：美国劳工统计局。

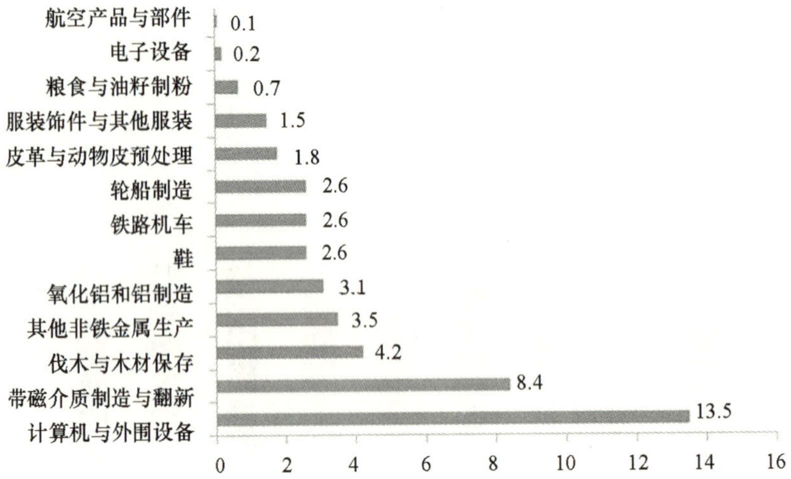

图 6—17　2007—2009 年美国部分产业生产率变化

数据来源：美国劳工统计局。

2007—2009 年，美国有 13 个产业的生产率是上升的，其中有 11 个产业劳动生产率增长超过 0.5%，如果这代表美国未来制造业的发展方向，那么可以根据这 13 个产业看出端倪。根据表 6—3，生产率上升的原因，我们把这 13 个产业划分为六大类，其中有些类别是受外部因素的带动，所以难以判断是否成为美国未来主导产业，但有几类产业是非常值得关注的：一是传统制造业的复兴，像粮食与油籽制粉、轮船制造、铁路机车制造等。二是劳动密集型产业的发展，像服装、皮革、鞋等。危机使得美国失业人口大量增加，也可能使得劳动力对收入要求降低，所以劳动密集型产业面临的外部环境要好很多。三是受大型企业的兴起而受益的产业。像苹果带动了美国的计算机销售、计算机与外围设备制造，还有谷歌、Facebook 一类新型公司，也对美国 IT 行业带动很大。

因此，在对未来美国新兴产业的判断上，一种可能是像预期的一样，高新产业、新能源行业为主导，至少 IT 行业有很大的发展机会。但更有可能的是，美国的传统产业以及非技术密集型产业迅速发展。

表6—3 对劳动生产率上升较快的行业的特点分析

行业	特点
粮食与油籽制粉、轮船制造、铁路机车	美国的传统优势产业
服装饰件与其他服装、皮革与动物皮预处理、鞋	劳动密集型产业的兴起
其他非铁金属生产、带磁介质制造与翻新	中国对稀土产业的限制
氧化铝和铝制造	受到其他产业的带动，如计算机、电子设备、航空、太阳能产业的带动
伐木与木材保存	因房地产不景气导致的库存增加
计算机与外围设备	苹果公司所起的作用

四 国际收支的调整

国际收支中关于经常账户的情况在前面已经有介绍，这里主要介绍金融账户和资本账户的情况。分析危机以来美国国际收支的调整主要是为了观察外国投资者在美国的资产配置，以及美国在海外投资时的资产配置，看危机以来是否发生了变化。

在危机期间，美国在外国的投资头寸和外国在美国的投资头寸变化趋势是一样的，都经过了一个先降后升的过程。然而，对于资本流入与流出却没有特别明显的趋势性，2008年出现大规模净流入，2009年净流出，2010年又出现小规模的净流入（见表6—4）。尽管如此，外国投资者在美国的资产配置以及美国在海外的资产却出现了比较明显的变化趋势。

表6—4 2005—2010年美国国际投资头寸的变化 单位：十亿美元

	2005	2006	2007	2008	2009	2010
美国国际投资净头寸	-1932	-2192	-1796	-3260	-2396	-2471
净头寸变化	321	-260	396	-1464	864	-75
美国在外国的投资头寸	11962	14428	18400	19465	18487	20315
外国在美国的投资头寸	13894	16620	20196	22725	20883	22786

数据来源：美国经济分析局。

首先看外国投资者在美国的资产配置。从表6—5、表6—6可以看出，外国投资者在美国的投资头寸在金融危机时达到峰值，但是在2009年迅速减少了近1.8万亿美元，不过到2010年已经恢复到了危机前的水平。但是很明显的是，金融危机以后外国投资者对自身的资产池进行了重新配置，衍生品的头寸被削减，而且没有得到恢复。外国政府将更多的投资配置在国债上，而私人部门也在直接投资、国债和证券市场配置更多的资产。

表6—5　　2005—2010年外国在美国投资头寸及其构成　　单位：十亿美元

		2005	2006	2007	2008	2009	2010
合计		13894	16620	20196	22725	20883	22786
衍生品		1132	1179	2488	5968	3366	3542
外国政府	国债	1341	1558	1737	2401	2880	3321
	其他资产	973	1275	1675	1543	1523	1543
私人部门	直接投资	1906	2154	2346	2397	2442	2659
	国债	644	568	640	852	792	1065
	公司债	2243	2825	3289	2771	2826	2868
	股票	2110	2547	2901	1850	2494	2992
	美元	280	283	272	301	314	342
	其他	3265	4231	4848	4642	4248	4455

数据来源：根据美国经济分析局数据计算。

表6—6　　2006—2010年外国在美国投资头寸的变化及其构成　　单位：十亿美元，%

		2006	2007	2008	2009	2010
总头寸的变化		2726	3576	2529	-1842	1903
衍生品		1.7	36.6	137.6	141.3	9.2
外国政府	国债	8.0	5.0	26.3	-26.0	23.2
	其他资产	11.1	11.2	—5.2	1.1	1.1
私人部门	直接投资	9.1	5.4	2.0	-2.4	11.4
	国债	-2.8	2.0	8.4	3.3	14.3
	公司债	21.3	13.0	-20.5	-3.0	2.2
	股票	16.0	9.9	-41.6	-35.0	26.2
	美元	0.1	-0.3	1.1	-0.7	1.5
	其他	35.4	17.3	-8.1	21.4	10.9

数据来源：根据美国经济分析局数据计算。

其次是美国在海外的资产配置。在危机期间，美国私人部门从海外撤资以支援国内，导致美国在海外投资头寸减少，2008 年共减少了 30500 亿美元（见表 6—7），而在此之后，美国对外投资头寸不断增长，2009 年和 2010 年分别增加了 20810 亿美元和 15990 亿美元，虽然增量不如危机之前，但危机以后，私人部门海外资产也出现恢复性增长，而且主要配置在证券市场、直接投资等领域。

表 6—7　　2006—2010 年美国在外投资头寸的变化及其构成　单位：十亿美元，%

	2006	2007	2008	2009	2010
总头寸的变化	2391	2572	-3050	2081	1599
其中：直接投资（现价）	12.4	23.5	-6.4	15.3	22.6
债券	11.0	12.1	11.5	16.0	10.4
股票	42.3	35.7	82.0	59.9	30.7
其他资产（非金融部门）	6.9	1.9	9.9	-3.3	0.8
其他资产（金融部门）	27.3	26.7	3.0	12.1	35.5

数据来源：根据美国经济分析局数据计算。

可以看出，外国投资者在美国的风险偏好和美国投资者在海外的风险偏好有所不同，危机以后，外国投资者的风险偏好减弱，所以将在美国的资产往固定收益产品方向配置，而美国投资者在海外的风险偏好增强，主要配置在金融部门资产和证券市场，美国在海外直接投资的上升则是美国企业寻找新兴需求的表现。

第三节　美国经济前景展望

根据本章的分析，我们对美国的经济前景进行一个比较简要的分析。在这一部分中，我们首先对美国经济可能出现的几大趋势进行判断，然后分析在此趋势下，美国主要的经济指标将来可能的走势。

（一）储蓄和投资的调整已经到位

危机之后，美国的储蓄率和投资率有所上升，但未来继续上升的空间非常有限。受居民消费能力的限制，美国的贸易可能会更加平衡。

（二）去杠杆化的过程已经接近完成

实体经济在危机前杠杆率就不是很高（汽车产业除外），危机中受影响最大的是投资银行和顺周期的服务业，目前这两个部门的去杠杆化过程已经接近完成，美联储已经成为直接的“最后的借款人”，是目前美国各种机构中杠杆率最高的机构。

（三）传统制造业和劳动密集型产业是未来经济增长的源泉

我们认为，重点是传统制造业，包括耐用品制造、机械制造、计算机及周边设备的制造等，以及劳动力密集型产业。而以前预期的高新技术产业、新能源、IT 产业只能在美国未来经济增长中起到辅助的作用。

（四）海外机构与个人将更多资源配置在固定收益产品上

资源的重新配置正在启动，海外投资者在将更多的资源由金融部门向实体部门配置，金融部门中，又从非固定收益产品向固定收益产品配置。这一方面是由于危机时风险偏好减弱，另一方面则是因为美国的风险资产价格调整还远没有到位，由于宽松的货币政策和数量宽松，金融资产价格泡沫并没有完全挤破。

（五）财政状况难以大幅度改观

在本章中，并没有对财政状况进行更多的论述，因为《美国就业法案 2011》仍然前途未卜，所以美国未来的财政状况还存在许多不确定的因素，它取决于多个方面，包括美国是否采取休养生息的战略、增税方案是否通过、政府削减开支的力度等多个因素都会对财政状况产生影响。但不管是这些因素如何影响，美国的财政状况要进一步恶化的可能性比较小，但短期内得到改善的可能性也非常小，保持现有的赤字与国债规模缓慢增长，是最有可能的（短期内）。

基于以上五点判断，我们认为，在短期内（3—5 年）美国可能出现低速增长（平均 2.5% 左右）、较高失业（6%—7%）、贸易较为平衡三者并存的局面。

第七章　日本—美国金融危机比较研究

——原因、救治措施、效果、前景及对中国的影响

第一节　日本的金融危机与对策

一　货币政策过于宽松导致资产泡沫急剧膨胀（1985—1989年）

通常认为，1985年9月的广场会议是日本泡沫经济的起点。广场会议的目的是通过国际协调促使美元贬值，从而使美国得以减少贸易逆差。事实上，在广场会议召开之际，美元已经开始贬值。广场会议的结果是使美元贬值变得一发不可收拾。美元贬值固然有助于美国减少贸易逆差，但过度贬值却会使美国的通货膨胀形势重新恶化。因而，广场会议之后，西方各国都希望看到美元稳定。

1987年2月，西方七国首脑召开了旨在稳定美元的卢浮宫会议。由于担心影响国内经济增长，美国不愿通过提高国内利息率的办法来稳定美元，于是便对日本和德国施加压力，要求两国降低利息率。1987年3月，遵照卢浮宫协议，日本银行把官定贴现率降到2.5%的战后最低水平。对于日本来说，由于1986年的经济增长率只有2.6%，为了刺激内需，似乎确实也有降低利息率的必要。但事实是，为了抵消日元升值对日本经济增长的不利影响，日本银行在1986年已经四次降息，官定贴现率已由1983年以来的5%降到了3%。日本银行后来发现，日本经济在1986年11月就已到达谷底，[①] 1987年的降息是没有必要的。在1987年到1989年，日本货币供应量（M2＋CD）的年增长速度分别高达10.8%、10.2%

---

① C. Wood, *The Japanese Bubble Economy*, Charles E. Tuttle Company Tokyo, 1993, p. 12.

和 12% 。[①]

日本主流经济学家认为，日本银行在卢浮宫会议后把官定贴现率降低到 2.5% 并将其保持了两年零三个月是造成日本泡沫经济的最主要原因。

扩张性货币政策产生的大量过剩资金流入股票和房地产部门导致了股票价格和房地产价格的暴涨。日本银行业的股票市值占日本股票市值的 1/4，[②] 股票价格的暴涨大大增加了日本商业银行的资本金，从而使商业银行得以进一步增加贷款能力。房地产是银行贷款的最重要抵押品，房地产的增值使银行得以创造更多的信贷。由泡沫所催生的信贷资金又回到了股票市场和房地产市场。信贷创造泡沫，泡沫催生信贷，信贷进一步创造泡沫。如此循环往复，泡沫终于膨胀到惊人的地步。

1989 年底对日本不动产价值的官方估计是 20000 万亿日元。虽然日本的国土面积仅是美国的 1/25，但日本不动产的价值却 4 倍于美国。在 1990 年初，按当时的土地价格，用东京可以买下整个美国，用日本皇宫一带的土地可以买下整个加拿大。[③]

在泡沫经济期间，由于商品价格没有上涨，在相当长时期中日本政府对泡沫经济的发展基本上是听之任之。只注意抑制商品价格的上涨，不注意抑制资产价格的上涨是日本货币当局在 20 世纪 80 年代末的一个重大政策失误。

二　紧缩货币以抑制泡沫经济（1989 年第二季度—1991 年第三季度）

资产泡沫的不断膨胀终于引起日本货币当局的担心。1989 年 5 月 31 日，在维持了两年多的 2.5% 的低利率之后，日本银行改变货币政策方向，把官定贴现率提高到 3.25% 。这也是日本政府自 1980 年 3 月[④]以来第一次提高官定贴现率。1989 年底，强烈主张抑制泡沫经济的三重野康出任日本银行总裁。他上任伊始便把官定贴现率从 3.75% 提高到 4.25% 。日本的超低利率宽松货币时代宣告结束。

三重野康本希望日本的股价和房地产价格有秩序地回落，但日本的经

---

① IMF, *World Economic Outlook*, October, 1994.

② C. Wood, *The Japanese Bubble Economy*, Charles E. Tuttle Company Tokyo, 1993, p. 10. 这里是指银行自身发行的股票（bank shares）。在日本，银行持股（作为资产）是受到限制的。

③ C. Wood, *The Japanese Bubble Economy*, Charles E. Tuttle Company Tokyo, 1993, p. 50.

④ 1980 年 3 月日本银行将官定贴现率由 7.25% 提高到 9% 。

济泡沫却突然开始崩溃，日经指数开始由 1989 年底的 38915 点历史高峰急剧下挫。1990 年 4 月 2 日日经指数一度跌至 28002 点。

从 1989 年 5 月底到 1990 年 8 月底日本银行一共五次提高官定贴现率，使之达到 6%。1990 年 4 月大藏省要求银行对房地产公司贷款的增长速度不得超过其贷款总额的增长速度。1990 年 9 月日本银行又通过所谓的“窗口指导”[①]，要求所有都市银行把 1990 年第四季度的新增贷款数额减少 30%（同上一年同期相比）。随着官定贴现率的上升，短期利息率和政府债券收益率也节节上升。1991 年第二季度隔夜拆借利率也超过了 8%。1990 年日本货币供应量的增长速度跌到 7.4%，1991 年更是猛跌到 2.3%。由于银行贷款的增长速度极低，1991 年对不动产业的新增贷款实际上为零。[②] 由于极度的信贷紧缩（credit crunch），加之泡沫经济崩溃所产生的逆财富效应，日本的经济增长率由 1990 年的 5.1% 下降到 1991 年的 4%，在其后的数年中更是急剧下滑。

三　放松货币以恢复景气（1991 年第三季度—1993 年第四季度）

面对泡沫破裂的严重局面，日本金融当局的最初反应是麻木、瘫痪和不知如何是好，基本没有采取什么措施，希望局面会自己好转起来。1991 年 7 月 1 日，日本银行把官定贴现率由 6% 下调到 5.5%。这标志着日本货币政策由紧到松的重大方向性转变。不久之后，日本银行又把官定贴现率下调到 5% 和 4.5%。1992 年底日本的官定贴现率进一步降到 3.25%，1993 年 2 月官定贴现率回到泡沫经济时期的 2.5% 的水平。

值得注意的是，尽管自 1991 年 7 月以来，日本银行一再降息，日本金融机构的贷款量却继续下降，货币供应的增长率在 1992 年度创造了 -0.2% 的历史最低纪录。[③]

四　短暂的复苏（1993 年第四季度—1995 年初）

在经过了两年半的衰退之后，1993 年第四季度日本经济开始出现复

---

① “窗口指导”曾是日本政府的最重要货币政策工具。通过窗口指导，日本银行可“劝说”银行在提供信贷时不要超过一定的限额。1991 年 7 月日本银行宣布放弃窗口指导。

② R, Tachi, *The Comtenporary Japanese Economy*, University of Tokyo Press, 1993, p. 198.

③ C. Wood, *The Japanese Bubble Economy*, Charles E. Tuttle Company Tokyo, 1993, p. 179; IMF, *World Economic Outlook*, October, 1994.

苏的迹象。1994 年第三季度厂房和设备投资在三年负增长之后第一次正增长。经济复苏主要是公共投资和住宅建筑增长的结果。由于经济复苏的势头疲软，在 1993 年 7 月到 1995 年 4 月这一段时间内日本银行维持了 1.75% 的官定贴现率。[①] 此外，1994 年日本政府出台了 15.3 万亿日元的财政刺激计划。

五　不良债权问题的恶化（1995 年初—1997 年 5 月）[②]

由于日本金融机构已经出现问题，为了满足资本充足率要求，核销不良债权，日本金融机构大量调回海外资金，1993—1995 年日元再度急速升值。由于日元升值的影响，[③] 从 1995 年第二季度开始，日本经济的复苏过程陷于停顿。[④] 为了应付日元升值对经济增长的消极影响，日本银行在 1995 年 4 月将维持了近两年的官定贴现率由 1.75% 降低到 1%，同年 9 月又将其进一步降到 0.5%。货币供应量从 1994 年下半年的 2% 上升到 1995 年第一季度的 3.5%。[⑤] 在此期间，日本政府又相继出台了一系列大规模经济刺激计划。日本银行于 1995 年 4 月将再贴现率下调至 1.0%，同年 9 月又降为 0.5%。日本政府的扩张性货币政策和财政刺激措施终于取得一定效果，1996 年日本经济增长速度明显回升。日经指数也回升到 20000 点以上。

但是，自泡沫经济崩溃以来就一直困扰着日本的不良债权问题自 1994 年后明显恶化。1995 年下半年则更是急剧恶化。日本终于爆发了一场以不良债权为主要表现的严重金融危机。[⑥] 日本政府在 1995 年 7 月发表的《1994—1995 日本经济白皮书》中称，不良债权在 1993 年已达到顶峰，为 13.8 万亿日元；不良债权数额在 1995 年 3 月底已下降到 12.5 万

---

① 日本经济企画厅：《经济白皮书 1993—1994》（英文），第 3、159 页。

② 王洛林：《日本金融机构的不良债权问题》，《国际经济评论》1997 年第 5—6 期。

③ 余永定：《重大国际金融事件评析》，《国际经济评论》1996 年第 3—4 期。

④ 日本经济企画厅：《经济白皮书 1993—1994》（英文），第 3 页。

⑤ 货币供应量增长速度提高的原因并非私人借贷增加而是政府借贷增加造成的。事实上，日本贷款的增长自泡沫经济崩溃以来一直处于停止状态。贷款余额的增长速度自 1991 年以来就持续下降，到 1994 年更是出现负增长。参见日本经济企画厅《经济白皮书 1993—1994》（英文），第 159、163 页。

⑥ 日本不良债权问题的严重性是逐渐暴露的。参见王洛林《日本金融机构的不良债权问题》，《国际经济评论》1997 年第 5—6 期。

亿日元；不良债权对总资产之比已下降到1.63%。事实证明，日本政府对于不良债权的严重性估计不足。后来对不良债权的估计一般在60万亿日元到100万亿日元。长期以来，日本官方把不良债权问题的解决寄希望于经济状况的好转，特别是股市的回升。

不良债权问题不仅引起一场严重的金融危机，而且动摇了日本国民对日本金融体制乃至日本战后整个政治经济制度的信任。在这种情况下，日本政府不得不把处理不良债权问题作为首要任务，并决定加速金融自由化的步伐，实施“东京大爆炸”。[①]

为了处理不良债权，金融机构不得不对自己的资产—负债结构进行整顿。由于必须核销不良债权和提取呆账准备金，必须防止不良债权进一步增加以及希望满足巴塞尔委员会对资本充足率的要求，金融机构对发放贷款采取了更为小心的态度。由于金融机构的这种态度，尽管日本银行的货币政策越来越具有扩张性，但日本经济中的信贷紧缩现象却依然十分严重。从1992年到1994年日本基础货币的年均增长速度为1.5%。从1995年到1997年这一速度上升到7.9%。但在此期间日本货币供应量（M2 + CD）的年均增长率仅为3.2%。[②] 日本经济中的信贷紧缩大大制约了日本经济的增长。

六　金融危机全面爆发时期（1997年5月—1999年1月）

在财政赤字压力越发严峻的背景下，桥本内阁判断“1996财年下半年，在民间需求主导下日本经济将实现自律性恢复”[③]，其经济政策由振兴经济转为财政重建，实行紧缩型财政重建计划。1997年4月，日本政府将消费税从3%提高至5%，并废除了特别减税措施，增加医疗保险负担。此举严重影响了居民消费，最终消费支出增长从1996年的2.5%降至1997年的0.7%，1998年为-0.9%。加之1997年亚洲金融危机导致日本出口低迷，1998年名义GDP增长率出现了有史以来首次负增长（-2.0%）。

与此同时，日本列岛陷入金融恐慌。1997—1998年大批金融机构相继破产，并暂时实行国有化管理，银行不良债权问题进一步深化。信贷紧缩现象更加突出，日本金融体系陷入前所未有的危机局面。

---

① 余永定：《日本的金融自由化》，《世经调研》1996年；余永定：《日本金融“大爆炸”的由来和启示》，《国际经济评论》1997年第5—6期。

② 根据日本《东洋经济统计月报》（1998年4月号）计算。

③ 日本经济企画厅：《经济白皮书》（1997年度）。

为了应对金融危机，走出经济低迷困境，1998 年 11 月小渊内阁实施了当时历史最大规模的“紧急经济对策”（17 万亿日元），用于减税、增加政府支出以及向银行公共注资、处理破产金融机构等。为了抵消扩张性财政政策引发的“挤出效应”，1999 年 2 月，日本银行将银行同业间无担保隔夜拆借利率诱导目标设定为 0.15%，同年 3 月继续下调至 0.04%，日本进入史无前例的零利率时代。

七　经济短暂恢复时期（1999 年 1 月—2000 年 11 月）

在日本政府持续的扩张性财政政策和日本银行的宽松货币政策下，加之当时美国正处于 IT 泡沫环境，日本经济有所复苏。实际 GDP 增长率从 1999 年的 -0.1% 升至 2000 年的 2.9%。由于消费物价指数仍为负增长，日本政府无法判断经济是否真正复苏。但 1998 年《银行法》修订后独立性受到认可的日本银行不顾政府反对，认为长期采用零利率政策有损货币政策执行，于 2000 年 8 月解除了零利率政策，将无担保隔夜拆借利率从 0.01% 上调至 0.25%。但美国 IT 泡沫的破灭严重打击了日本经济的复苏进程，2000 年 11 月经济再次跌入谷底。

八　通货紧缩与数量宽松政策出台（2000 年 11 月—2002 年 1 月）

2001 年日本实际 GDP 增长率从前年的 2.9% 大幅度降至 0.2%，完全失业率上升至 5%，2001 年、2002 年消费物价指数分别为 -0.7% 和 -0.9% 的负增长。为了克服通货紧缩，日本银行再次采取扩张性货币政策，多次下调再贴现率，2001 年 3 月再贴现率从 0.35% 下调至 0.25%，银行间同业无担保隔夜拆借利率从 0.25% 降至 0.15%，零利率政策再次恢复。

2001 年 3 月，非常规货币政策——数量宽松货币政策正式出台，这种新型金融调节方式将货币政策操作目标由利率变更为商业银行在央行经常账户余额，通过大量购买金融机构持有的长期国债和外汇计价资产等方式加大公开市场操作力度，不受限制地对金融市场提供流动性，把隔夜拆借利率始终保持在零的水平上，直至物价恢复正增长。

九　全面治理金融危机，经济步入复苏时期（2002 年 1 月—2007 年 11 月）

2002 年起日本经济开始回暖，并步入长达 69 个月的战后最长经济扩张期。但此次景气时期的平均实际 GDP 增长率不足 2%。此次增长不能不说同日本最终解决了久拖不决的不良债权处理问题和实行了数量宽松政策有关，但在很大程度上恐怕还是因为外需（特别是来自中国的需求）强劲和日元贬值导致的出口增加。

十　全球金融危机发生，日本全力应对经济衰退时期（2007 年 11 月至今）

2007 年秋季美国发生次贷危机，2008 年全球陷入第二次世界大战结束以来最严重的经济危机。日本的经济增长速度也由 2007 年的 2.4% 下降到 2008 年和 2009 年的 -1.2% 和 -5.2%。

与泡沫经济崩溃后日本国内金融危机导致经济衰退不同，在此次经济衰退中，日本金融体系相对稳定。世界经济形势急速恶化的背景下外需的急剧下滑应该是本次衰退的主要原因。

随着全球经济的复苏，日本经济也随之复苏。2010 年日本经济实现了 3.1% 的强劲增长。2011 年由于地震、海啸和核危机，日本经济再次受到严重打击，实际 GDP 增长率为 -0.1%。而且，引人注目的是，2011 年日本 30 多年来第一次出现贸易逆差。据日本银行预测，2012 年日本 GDP 可能达到 2% 左右。

总之，经过 20 多年的苦苦挣扎，虽然实现了金融稳定，但日本经济依然无法退出非常规的货币政策，更无法摆脱低增长的局面。而现在又不得不面对财政状况持续恶化的严重挑战。

第二节　美国金融危机的演变

美国的次贷危机于 2007 年 8 月爆发。但是，冰冻三尺非一日之寒，次贷危机可以说是美国政府长期执行过度宽松的货币政策、资产泡沫恶性膨胀的结果。美国资产泡沫首先表现为股市泡沫，而后则表现为房地产泡沫。而房地产泡沫的崩溃则导致了美国自大萧条以来的最严重金融及经济危机。现在美国虽然已经实现了金融体系的稳定，经济也已经恢复正增长，但美国经济今后的走势依然充满不确定性。

一　20 世纪 80 年代美国股票价格的上涨（1982—1995 年）

自 1980 年初，美国道琼斯股票价格指数（以下简称“道指”）从 1982 年的 776.92 点开始上升，到 1987 年 8 月达到 2722 点的当时最高值，此后股票价格开始逐步下降，1987 年 10 月 10 日，纽约股票行市突然崩溃，道指在一天内下泻 508 点，降幅高达 22.6%。上任不久的美国联邦储备委员会主席格林斯潘立即采取降息措施，很快稳定了美国股市。在经过一段时间的盘整之后。1991 年开始美国股市出现新一轮上涨行情。1995 年 2 月道指终于突破 4000 点，此后，股票价格的升势便一发不可收。

二　dot. com 泡沫开始形成与美联储的宽松货币政策（1995 年 7 月—1998 年 11 月）

1995 年 8 月 9 日网景（Netscape）上市。一天内，其股票价格由 28 美元猛涨到 71 美元。按格林斯潘的说法，这一天标志着 dot. com 繁荣的开始。道指相继突破 4000 点和 5000 点，到 1995 年底股指上升了 30%，而纳斯达克则上升了 40%。信息技术的革命性进展给格林斯潘留下深刻印象。尽管股市价格的暴涨引起了他和美联储其他成员的某种不安，但大家认为，世界已经进入一个低通胀、低利息率、劳动生产率提高和充分就业的时代。由于技术进步，经济周期与过去相比发生了根本性变化，老经验已经不再适用，通货膨胀的威胁已经在全世界范围内减退。[①] 在美国经济增长强劲、失业率下降、股票价格不断上升的情况下，1995 年 12 月，美联储还是决定将联邦基金利息率降低 0.25 个百分点。1998 年秋，为了应对俄罗斯债务违约、卢布贬值和美国长期投资公司危机，美联储又三次降息。在此期间，美联储仅在 1997 年 3 月将联邦基金利率上调过一次（0.25 个百分点）。

三　重新加息，预防通胀（1999 年 6 月—2000 年 5 月）[②]

美国股票由零上升到 2000 多点，从 1901 年到 1989 年用了近 90 年。

---

① Greenspan Alan, *The Age of Turbulence*, The Penguin Press, NY, 2007, p. 167.

② 1999 年 6 月—2000 年 5 月是加息过程。2000 年 5 月—2001 年 1 月利息率保持不变。此后开始降息，一年内降息 11 次。

而从2000点上升到6000点仅用了6—7年。在1996年，当道指达到6000点时，格林斯潘曾表示股市出现“非理性亢奋”。然而，就在此后不久的四年时间内，道指上升到12000点，纳斯达克则上升到5000多点。在IT泡沫和股市泡沫的推动下，投资需求暴涨，从而导致了经济的全面过热。由于股票价格不断攀升、金融资产不断增值形成财富效应，导致美国居民消费需求的强劲增长。此外，由于亚洲金融危机之后，全球经济也已恢复增长。为了防止通货膨胀形势的恶化，针对美国实体经济的过热现象，美联储重新开始加息。

四　dot. com 泡沫崩溃，经济增长大幅度下跌，美联储降息刺激经济增长：用房地产泡沫代替股市泡沫（2001年1月—2003年6月）

泡沫是不可维持的，美联储的温和加息是压倒骆驼的最后一根稻草。在经过近10年的经济繁荣之后，美国经济增长速度突然大幅度下跌，其下跌速度之快，超出了几乎所有经济学家的预料。在20世纪90年代后半期的高速增长时期，消费需求和固定资产投资需求增长一直是美国经济增长的主要推动力。自2000年第二季度以来，美国消费需求和固定资产投资需求的增长速度急剧下降。2000年12月美国的GDP增长速度已接近于零。美国从1991年3月开始的经济扩张延续了整整10年之后，于2001年3月终于结束。

美国2001—2002年的经济衰退是建立在IT泡沫（或dot. com泡沫）基础上的股市泡沫崩溃的结果，美国股市上与IT相关的股票价格被严重高估。美国的年均经济增长速度为3%，企业利润年均增长率为10%，股票价格的增长率大大超过实际经济的增长速度。[①] 由于劳动生产率的提高被夸大，周期性因素和其他原因导致的企业利润的增加都被归结为IT革命导致的劳动生产率的提高，因而产生了对经济增长前景的盲目乐观。

IT泡沫经济崩溃后，美国政府并未对经济进行必要的调整，而是采取扩张性的财政、货币政策，刺激经济增长。2001年1月美联储开始降息，至2003年6月为止共降息13次。其中，仅在2001年就降息11次。2003年6月25日美联储第13次降息，将联邦基金利率下调0.25个百分

---

① 余永定：《21世纪初的世界经济》，《苏州经济》1999年第4期，1999年3月上海宝山世界经济研讨会论文。

点至1%，降至45年来的最低水平，美国长期国债利率也随之下降到40年来的最低水平。[①] 由于政府的极具扩张性的货币和财政政策，美国经济增长得以迅速回升。2003年第三季度美国经济增长率按年率计为8.2%，创下20年来的最高水平。

美联储的扩张性货币政策，特别是其超低利率政策，导致了美国住房价格的急剧上升。根据当时《经济学家》的报道，自1997年以来，美国住房价格的年均上升率为 -9%—7%。2000年3月以来，股票价格下跌近40%的同时，美国住房价格上升了18%左右。房地产是美国居民所持有的最重要资产，房地产市场的规模大于股票市场的规模。事实上，美国居民持有的股票总值为11万亿美元，房产总值则为14万亿美元。[②]

除美联储的低利率政策外，导致房地产价格不断飙升的另一个重要原因是各种金融创新工具的出现。房价的迅速攀升使居民得以用低息新按揭代替高息旧按揭，从按揭贷款中释放出大量现金用于消费开支。在极为宽松的货币政策刺激和各种金融创新吸引下，许多人购买了超出自己偿付能力的住房。[③]

五 美联储升息，抑制通胀，房地产价格开始下降（2003年6月—2007年8月）

为防止通货膨胀反弹，从2004年6月到2006年6月，美联储连续17次上调联邦基金利率。此后，美国房价明显回落，住房抵押贷款违约率开始上升。2006年12月，美联储决定将联邦基金利息率维持在5.25%的水平上。当时美联储认为，美国的房地产市场已经出现实质性的冷却，美国经济在未来几个季度之内将会以适中的速度增长。事实上，自2006年第二季度以来美国经济的增长速度就已经明显下降，第三季度经济增长率的年率只有2.2%。

六 美国金融危机（2007年8月至今）

2007年8月爆发的美国金融危机大致经历了以下几个阶段：

---

① IMF, *World Economic Outlook*, September, 2003, Chapter 1, p. 1.

② *The Economist*, August 31st - September 6th, 2002, pp. 63—64.

③ *Business Week*, 2002-09-23.

· 次贷相关债券价格下降

· 货币市场流动性短缺

· 信贷紧缩

· 金融机构破产、系统危机

· 实体经济陷入衰退

本次美国金融经济危机是由次贷危机引起的。而次贷危机的起因则是次贷违约率急剧上升。次贷借款人是违约风险非常高的客户群。他们被称为“ninja”（no income、no job、no assets），意为既无收入、又无工作、更无财产的人。既然如此，银行为什么还要贷款给他们呢？首先，住房贷款金融机构发放的次贷似乎不存在安全性问题。由于美联储的低利率政策，作为抵押品的住宅价格一直在上涨。即便出现违约现象，银行也可以拍卖抵押品（住宅）。由于房价一直在上涨，银行并不担心因借款人违约而遭受损失。此外，由于次贷的证券化，次贷违约的风险被分散、传递到全球金融体系的各个角落。然而，尽管风险可以转移，但却不会消失。随着利息率的上升、房价的下跌，次贷违约率急剧上升。次贷违约率的上升进而导致以次贷和各种住房抵押贷款为基础的债券价格，如抵押支持证券（Mortgage Backed Securities，MBS）、抵押债务凭证（Collateralized Debt Obligations，CDO）等金融工具的违约风险上升和价格下跌。MBS、CDO属于长期投资，时间可能是15年，也可能是10年。投资者持有MBS、CDO一般需要不断从货币市场，特别是资产支持商业票据市场（ABCP）筹集资金。而现在的问题恰恰是：由于MBS、CDO的价格持续下降，短期投资者不愿意继续购买ABCP。货币市场上的资金供给不足，使得MBS、CDO持有者面临筹资困境，只好把MBS、CDO卖掉。2007年6月，穆迪、标准普尔等评级公司调低了次级抵押资产相关证券的信用等级，导致这些产品的价格进一步下跌，引发了信贷市场的紧张情绪。

6月中旬，贝尔斯登旗下两只对冲基金因不能满足追加保证金要求而陷入困境，2007年8月16日，美国康特里怀特金融公司（Countrywide Financial Corporation）宣布动用银行的信用额度115亿美元。由于康特里怀特金融公司是美国最大的住房抵押贷款公司，美国购房者17%的按揭贷款都是由该公司提供的。因此，其资金周转发生困难引起市场的极大恐慌。一时间，美国财政部短期债券成为投资者的唯一选择。货币市场上的流动性仿佛在一夜之间全部蒸发，大家突然都借不到钱了，货币市场流动性短缺，利率急剧上升。在这种情况下，西方国家中央银行不得不联手干预，为货币市场注入流动性。次贷危机终于浮出水面。

MBS、CDO 等金融资产的暴跌，迫使金融机构对资产负债表进行调整。首先，必须根据市场计价原则对资产价格重新估价。其次，必须按重新估计的资产价格对资本金进行扣减。上述两项操作必然导致杠杆率的上升。再次，去“杠杆化”。金融机构的杠杆率本来已经过高，现在变得更高。因而，必须降低资产对资本金之比（“杠杆率”）。去杠杆化的途径有两种：一是增加资本金，二是减少资产。在不能充实资本金的情况下，金融机构只得减少资产，如卖掉所持 MBS、CDO 等。去杠杆化必然导致金融资产价格的进一步下跌，从而使危机进一步加重。

雷曼兄弟公司由于过度投资次贷相关资产而遭受巨额损失，投资者对雷曼的生存能力产生怀疑，导致其融资渠道被彻底切断。2008 年 9 月 12—14 日，由于未得到美国政府的担保，曾有意收购雷曼的巴克莱银行和美国银行最终放弃了收购。随后，美国货币和财政当局决定不以纳税人的钱为雷曼提供担保。9 月 15 日，雷曼宣布破产。在雷曼破产当天，美欧股票价格跌去 4%，美国高收益债券的 CDS 利率升至历史性高位。雷曼兄弟的倒闭标志着次贷危机转化为全面金融危机。在雷曼兄弟倒闭之后，又有一大批金融机构倒闭或陷入困境。

金融危机恶化对实体经济的影响主要通过两个途径：一是通过金融加速器（Financial Accelerator）效应。当企业遭受金融危机冲击时，资产净值下降，获得银行贷款的能力削弱，企业投资减少。二是银行资本渠道（bank capital channel）。银行的资产负债表（资本）状况将影响其贷款总量。当银行部门因金融危机而资本受损时，银行被迫去杠杆化，而扣减资产的方式之一就是收回贷款。由于减记资产而造成信贷紧缩，企业和金融机构就借不到钱，企业的投资和生产遭到冲击，实体经济的产出下降。同时，企业对未来经济的悲观预期，导致私人企业的信贷需求和投资意愿降低。从而导致企业投资下降。2008 年以来，随着金融危机的逐步发展，美国、欧洲和日本的固定资产投资规模开始下降。雷曼破产之后，三大经济体的固定资产投资加速下滑。在投资减少的同时，由于财富效应，居民消费减少。两方面的力量共同推动经济增速下滑，经济出现衰退。2008 年第三季度美国 GDP 负增长 0.3%。金融危机进一步转化为实体经济危机。

美国次贷危机最终导致金融经济危机的传递过程如图 7—1 所示。

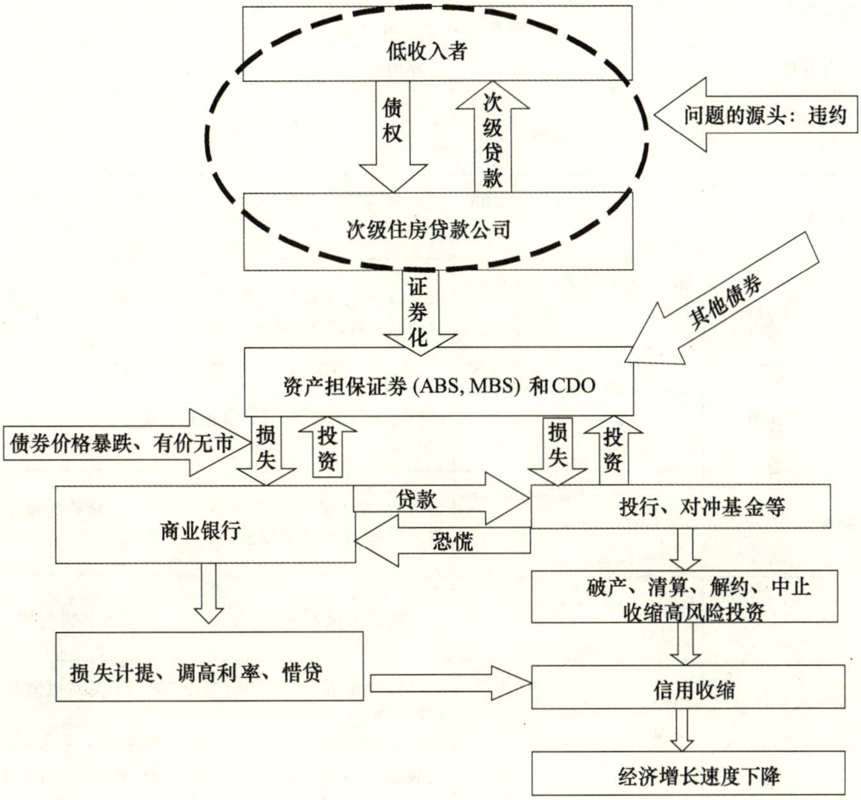

图 7—1　次贷危机的传导机制

美国的金融经济危机通过贸易、资本流动等渠道，向欧洲、拉美和亚洲蔓延，从而导致全球金融经济危机。

第三节　美国政府稳定金融市场、刺激经济增长的政策

2007 年 7 月以来，美国政府的各项政策可以分为两大类：一类是旨在稳定金融市场的政策。另一类则是刺激有效需求恢复经济增长的政策。

一　美国政府旨在稳定金融市场的经济政策

表 7—1 是美联储和财政部旨在稳定金融市场的主要政策措施。

表 7—1　　美国救市的主要货币及财政政策措施

救市的货币政策措施		
出台日期	方案名称	主要内容
2007 年 7 月至 2009 年 12 月	降低联邦基金利率	由 5.25% 下调至 0—0.25%
2007 年 12 月	Term Auction Facility (TAF)	用于向存款类金融机构注入流动性（放宽抵押品范围）
2008 年 3 月	The Primary DEALER Credit Facility (PDCF)	向交易商提供短期贷款（抵押品包括公司债、市政债券、MBS 和 ABS）
2008 年 10 月	The Commercial Paper Funding Facility (CPFF)	向商业票据的合格发行者提供流动性
2008 年 11 月	Tem Asset - Backed Securities Loam Facility (TALF)	为 AAA 级 ABS（消费和小企业贷款，贷款为基础资产）持有者提供贷款
2008 年 11 月	Large Scale Asset Purchase (LSAP) *	宣布购买总额 6000 亿美元的机构 MBS 和机构债
2009 年 3 月	TALF	美联储决定将 TALF 的规模由 2000 亿美元提高到 1 万亿美元
2009 年 3 月	美联储直接购买证券 (QE1 或称 LSAP1)	美联储宣布购买 3000 亿美元长期国债；购买 7500 亿美元机构 MBS，使当年购买量由 5000 亿美元增加到 1.25 万亿美元；购买 1000 亿美元机构债使购买量达到 2000 亿美元
2009 年 8 月	TALF	将 TALF 的执行期限从 2009 年底延长至 2010 年 3 月 31 日；对其中的新发行商业按揭贷款支持证券 (CMBS)，期限延长至 2010 年 6 月底
救市的财政政策		
2008 年 2 月	Economic Stimulus Act	1680 亿美元减税
2008 年 7 月	Housing and Economic Recovery Act	帮助购房者再融资，避免出现持续违约

续表

救市的财政政策		
出台日期	方案名称	主要内容
2008 年 10 月	Emergency Economic Stabiliztion Act	将 FDIC 存款保险上限由 10 万美元提高到 25 万美元
2008 年 12 月	Troubled Assets Relief Program（TARP）	财政部以 7000 亿美元购买金融机构所持住房抵押贷款相关的资产（主要是 CDO），政府则取得股权权证（equity warrants），这是美国最重要的救市政策之一
2009 年 2 月	American Recovery and Reinwestment Act	总额 7870 亿美元，包括 2880 亿美元减税、1440 亿美元用于州政府与地方政府的医疗与教育开支，以及 3550 亿美元用于联邦开支与社会项目
2009 年 3 月	Public – Private Investment Program for Legacy Assets	吸引私人部门资金参与，剥离金融机构资产负债表上的不良资产
2009 年 4—5 月	Stress Test	对 19 家最大的商业银行实施压力测试，以检验商业银行自有资本的充足程度

注：＊2010 年 10 月美联储宣布实行 LSAP2 或 QE2，到 2011 年中旬为止购买价值 6000 亿美元的较长期政府债券。通过这类购买，在危机爆发后美联储总资产始终维持在 2 万亿美元以上，2011 年底美联储资产总额已经接近 3 万亿美元。

这些措施按其对金融机构资产负债表中的资产、负债和资本金的影响，可分为三大类（见图 7—2）。

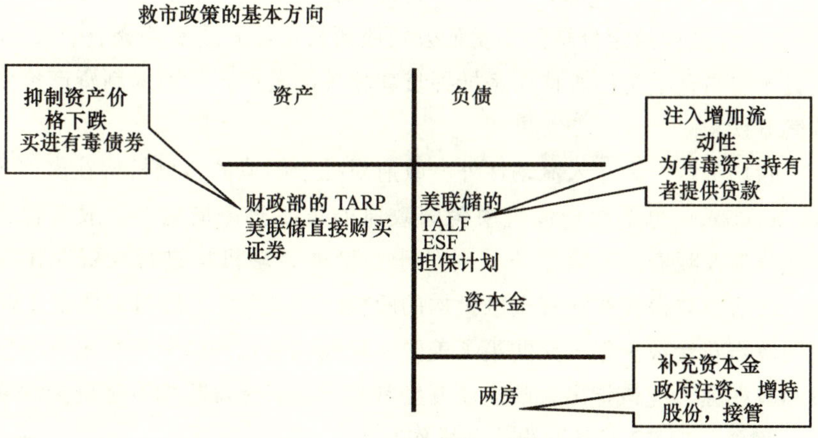

图 7—2 美国救市政策基本方向

例如美联储通过 Term Asset - Backed Securities Loan Facility（TALF）为 AAA 级 ABS（消费和小企业贷款支持债券）持有者提供贷款。而 Term Auction Facility（TAF）则是美联储隔周向符合一定条件的存款机构提供 28 天固定期限的短期贷款，存款机构以投标的方式参与竞标 。这类政策可以看作从资产负债表的负债方稳定金融市场。否则，由于流动性短缺，金融机构就会被迫出售所持有的长期资产（如 MBS 和 CDO 等），从而导致资产价格的进一步下跌和金融危机的进一步恶化。

而美联储直接购买长期国债、机构债和有毒资产则是为了支持金融机构的资产价格，从资产方遏制金融危机的进一步恶化。否则，去杠杆化进程就会持续进行，金融机构的资产负债表就会进一步被压缩，而资产价格的持续下跌将导致金融机构破产。

2008 年 11 月，美联储开始购买由房地美、房利美和联邦住宅贷款银行发行的 MBS。到 2009 年 3 月止共买进 1. 25 万亿美元的 MBS。此外，到同年 10 月止，美联储共买进了 3000 亿美元的国库券。总之，在 2009 年美联储共买入价值 1. 725 万亿美元的不良资产（1. 25 万亿美元 MBS，3000 亿美元国库券和 1750 亿机构证券）。美联储的这些超常规活动，标志着它已经开始执行日本式量化宽松货币政策，事后被称为 QE1。2010 年 3 月该项政策正式宣告终结。2010 年 6 月美联储创买入资产 2. 1 万亿美元的最高纪录。

美国使用财政政策救市的基本方向也是如此。例如，财政部的 Troubled Assets Relief Program（TARP）的内容就是财政部以政府取得股权权证（一种根据某种给定价格购买发证公司股票的证券）为交换条件，用 7000 亿美元购买金融机构所持住房抵押贷款相关的资产，从而遏制资产价格的持续下跌。

除购买资产和注入流动性外，政府对处于困境的金融机构注资（capital injection）也是次贷危机中美国政府的重要救市措施。一般而言，政府注资涉及政府以现金等方式对处于困境的金融机构进行投资。作为交换，政府将取得接受注资金融机构的股权（优先股）。例如，根据 TARP，美国政府花费数千亿美元购买了美国 9 家最大银行和数百家小银行的优先股和股权证。应该指出，政府注资经常是同购买金融机构有毒资产相联系的（例如，TARP 就是这样一种操作）。

二　美国政府旨在刺激经济增长的宏观经济政策

经过美国政府强有力的救市，美国的金融市场终于实现了基本稳定。金融资产价格、房地产价格止跌企稳，银行和其他金融机构倒闭的势头得到遏制。根据 IMF 的统计，美国银行核销了 13000 亿美元，即 60% 的坏账。①

在此次金融危机中，美国居民损失惨重，有近 13 万亿美元的财富化为乌有。为了抵消逆财富效应对居民消费需求的抑制作用和信贷紧缩对企业投资的抑制作用，在危机发生后美联储采取了极为扩张性的货币政策，美国政府也采取了空前的扩张性财政政策。2009 年美联储采取了日本式的数量宽松和零利率政策。在金融危机爆发以前的十几年中，美国的基础货币一般保持在 400 亿美元到 500 亿美元，而 2008 年暴增到 8000 亿美元。到 2011 年 6 月，基础货币增加到 1.6 万亿美元。超额准备金则由 2008 年 8 月份的 20 亿美元涨到同年 12 月份的 7670 亿美元，在准备金中所占比重大幅度提高。到目前为止，美联储的超额准备金一直保持在 8000 亿美元左右，而基础货币则保持在 1.5 万亿—2.0 万亿美元。但是，尽管基础货币增加了 40 倍，由于银行惜贷，基础货币的增加并未导致广义货币的相应增加。自从 2008 年以来，美国广义货币仅增加了 25%。②通过多次降息，联邦基金利息率基本维持了零利率。

在执行极度扩张性的货币政策的同时，美国政府也执行了极度扩张性的财政政策。在 2008 年鲍尔森推出 8000 亿美元的刺激计划。2009 年奥巴马重新制定了 7870 亿美元的刺激计划。其中资金的分配为：

·3580 亿元的公共建设项目

·1920 亿元的其他开支

·2750 亿元的减税

在次贷危机爆发之前，美国财政状况良好，财政赤字不大。2007 年美国国债总额为 5 万亿美元，为 GDP 的 36.8%。③ 次贷危机爆发后，由于政府推行公共部门的杠杆化以抵消私人部门的去杠杆化，2009 财年美

---

① IMF，《经济报告》，2009 年 10 月 1 日。

② 马丁费尔德斯坦：《联储政策和通货膨胀危险》，Project Syndicate，2012 年 3 月 31 日。

③ 维基百科，2012 年 4 月 8 日。

国财政赤字急剧上升到1.2万亿美元，为GDP的9.9%；国债余额超过12万亿美元，为美国GDP的84%。2010财年美国财政赤字达到1.56万亿美元，国债余额超过14.3万亿美元。2011财年美国财政赤字估计为1.645万亿美元，为GDP的10.6%。2012年的相应数字估计为1.101万亿美元和7%。到2012年3月为止，美国国债总额为15.589万亿美元（其中有4.757万亿美元债务是政府部门间债务），为GDP的103.3%（2011年美国GDP估计为15.087万亿美元）。[①]奥巴马政府声称2013年美国财政赤字与GDP比将降到4%。但是，根据美国政府自己的计算，在今后十年中，这一比例不会低于3.6%。在2020年美国财政赤字与GDP比将为4.2%。

自2008年第三季度开始，美国连续三个季度出现负增长。2009年第一、第二季度增长率分别为－6.4%、－1%。在强大的货币、财政政策刺激下，2009年第三季度美国经济增长2.2%，首次转正，2009年第四季度增长更是高达5.9%，表现出美国历史上少有的反弹。但是，好景不长，2010年美国经济增长速度又迅速回落，以后一直徘徊在2%左右。2011年美国的经济增长速度为1.8%，美国失业率也稳定在9.9%—10%的水平上，直至2012年第一季度才降到9%以下，但依然维持8%以上的高位。经济衰退之后，在如此长的时间内，失业率居高不下在美国历史上是少有的。

鉴于2010年美国疲软的经济形势，2010年11月3日美联储决定，在未来八个月中买入6000亿美元的长期国债。此外，美联储还将用3000亿美元左右的投资收益购买长期国债，是为“二次数量宽松”（QE2）。此项操作持续到2011年第二季度。美联储的目标是将所持各类债券保持在2.054万亿美元的水平上。“一次宽松”的主要内容是由美联储直接购买像“两房”之类机构的“有毒资产”。而“二次宽松”则是购买美国的长期国债。

在从事正常的公开市场操作时，美联储也要购买美国政府国债。但这种操作是以回购方式购买短期政府债券，其目的是调节银行间拆借市场上的流动性，从而影响银行间市场隔夜拆借利率（联邦基金利率）。作为一种非传统的货币政策，数量宽松的目的是通过从商业银行和其他机构购买“金融资产”向银行体系注入数量事先确定的货币。数量宽松操作导致超

---

① 维基百科，2012年4月8日。

额准备金的增加，并会降低所购买金融资产的价格。事实上，美联储资产负债表上超额准备金的增加，大部分是由数量宽松操作造成的。二次量化宽松的具体操作过程是：美联储通告其 18 家主承销银行，从其他投资者手中购买美国长期国债。然后，美联储再从这些银行手中购买美国长期国债。与此同时，这些银行在美联储的存款准备金将相应增加。超额准备金的增加说明，银行的贷款意愿不会因流动性的增加而相应增加。但是，由于准备金充裕，银行不会出现无法偿还债务的问题，金融系统的稳定得到保证。数量宽松与公开市场操作有本质不同。后者只是在短时间内调节货币市场上的流动性以实现给定联邦基金利率目标下银行间市场货币供求的均衡。而前者则是永久性（或长期内）改变资本市场上的流动性，降低长期利率，其实质就是财政赤字货币化。

2012 年以来，美国经济形势有所好转。但是没有人确知美国经济现在是否真正恢复了自主增长的能力。如果美联储实行退出战略，美国政府按照计划减少财政赤字，美国经济是否会像日本经济那样迅速陷入停滞状态？在经过四年多的极度扩张性的货币政策之后，美联储和其他发达国家中央银行资产负债表极度膨胀。如果美国经济恢复正常增长，次贷危机以来美联储基础货币的极度膨胀是否会最终导致严重通货膨胀？上述这些问题我们都还难以给出答案。

第四节 日本、美国应对危机之策及其效果之比较

一 日本陷入“十年不况”和美国陷入金融经济危机路径的共同特点

其共同特点归纳如下：

（一）某种不利外部冲击的出现

在日本，1985 年日元升值可以算是一个重要外部冲击。1987 年由于国际协调出现问题（德国拒绝美国要求其降低利率的要求）导致道指暴跌也可算是一个重要外部冲击。

（二）以扩张性货币政策（低利率、高货币供应增长速度）来回应此种冲击

在日本是 1985 年后采取极具扩张性的货币政策以抵消升值可能对日本经济增长的负面影响。而 1987 年 10 月道指暴跌后，美联储也立即大幅度降息。

（三）在资产价格本来就处于上升状态时，进一步宽松的货币政策导致资产价格急剧上涨（股市和房地产）

在日本，资产价格上涨早在 20 世纪 80 年代初即已出现，而 1985 年后的降息则大大加速了这一进程。在美国，股票价格于 1987 年在经过一段盘整后，于 20 世纪 90 年代初不断上涨。1995 年 12 月，在经济增长强劲、失业率下降、股票价格不断上升的情况下，美联储还是决定将联邦基金利率降低 0.25 个百分点。资产价格出现超常上涨。

（四）出现某种可以加以炒作的概念，以便说明资产价格上涨的合理性（不存在泡沫），货币当局因而对资产价格上涨听之任之

在日本是关于东京将成为世界金融中心，地价和房价将会大幅度攀升。在美国是 IT 革命将改变世界，与 IT 产业相关的股票将会继续大幅度上升。格林斯潘认为，由于 IT 技术，美国已经进入一个低通胀的时代，无法判断是否存在泡沫。

总之，在每一次资产泡沫形成之后总会有理论出现，试图证明“这一回情况不同了，资产价格的飞涨是有真实基础的”。既然如此，政府自然没有必要加以干预。由于传统的货币政策不把控制资产价格的增长速度作为政策目标，在资产价格上升时，不予干涉也属正常。由于在资产价格飞涨的过程中，日本、美国都未出现通货膨胀，因而在资产价格飞涨的关键期，日本银行和美联储都维持了低利率，对资产泡沫的迅速膨胀不予干涉。

（五）资产价格上涨形成正反馈

资产价格上涨过程是一个正反馈过程，资产价格的上升速度不断加快。在资产价格上涨期间，金融机构资产负债表看似健康（资本充足率、杠杆率、不良债权比率等都在合理区间内），金融机构赢利状况良好。为了取得暴利，金融机构或违规操作或进行所谓金融创新，使资产价格与实物经济进一步脱节。金融投机活动急剧膨胀，资金配置向金融部门过度倾斜，实际经济运行受到不利影响。

（六）资产价格上涨导致的经济过热，促使中央银行转而采取紧缩政策

但资产价格上涨到相当程度之后，金融当局希望对资产价格的上涨速度加以控制，或由于其他原因，金融当局收紧货币政策，提高利率。

（七）资产价格暴跌

货币政策的收紧导致资产价格上涨势头减弱。资产价格一旦出现跌

势，下跌的负反馈过程便会开启，资产泡沫迅速崩溃。

（八）流动性短缺和信贷收缩

金融机构资产负债结构必须相应加以调整，金融机构的去杠杆化导致流动性短缺、信贷紧缩。

（九）实际经济受到冲击

财富效应和信贷收缩导致居民消费收缩，企业的正常经营活动和投资活动受到冲击。经济衰退、通货收缩。

（十）政府救市，稳定金融市场

政府出台非常规财政、货币政策、降息，并通过购买各种在正常时期不会购买的金融资产、在货币市场注入流动性、注资等稳定金融市场、解救金融企业。

（十一）政府采取极为扩张性的财政、货币刺激经济增长

（十二）政策效果不佳

由于经济衰退是泡沫经济崩溃的结果，传统刺激经济的宏观经济政策，特别是货币政策难见成效。财政政策对于维持需求可以起到作用，但由于自主需求难以恢复，长期使用扩张性财政政策的空间日渐缩小。

二　20世纪80年代以来日本的政策失误

（一）日元升值不是日本泡沫经济形成的原因

长期以来，中国学界普遍持有的一个观点是，日本的泡沫经济源于1985年广场会议后日元的升值。这种在很大程度上是建立在“以讹传讹”基础上的观点之所以能够广泛流布，历久不衰，则只能由克罗齐的“任何历史都是当代史”来解释了。

根据日本政府的正式报告（FY 1994 Economic Survey of Japan），自1970年后期到1985年左右，日元对美元的真实汇率存在明显低估。20世纪80年代前半期里根政府的高利率政策是导致美元高估和日元低估的重要原因。1985年日元升值是对日元低估的纠正。升值后日元的汇率大致由低估恢复到以PPP为基础计算的均衡汇率水平。[①] 日本汇率政策的错误不在于1985年进行了升值，而在于20世纪70年代后期没有能够让日元及时升值，使升值压力及时得到释放。事实上，日元的高估发生在

① Hiroshi Yoshikawa, *Japan's Lost Decade*, Ihouse Press, Tokyo, 2002, p. 101.

1994—1995 年。

日本的房地产泡沫形成的原因不是日元升值自不待言，许多日本学者甚至不认为低利率是造成房地产泡沫（主要是地价）的原因。日本经济学家吉川认为，主要原因是预期东京一带土地将会大幅度升值。当时日本人对东京成为世界金融中心抱有极高期望，东京和其他地方的巨大价差可以证明这一点。① 1989 年日本土地交易达到顶峰，土地密集型投资（建高尔夫球场等）活动如火如荼。这种情况同汇率没有什么关系。

（二）货币政策调整缓慢，或使危机恶化或完全无效

一般认为，日本把官定贴现率由 1983 年的 5% 降到 1987 年的 2.5%，并将其保持了两年零三个月是导致日本资产泡沫膨胀的主要原因。

1989 年 5 月 31 日，日本银行改变货币政策方向，把官定贴现率提高到 3.25%，并在年底将其进一步提高到 4.25%。从 1989 年 5 月到 1990 年，日本银行 5 次提高利率，将官定贴现率提高到 6%。与此同时，日本银行还采取了限制信贷等强硬措施。这些措施是不是导致日本经济陷入长期衰退的原因呢？对于这个问题则存在争议。在美国次贷危机出现之前，多数经济学家认为，当初如果日本银行不主动刺破泡沫，实现软着陆，日本的“十年不况”就不会发生了。但现在看来，如果当时不刺破泡沫，最终的情况也不见得更好。

中央银行的政策目标是否应该包括控制资产价格的增长速度呢？答案是不明确的。资产价格经常大起大落，可能与实际经济的增长状况和通货膨胀压力的实际状况完全脱节。吉川指出，在 1960—1961 年日本制造业用地的增长速度为 90%，但这并非资产泡沫而是反映了当时制造业的高速发展的现实。② 控制资产泡沫是否应该使用货币政策之外的政策工具？对此，西方经济学已有大量讨论，但没有可能的结论。

自 1989 年日经指数崩溃以来，日本银行没有及时采取行动，直到 1991 年 7 月 1 日日本银行把官定贴现率由 6% 下调到 5.5%。此后，日本银行进一步降息，1993 年 7 月官定贴现率降到 1.75%，并将这一利率维持到 1995 年 4 月。在此期间，日本银行是否应该更早更多地降低利率呢？

---

① Hiroshi Yoshikawa, *Japan's Lost Decade*, Ihouse Press, Tokyo, 2002, p. 61.

② Ibid., p. 72.

1995—1998年日本不良债权问题暴露之后，日本加快了宽松货币的步伐。日本银行于1999年2月将银行同业间无担保隔夜拆借利率降为零（扣除手续费），日本进入零利率时代。2001年3月，数量宽松货币政策出台，恢复零利率（2000年停止过一段时间）。但零利率和数量宽松未能增加银行信贷和货币供应量，消费需求和投资需求没有很大增加。在此期间，货币政策的无效性充分显现。

克鲁格曼声称，货币当局有能力制造通货膨胀，只要印钞票就行了。但是，日本的极度扩张性货币政策并未能如克鲁格曼所预期的那样制造通货膨胀。由于银行不愿贷款或公众不愿借款，货币乘数下降。基础货币的增加是中央银行真正能够控制的，但并未导致货币供应量的增加。换句话说，中央银行甚至没有能力决定货币供应量。零利率政策的主要结果是套利交易大行其道。资本外流，过剩的流动性被输往外国，成为导致1997—1998年东亚金融危机的重要原因。

时至今日，在经过十年的零利率和数量宽松政策之后，日本的货币政策并未把日本经济带出“不况”的处境，通货收缩依然是日本经济的主要威胁。日本经验说明，传统货币政策系统（其内容包括对货币政策目标的设定，中间目标和执行方式的选择等诸多要素）无法及时抑制经济泡沫的扩大、无法在资产泡沫破灭过程中引导经济实现软着陆。在特定时期（流动性陷阱，通货收缩），传统货币政策可能完全失效。日本在运用传统货币政策抑制泡沫经济和克服泡沫经济后遗症中的失误固然与日本货币当局的判断失误有关，但更重要的原因是传统货币政策已经无法应对日本货币当局所面对的复杂问题。自2001年初日本开始大胆运用非传统货币政策。但是，非传统货币政策依然未能引导日本经济走出长期低迷。这一事实说明，日本问题已经超越了经济宏观管理的范围，甚至已经超越了经济的范围。似乎可以说，如果人口老化、制度僵化、技术创新和革命停滞等供给方问题不发生变化，则无论在货币政策领域如何努力，日本政府恐怕也难以改变目前经济的困局。

（三）财政政策的潜力被低估

日本大藏省主计局在一份题为《财政健全化目标》的文件（1997年2月）中指出：“我国在21世纪将迎来世界上任何一个国家所未曾有过的超高龄社会。依现在的财政结构，在超高龄化社会下，财政赤字将进一步扩大。其结果必定是经济和国民生活的崩溃。为了避免这种事态的发生，在进行经济结构改革的同时对财政结构进行改革已迫在眉睫。”[①] 在当时，日本政府重整财政的努力得到日本朝野的普遍支持。但是也有经济学家认为日本经济还处于不景气状态，现在开始财政重建还为时过早。例如，日本著名经济学家铃木淑夫认为：“政府主张增收减支。减少国债发行。……国民负担增长比 GDP 增长快，会影响消费，并进一步抑制 GDP 的增长。目前的主要任务是恢复经济。……没有经济的重建就没有财政的重建。要刺激消费、投资。要进一步减税把投资期望提高一些。政府面对财政困难应再坚持一下。”[②] 日本大藏省的判断则是，日本目前已走出经济不景气的谷底，着手重建财政已是刻不容缓。事后来看，少数人的观点是正确的。1997 年桥本政府为遏制国债的增加，增加消费税，结果导致 1998 年萧条。

在 1997 年日本的债务余额对 GDP 之比为 91.2%，现在已经达到 180%—200%。最近几年，日本政府似乎已经不在乎债务余额对 GDP 比有多高，只要经济能够增长就可以。《财政健全化目标》早已置之脑后。自 2011 年起，由于国债的急剧增长，日本的国债余额对 GDP 比已经超过 200%，日本政府又开始担心利率会因此而急剧上升，从而决定增加消费税。但是，如果日本政府实现紧缩性的财政政策，日本经济必然再次陷入衰退。到头来日本政府还要重新启动扩张性财政政策。与货币政策的命运相同，日本政府也难以用财政政策解决日本经济增长中的长期性、供给方问题。在今后一段时间内，日本财政赤字对 GDP 之比还会继续增加。

（四）未能大刀阔斧地及早推出金融稳定政策

泡沫经济崩溃，必然给金融机构带来大量坏账。而坏账不除，资本金得不到补充，金融机构特别是银行就无法运转。金融体系的不健全，严重影响了日本经济的增长，而经济增长的停滞不前又进一步增加了稳定金融体系的难度。但是由于民众反对，日本政府一直拖延到 1998 年才开始第一次大规模核销不良债权、为银行注入资本金。1992—2000 年银行共处理不良债权 72 万亿日元，但新增不良债权达到 92 万亿日元。2001 年 4 月、10 月和 12 月分别出台了“紧急经济对策”、“改革先行计划”和

① 这也是 1996 年 12 月 19 日日本内阁会议决议的内容。在决议中，财政健全化目标有三：(1) 使国民收益和负担实现均衡；(2) 实现国债余额对 GDP 之比不再上升；(3) 实现国债余额不再上升。

② 1997 年 3 月与笔者谈话记录。

“紧急对应计划”，开始着手处理不良债权，维护金融体系稳定。2005 年 3 月末，不良债权问题基本处理完毕。事后来看，日本政府对不良债权的处理过于畏首畏尾，贻误时机。而不良债权处理的完成，才使得日本在美国次贷危机中免受严重冲击。虽然日本经验说明，通过大量使用公共资金可以迅速恢复金融稳定。但是，这种解决方式带来了社会分配不公、道德风险等问题。这类问题对社会进步、经济增长的影响还有待进一步观察。

三　未来美国宏观经济政策走向和效果前瞻

从日本、美国应对由泡沫崩溃所导致的金融震荡、经济衰退的政策来看，显然，美国政府，特别是美联储充分研究了日本的经验，尽最大可能避免重犯日本的错误，使金融市场迅速得以稳定、经济增长得以恢复。在某种意义上，美国目前所面临的问题恰恰是日本 10 年前或更早些时候的问题。尽管日本经济与美国经济有很大不同，美国自 2008 年来所走过的路同日本自 1989 年来走过的路有很多相似之处。尽管不能说看日本的过去就能够预知美国的将来，但日本所走过的道路毕竟给我们预测美国今后的政策走向提供了有价值的参照物。

（一）美国政府救市非常成功，但金融体系的最终稳定尚未实现

由于美联储在第一时间毫不拖延地注入流动性，美联储和财政部购买金融机构的“有毒资产”、为资本金不足的金融机构注资以及对濒临破产的金融机构（如“两房”）实行政府接管，美国金融市场在较短时间内就实现了稳定。根据 IMF 的报告（2009 年 10 月），到 2009 年上半年，美国银行核销了 13000 亿美元的坏账，占全部坏账的 60%。而日本政府则犹豫不决，拖延了 10 年时间才基本完成了消除坏账、给金融机构注资的工作。

美国政府采取这些措施的前提假设是，一旦金融体系实现稳定，系统风险得以消除，美国经济就会实现回升。在这种情况下，政府便可以实施退出战略。例如，政府可以把买下的资产和获得的股权重新出售，把注入金融机构的资金重新收回。目前为止，美国政府已经收回了一部分救市资金。例如，2009 年 6 月，从政府 TARP 获得救援资金的十大银行、投行（政府购买了它们的有毒资产以换取这些机构的股权）宣布偿还政府的资金。但美国政府离收回上万亿美元资金的目标还十分遥远。

美国救市措施的实质是由政府接管问题债权。美国政府一贯宣扬不干

预市场的自由主义原则，但其在实践中总是相机行事。美国政府在本次金融危机中干预市场的速度和力度充分显示了它的实用主义态度。与此成对照的是：日本政府在很长时间内受制于经济自由主义的教条，没有勇气打破常规，去做美国几乎毫不犹豫就作出的事情。

但是，美国救市政策的问题也是明显的。首先，政府慷慨接手金融机构不良资产是不公平的。为什么全体公众要为少数金融机构的错误承担损失或风险呢？事实上，金融机构的相关责任人并未受到应有惩罚。这种政策必然会造成社会的进一步分化。“占领华盛顿运动”的兴起是这种分化的绝好脚注。其次，与日本不同，由于美国和美元的特殊地位，美国政府的救市成本完全可以分散到全球。救市成本的转移或可缓和美国的国内矛盾，但发展中国家却要承担不应该由它们承担的成本。至于发展中国家最终将以何种形式被迫参与分担这种成本，需要我们密切关注。最后，美联储的慷慨救援，使对经济泡沫负有不可推卸责任的金融机构及时解套而逃避了市场的惩罚。这种政策必然造成“道德风险”，金融机构对自身进行深入改革的动力大大减少。“道德风险”的长期后果的严重性不应低估。

在危机急剧恶化期间，为了稳定资产价格，美联储按票面价值购买了大量“有毒资产”。而这些资产的市场价值已大大低于其票面价值或者根本就没有市场。由于“有毒资产”的大量增加，美联储的资产负债表一度被讥讽为“垃圾债券基金”资产负债表。美联储希望，随着金融体系的稳定和经济增长的恢复，其所持有的“有毒资产”的市场价格将会恢复，届时这些“有毒资产”将变成“无毒资产”。美联储是否能够在最近的将来顺利出售这些资产，并收回所发出的货币呢？在美联储资产负债表上的大量资产现在依然是垃圾，很难想象这些垃圾如何能够变成名副其实的资产。很难想象，美国政府和联储如何出售这些在危机期间接手的资产而不引起金融市场的巨大动荡。从这个意义上来说，美国政府的真正退出可以说是遥遥无期。

日本经验告诉我们，金融资产损失的估计与核销是极为困难的。我们还很难判断美国金融机构的损失到底有多大，到底有多少金融资产需要核销。但是，金融资产的损失必须有人承担，正如我们已经指出的，中国和日本等贸易顺差国很可能是这些损失的承担者。对美国的债权越大所要承担的损失就越大。继续增加对美国的经常项目顺差就意味着，通过增加对美国的债权来承担更多的美国资产损失。

然而，直到目前为止，美联储资产负债表上的大部分有毒资产仍然没有被清理。这种情况说明，美联储的金融稳定政策尚未最后成功，美国金融也尚未恢复“自主”的稳定。总之，美国的救市措施远比日本坚决果断、成效显著，但其长期后果堪忧。

（二）美国的非常规货币政策未见明显成效，通胀后遗症令人担忧

21 世纪以来，美国居民收入的增长速度缓慢，而美国的发达资本市场则使居民得以依靠借债来维持入不敷出的生活水平。债务经济和资产泡沫基础上的财富效应支撑了居民消费，并使之成为推动经济增长的主要动力。每当一个资产泡沫崩溃，美联储就立即降息创造新的资产泡沫，以维持经济的增长。2008 年美国房地产泡沫崩溃后，美联储立即采取零利率和数量宽松政策，以刺激经济增长。这种在日本并未取得成功的政策在美国能够获得成功吗？20 世纪 90 年代和 21 世纪初美国经济学家经常批评日本政府未能果断地采取扩张性的货币政策。但是，尽管日本政府后来同时采取了以零利率和数量宽松为特征的非常规货币政策和扩张性的财政政策，日本经济仍然未能摆脱低迷状况。日本从 2002 年起连续 69 个月的温和增长与其说是宽松货币政策的功劳，不如说是外需推动的结果。日本经验显示，日本之所以无法扭转经济萎靡不振的趋势，宏观经济政策失误并非主要原因。由于人口老龄化和投资边际收益过低等供给方因素以及需求饱和等需求方因素，除非出现革命性的制度创新和技术创新，无论采取什么宏观经济政策，日本经济可能都无法转向较高的经济增长轨道。同日本相比，美国的基本面似乎要健康许多。但是在目前条件下，同日本相似，美国的超宽松货币政策难以对经济增长发挥重要刺激作用。美国经济增长的主要动力来自消费需求。但是美国居民负债率高达可支配收入的 130%。房地产泡沫破灭使居民遭受 12 万亿—13 万亿美元的财富损失（美国 2010 年的 GDP 为 14 万亿美元左右）。在这种情况下美国居民必须对自己的资产—债务进行调整，压缩消费、增加储蓄、偿还债务。尽管利率很低，但美国居民不大可能继续大量借钱维持入不敷出的生活方式。事实上，从 2007 年到 2009 年美国居民消费支出仅增长了 2%，而储蓄率则从危机前的不到 2% 上升到 2009 年第三季度的 4.5%，而居民储蓄率一度上升到 7% 以上。在消费需求疲软的情况下，企业投资也难大幅度提高。但是，同日本相比，由于技术创新能力较强，人口结构也比较合理，美国经济应该不会像日本经济那样陷入长期低迷。

鉴于需求不振的状况可能会维持相当长的时间，美联储不大可能会很快放弃执行超扩张性货币政策。事实上，美联储已经一再推迟早先许诺的“退出”，在第一轮数量宽松（2009 年 3 月）后，实行第二轮数量宽松（2010 年 10 月），而后又实行“扭曲操作”（2011 年 9 月，正式名称为：期限延长计划，Maturity Extension Program 或 MEP）。2012 年 3 月，伯南克甚至暗示今后有可能实行第三轮数量宽松。

对于美联储维持超宽松货币政策的主要担忧是：这种政策是否最终会导致世界性的严重通货膨胀。尽管美联储执行了超宽松货币政策，但到目前为止美国并未出现通货膨胀恶化的明显势头。这种情况是在预料之中的。日本银行实行了近 10 年的零利率和数量宽松政策，但日本并未出现通货膨胀。日本经验证明，传统的货币主义理论、货币数量公式需要修正。货币供应的增长具有很大的内生性。如果对货币需求有限，货币供应的增长就将受到限制（乘数下降，基础货币增加，但广义货币却不相应增加）。不仅如此，即便使用直升机撒钞票，如果居民不想使用钞票购买商品和劳务，通货膨胀也不会发生。

但是，美联储的超宽松货币政策导致美国基础货币的急剧增加和美联储资产质量的急剧恶化。美联储资产负债表数量和结构（质量）的这种巨大变化对美国经济乃至世界经济的影响是什么？这是我们必须认真思考的问题。我们对美国的经济前景可以做两个基本假设：一是美国经济在近期内将恢复正常增长；二是美国经济将处于长期低迷状态。如果第二个假设成立，那么，参照日本经验，我们似乎可以得出结论：通货膨胀将不会成为严重威胁。但是，如果美国经济处于长期低迷状态，美国的财政状况将会进一步恶化并对美国经济和世界经济造成严重后果。这个问题我们将在下一部分讨论。此外，还有一个可能性：为了获取较高的回报，资金充裕的美国金融机构积极从事套利交易。大量资金流入利息率较高的发展中国家或流入大宗商品市场，从而在发展中国家和世界其他地区制造资产泡沫、商品泡沫和通货膨胀。如果第一个假设成立，除非美联储能够及时实施退出战略，美国的通货膨胀就会迅速上升，并使世界经济遭受通货膨胀的严重威胁。令人担忧的是，直到目前为止，美联储并未制定出令人信服的退出战略。

（三）美国的扩张性财政政策导致财政状况急剧恶化，财政赤字货币化后果严重

美国扩张性财政政策对经济增长的刺激作用是明显的。财政支出的增

长很大程度上抵消了私人消费与投资增长速度下降对经济增长的抑制作用。但是，与日本不同，美国在使用扩张性财政政策方面比日本当年存在更多的限制。日本的财政赤字是由日本居民自己融资的。高储蓄、低利率的日本对财政赤字和国债的承受力是比较强的。美国是低储蓄国，财政赤字在很大程度上要依靠外部融资，如果日本和中国停止购买美国国债，美国的赤字财政就难以维持。但是，由于经济增长低迷，失业率居高不下，尽管财政状况堪忧，美国政府难以大力重整财政。2009 财年美国财政赤字急剧上升到 1.2 万亿美元，为 GDP 的 9.9%，国债余额超过 12 万亿美元，为美国 GDP 的 84%。2010 财年美国财政赤字达到 1.56 万亿美元，国债余额超过 14.3 万亿美元。2011 财年美国财政赤字估计为 1.645 万亿美元，为 GDP 的 10.6%。2012 年的相应数字估计为 1.101 万亿美元和 7%。到 2012 年 3 月为止，美国国债总额为 15.589 万亿美元（其中有 4.757 万亿美元债务是政府部门间债务），为 GDP 的 103.3%（2011 年美国 GDP 估计为 15.087 万亿美元）。债务对 GDP 比是否能趋于某一可以持续的水平，取决于三个因素：经济增长速度、名义利率和通货膨胀率。在给定经济增长速度的前提下，稳定财政又主要靠降低名义利率和提高通货膨胀率。目前，尽管美国的国债余额急剧增加，但是利息支付和利息支付在财政收入中的比率都保持了较低水平。这主要归功于美国的零利率政策。为了减轻利息支付压力，美联储应该会尽可能保持零利率和低利率政策。提高通货膨胀率固然可以减轻债务负担，但通货膨胀预期一旦形成将对经济增长造成严重负面影响。因而，一般情况下，美国政府不会制造通货膨胀。但是，如果债务负担过于沉重，通过通货膨胀减轻债务负担的诱惑可能变得难以抗拒。此外，由于相当大部分的美国国债是由外国投资者持有的，美国也可能通过美元贬值减轻其债务负担。

美联储在金融危机初期，出于稳定金融体系的需要购买了大量“有毒资产”，导致了美联储资产负债表的急剧扩张和资产质量的急剧下降。美联储持有的相当数量的“有毒资产”并不能变为“无毒资产”，美联储为救市所创造的相当一部分货币必然会转变为通货膨胀，或者被人长期（或无限期）持有。而被长期持有的那部分美元则变成持有者向美国政府缴纳的铸币税。2010 年 11 月美联储推出的第二轮数量宽松，借道 18 家大银行购买美国国债。这种行为则是直截了当的“财政赤字货币化”。美国国债的价值已经通过“增发”而严重稀释，即便并未立即引发通货膨胀，美国国债持有者已经遭受巨大损失。美国把金融危机损失转移到全球的能力是日本所不具有的。日本只能主要自己消化损失。由于美元国际储备货币的地位，美元和美元资产的外国持有将为美国分担美国金融危机的相当大部分的损失。

第五节　结语

自资产泡沫崩溃以来，日本经济不景气已经持续了 20 年。在过去 20 年中，日本政府和日本银行尝试了所有可以尝试的手段，但是日本经济仍然未能恢复以往的增长势头。这一事实说明，日本的经济问题是由深层次的长期因素决定的，宏观经济政策充其量只能保持日本经济的稳定，而无法让日本经济实现可持续增长。在过去 20 年间，日本国内利率、通货膨胀率、资本跨境流动和汇率的变化对世界经济造成了相当大的影响。但是，日本毕竟不是世界第一大经济体、日元毕竟不是最主要国际储备货币，日本经济政策变动对世界其他国家的冲击是有限的。

美国资产泡沫的形成和破灭同日本资产泡沫的形成与破灭有很多相似之处，美国采取的各项稳定金融、刺激增长的宏观经济政策充分吸收了日本的经验教训。美国政府避免了日本政府当初所犯的一系列政策失误，因而美国金融市场以相当快的速度恢复了稳定，美国经济也出现了恢复性增长。但是，美国金融危机遗留问题并未得到解决，美国的金融稳定是建立在政府“托市”的基础上的。由于所谓的金融创新导致了风险转移，美国的资产泡沫问题和不良资产问题远比日本的房地产泡沫和不良债权问题大得多和难以解决得多。

通过对日美金融危机的发生、发展以及日美政府处理金融危机的政策实施与政策效果的对比可以得出以下主要结论：

第一，尽管美国经济有着其他国家无法比拟的活力，基于日本经验，美国经济可能难以在短时间内从金融危机的打击下恢复过来。美国经济的低迷状况，可能还要维持一段时间。

第二，同日本的屡犯错误相比，美国政府自次贷危机爆发以来所实行的宏观经济政策似乎并无大的纰漏。

第三，日、美经验都证明，超常规货币政策和扩张性财政政策可以迅速稳定金融体系。但是，这些政策却无法恢复和保持实际经济的较快增长。

第四，超常规货币政策导致中央银行资产负债表的急剧膨胀。而超额准备金的急剧增加和央行资产质量的急剧恶化意味着未来通货膨胀的危险大大增加。但是到目前为止，无论是在日本还是美国，如何及时“退出”超常规货币政策都是一个尚未解决的问题。

第五，美国金融机构超额准备金的大量增加意味着全球经济随时会受到流动性泛滥的冲击。由于美国和发展中国家的明显利差，套利交易随时可能大量发生。日本经验证明，在国内经济低迷之时，基础货币的增加并不能导致国内货币供给的增加，资金将通过套利交易从国内流出，造成其他国家的流动性过剩。在实施数量宽松政策之后，美国资本向发展中国家的流出急剧增加。这种现象在今后的一段时间内很可能愈演愈烈。

第六，由于货币政策的无效性，政府不可避免地要依赖扩张性的财政政策刺激经济增长。由于经济低迷的长期性，实行扩张性财政政策必然导致财政状况的恶化。

第七，根据日本经验，在经济增长低迷的状态下，通过重整财政解决财政问题是不现实的。由于国内储蓄充裕，尽管在 1998 年之后一直在执行扩张性财政政策，日本并未走上财政赤字货币化的道路。美国则因为国内储蓄不足，很快就走上了财政赤字货币化的道路（第二轮数量宽松）。现在，在经过一个时期的犹豫不决之后，欧洲中央银行也走上了财政赤字货币化的道路（“长期再融资操作”）。如果经济继续低迷和财政状况进一步恶化，西方主要国家中央银行将继续实行数量宽松之类的政策，以便尽量压低利率，维持国债市场的流动性。

第八，由于美国国债的避险天堂地位产生的“吸入”作用，资金在一定条件下还会继续流入美国。但是，财政赤字货币化将大大强化超常规宽松货币政策，导致过剩流动性将对美国资金产生巨大的“推出”作用。如果美国经济继续处于低迷状态，美联储继续保持零利率，如果投资者对美国通货膨胀和美元贬值的担心加剧，资金就可能大量流出美国。

第九，如果资金大量流出美国，发展中国家将面临热钱的冲击，国内通货膨胀将会恶化，资产泡沫将会重新膨胀。与此同时，大宗商品价格也会飙升。发展中国家的通货膨胀形势将因输入性通货膨胀而进一步恶化。

第十，对于像美国这样的国家来说，由于财政赤字和经常项目逆差并存，实现经济增长的最佳选择是增加出口。出口的增加同时意味着有效需求的增加和外部失衡的改善。但是，出口增加需要美元的贬值。当资本外流造成美元贬值的时候，美国政府大概会采取乐观其成的态度。不仅如此，美元的贬值将会改善美国的净国际投资头寸。美国政府应该有引导美元贬值的强烈动机。除“汇率战”外，贸易保护主义很可能愈演愈烈。

这样，在未来相当一段时间内，世界经济的基本格局应该具有下述五大特点：

· 发达国家经济持续低迷

· 通货膨胀预期加强

· 资金流向发展中国家

· 大宗商品价格上涨

· 美元贬值

此外，应该指出，欧元区主权债务危机还远远没有结束，什么事情都可能发生。加入欧洲因素后，全球经济、金融形势就变得更为错综复杂。资金的流向和美元汇率的变动趋势也会发生相应变化。全球经济依然充满巨大的不确定性。

在后金融危机的调整过程中，最大限度地摆脱债务负担是债务国政府的第一要义。作为美国国债的第一大外国持有者，作为世界上的最重要净债权国之一，中国已经不可避免地要为这一调整承担巨大牺牲。中国必须加速发展方式的转变，减少对外需的依赖度，尽快实现国际收支的基本平衡，加速汇率和利率制度的改革，建立必要的防火墙以减少国际投资资本对中国的冲击。亡羊补牢，未为迟也；日月逝矣，岁不我与。是我们下定决心的时候了。

主要参考文献

1. Makin, J., *Recession Denial Will Prolong the Downturn*, March 2001.

2. Ulrich Volz (ed.), *Financial Stability in Emerging Markets Dealing with Global Liquidity*, e—book, 2012, Bonn.

3. 余永定：《1999 年前半年世界经济形势的回顾与展望》，《中国社会科学院要报》1999 年 6 月。

4. 余永定：《美国次贷危机：背景、原因与发展》，《亚太经济》2008 年第 5 期。